知っておきたい

How To Build Old-timer Car Model

カーモデルの作りかた

［昭和の名車編］

森 慎二 著

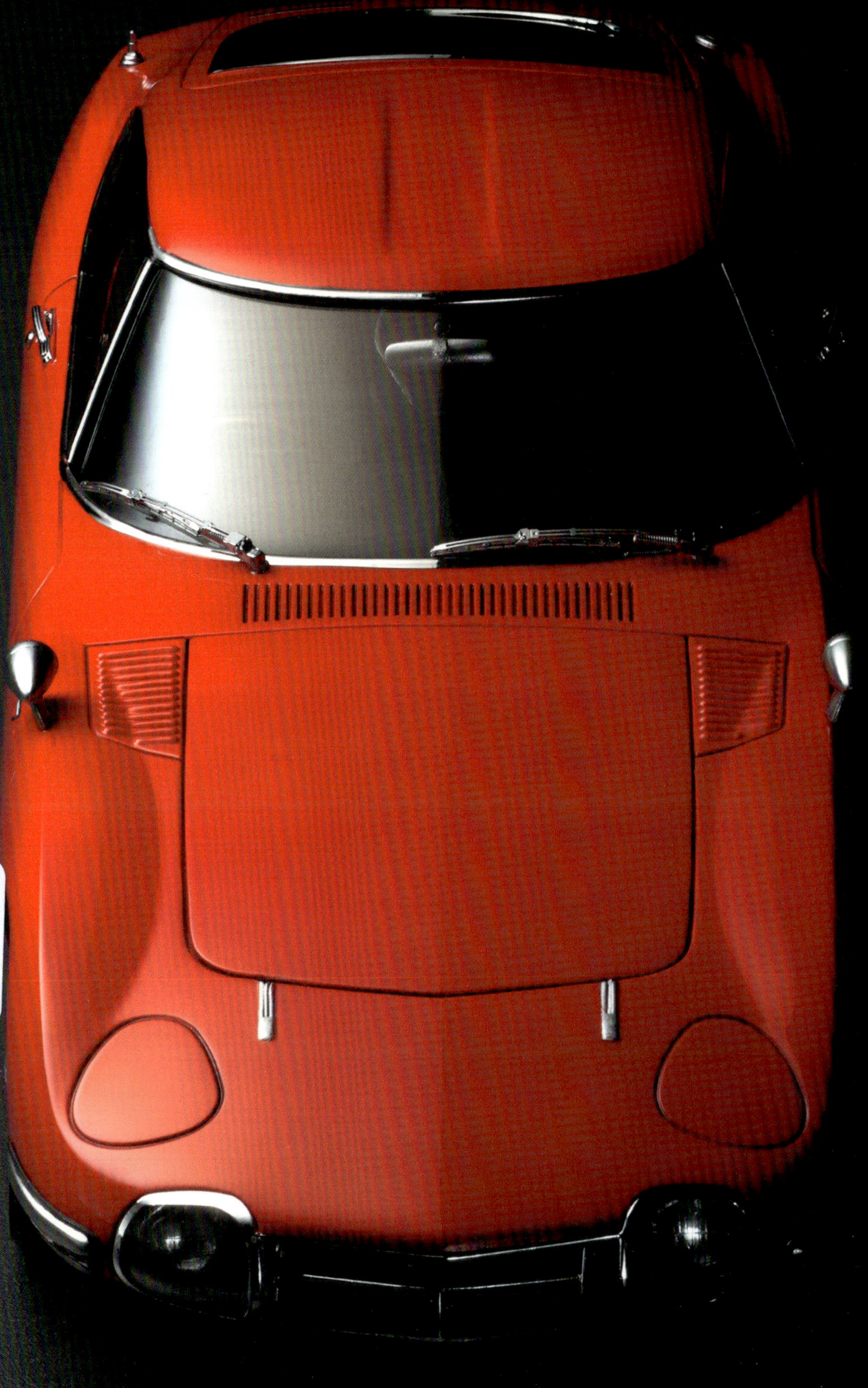

大日本絵画

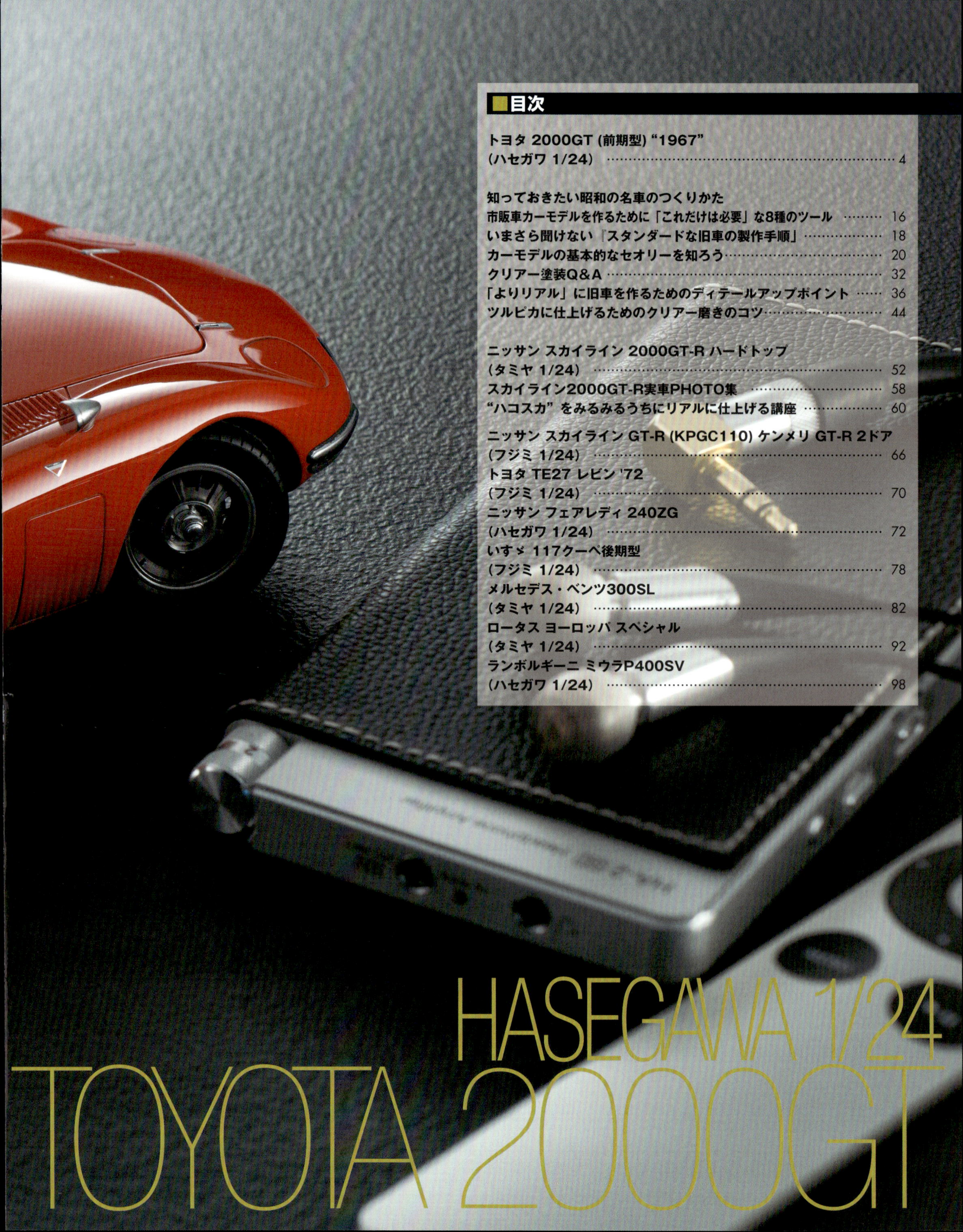
HASEGAWA 1/24
TOYOTA 2000GT

目次

ハンドメイド完成品ならではの精密感 プラモデルで堪能する"旧車"の魅力

HASEGAWA 1/24
Historic Car serises No.1
TOYOTA 2000GT EARLY TYPE (1967)

市販ミニカーに飽き足らない貴方のための 市販車プラモデル製作法講座

全国の旧車＝昭和の名車好きの皆様、こんにちは。クルマへの思い入れがあればあるほど、模型の再現度、そして質感にまでとことんこだわりたくなるものです。世の中には名車の市販ミニカーが数多く存在します。しかし、市販の完成品あるいは半完成品ミニカーのフォルムやディテール、質感の再現度は、やはり市販ミニカーなりのものです。見れば見るほどに物足りなさを感じてしまう方も多いのではないでしょうか。そんなときは迷わずプラモデルです。スケールモデルメーカーが本気で設計したプラモデルの再現度には市販完成品とは一線を画すものがありますし、なにより製作者が腕を磨き丹精込めて製作することにより、量産品にはない高いクオリティーの完成品を手にすることができます。本書では、そんなすばらしい旧車完成品を手にするための旧車プラモデル製作テクニックをご教授いたします。

日本の自動車の歴史において、もっとも印象的でもっとも魅力的で、そしてもっとも美しい車を
一台挙げよと問われれば、多くの車好きがトヨタ2000GTと答えることだろう
いまだ本格国産スポーツカーがなかった時代、トヨタとヤマハの技術の粋を集めて生み出された
2000GTのプロトタイプは、スピード・トライアルで3つの世界記録と13の国際新記録を樹立
そのとき和製グランツーリズモはついに世界のレベルに到達し、伝説が生まれた

ンツーリズモ

トヨタ 2000GT (前期型) “1967”
ハセガワ 1/24 インジェクションプラスチックキット
'93年発売　税込2700円
製作／**森 慎二**

HASEGAWA 1/24 TOYOTA 2000GT

伝説のグラ

トヨタ 2000GT

トヨタ×ヤマハが生んだ国産本格スポーツ
世界を目指した直列6気筒DOHC

LASTIC KIT TOYOTA 2000GT

　昭和の名車、いわゆる「旧車」は、現在の日本の市販車がいつのまにか失ってしまった力強い魅力を持っている。

　急速なモータリゼイションのすえに成熟した車社会が訪れたいまの日本では、自動車を測る尺度は燃費や居住性、そしてコストといった実用性が第一義となった。たしかに日本の自動車はより安全により壊れにくくより快適に、そして安価になったが、車に対する"憧れ"はどこかに置き去られてきてしまったようだ。

　高度経済成長まっただなかの'60年代、自動車、とくにスポーツカーは憧れの乗り物だった。欧米のメーカーに追いつけ追い越せとばかりに、日本の車メーカーはフェアレディ、コスモスポーツ、S800、Sports800、117クーペ、スカイラインGT-Rといった意欲的なスポーツカーを次々と開発する。それぞれのメーカーの思想や技術の粋が詰め込まれたこれらの個性的なスポーツカーは、日本の自動車産業の進歩を内外に示すとともに車好きの恋い焦がれるような憧れの対象となった。「いつかは運転してみたい」そんな名車が次々と世に送り出された時代だ。

　そんな'60年代に生まれた、それぞれに個性的で魅力に溢れるスポーツカーたちのなかでもひときわ輝く特別な存在、それがこのトヨタ 2000GTである。シンプルでありつつ表情豊かな美しい流線型フォルム、当時の最新テクノロジーをこれでもかとばかりに盛り込み数々の記録を打ち立てた運動性能、スパルタンかつ優雅な作り込みのインテリア。2000GTは国産初の本格スポーツカーにして、日本の車好きが抱く欧州車に対するコンプレックスを見事にぬぐい去るほどの実力を兼ね備えていた。

　その魅力は発売から50年という記念の年を迎えてもまったく色褪せることはない。むしろ憧れの車がなくなってしまったいまだからこそ魅力は増したかもしれない。国産車の歴史において孤高の存在感を放ち続ける伝説、それがトヨタ2000GTだ。■

流麗なる、日本車の白眉

時代を超える魅力を湛えた流線型の機能美

HASEGAWA 1/24 INJECTION

'60年代、クルマが憧れだった時代──
国産スポーツの威信をかけて造られた
唯一無二の至宝、トヨタ2000GT

The Legenda
Japanese S

ASTIC KIT TOYOTA 2000GT

●作例はハセガワの1/24プラモデルにディテールアップを施して製作しているが、ボディフォルムにはいっさい手を入れていない。ハセガワの2000GTは、実車形状をかなり的確に再現しており、ホイール／タイヤの雰囲気も非常によい。2000GTといえばペガサスホワイトのイメージだが、製作解説の際にボディがホワイトだと表面処理やツヤの感じがとても見にくくなってしまうため、今回はあえてソーラーレッドのイメージで製作した

HASEGAWA 1/24 INJECTION-

PANESE SPORTS CAR TOYOTA 2000GT

高度なメカニズムを多数搭載した、当時の日本車技術力の結晶

1960年代前半、国産車ではニッサンフェアレディ、ホンダ S500、トヨタ スポーツ800といったスポーツカーが相次いで世に出されたが、それらは1000cc未満の軽量スポーツカーばかりであり、2000ccクラスまたはそれを超えるような本格的スポーツカーは存在しなかった。

そんななかト、ヨタ自動車とヤマハ発動機が協力して開発し、当時のスポーツカーテクノロジーを1台に詰め込んだ国産初の本格的スポーツカーとして1967年に市販を開始したのがこのトヨタ2000GTだった。

2000GTは、GTレースに参戦しても通用するポテンシャルを持つ車を作るというプロジェクトの試作ナンバー280Aとしてその開発をスタートした。10カ月という驚異的に短い期間で試作車を完成させ、1966年にはレースデビューを果たす。グランツーリズモである2000GTは耐久レースでその本領を発揮することとなる。同年の鈴鹿1000kmにてワンツーフィニッシュでの初勝利を飾り、翌年の鈴鹿500km、富士24時間でも勝利を重ねた。

また、1966年の筑波 自動車高速試験場でのスピード・トライアルにおいては、ポルシェ、クーパー、トライアンフなどヨーロッパのそうそうたる一流メーカーの持つレコ

Specification;
Type ; 2-door fastback Sports car
Length/Width/Height ; 4175/1600/1160
Weight ; 1120kg　Wheelbase ; 2330mm
Engine ;1988cc 3M I6 150hp（MF10）
Suspension ; Double wishbone

THE LEGENDARY

ードを塗り替え、３つの世界記録と13の国際記録を樹立。ついに国産スポーツカーが世界に冠たるレベルに達したことを内外に知らしめることとなった。

エンジンは、クラウン用として量産されていた当時最新鋭の直列６気筒７ベアリングＳＯＨＣエンジン、Ｍ型（１９８８㏄１０５ＰＳ）をヤマハの開発したＧＯＨＣヘッドに載せ替えた３Ｍ型で、当時の国産乗用車最強クラスの１５０ＰＳ／６６００ｒｐｍを発揮。加速を重視したクロスレシオのフル・シンクロメッシュ５速ＭＴミッションを組み合わせたドライブトレーンにより、０～４００ｍ15・９秒、０～１００㎞／ｈ加速８・６秒という加速力と、最高速度２２０㎞／ｈ、最高巡航速度２０５㎞／ｈを実現している。

シャシーは両端をＹ字にしたバックボーンフレームで剛性を上げつつ重心を下げている。足周りは接地能力が高いダブルウィッシュボーンサスペンションを４輪で採用。同時にディスクブレーキも搭載しているが、４輪ディスクブレーキは国産市販車初の試みだった。

その優れた走行性能は国産自動車が新たな領域に入ったことを印象づけたが、２０００ＧＴを〝特別な一台〟にしたもうひとつの重要な要素、それはそのルックスだろう。

市販された２０００ＧＴのボディ全高は、それまでの量産車としてもっとも低い１１６０㎜に抑えられている。特徴的な流線型のファストバックスタイル、リトラクタブルヘッドライトの採用は、優れた高速直進安定性を実現するためにエアロダイナミクスにこだわった結果だ。ヨーロッパ車と比べるとどこか垢抜けない印象が拭えなかった当時の国産車のなかで、２０００ＧＴの曲線美も麗しいノーズからファストバックへといざなわれるボディワークは、見る者に鮮烈なインパクトを与えたことだろう。同時に、ヤマハの楽器製作ノウハウを投入し丹精込めて作り込まれたインテリアは、高級スポーツとしての矜持を静かに物語っている。現在の目で見てもまったく色褪せることがない、むしろ輝きを増しているとすら思わせるその機能美。これこそが２０００ＧＴが憧れの車で在り続ける大きな理由なのかもしれない。■

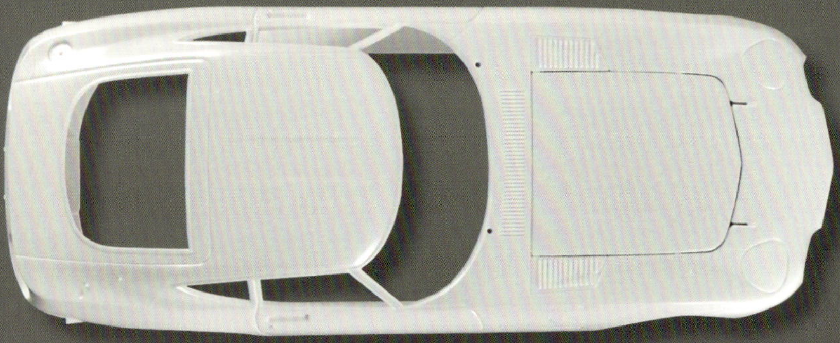

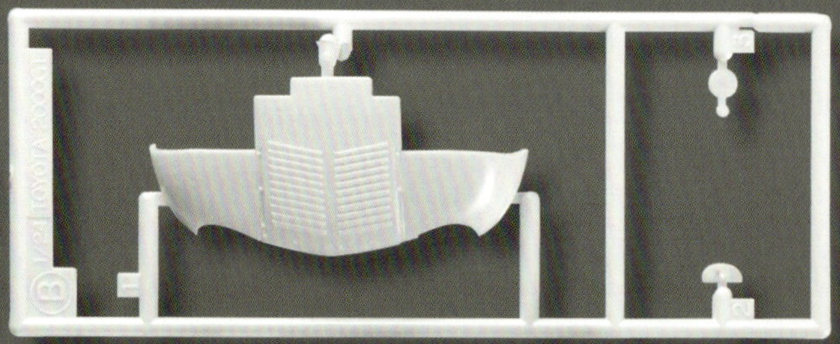

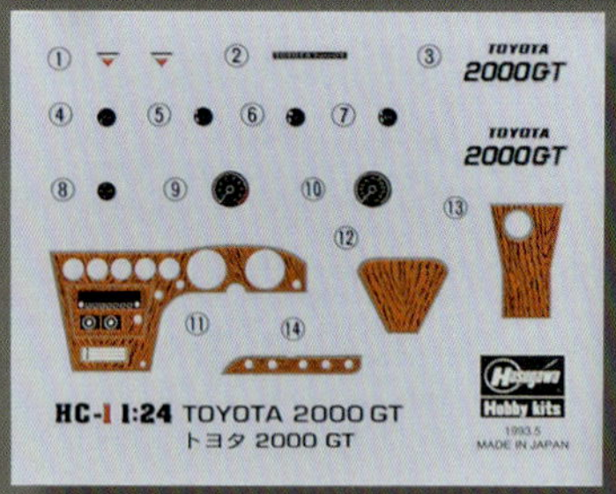

トヨタ 2000GT (前期型) "1967"
ハセガワ 1/24 インジェクションプラスチックキット
'93年発売　税込2700円

いかにもハセガワらしい堅実かつ的確な実車再現が楽しめる定番名作キット

ハセガワのヒストリックカーシリーズ第一弾として完全新規設計されたこのキットは、名車2000GTのフォルムや内装、機構を高い精度と再現度でパーツ化した名キット。個性的でなおかつ美しい2000GTのボディラインを模型で的確に再現するのは相当難しいのだが、ハセガワの2000GTは非常に高いレベルで実車に似せることに成功している。パーツ数は同社製1/24のフォーマットに準じた少ない数に抑えられており、組みやすさと精密感を両立している。

◀ハセガワの2000GTはいくつかのバリエーションも発売されている。「トヨタ2000GT 1967富士24時間耐久レース」(2017年7月再販 税込3456円) は、富士スピードウェイで開催された日本初の24時間レースでワンツーフィニッシュを飾った仕様を再現できる。また、今年11月には2000GTの50周年記念として、60年代ファッションのレジン製女性フィギュアを追加した仕様も販売予定。過去には、市販車／富士24時間仕様ともにメタル／レジン製エンジンパーツがセットされたスーパーディテール版も限定販売されたが、現在は入手困難

ハセガワ 1/24 ヒストリックカーシリーズ 第1弾

Series 01 TOYOTA 2000GT

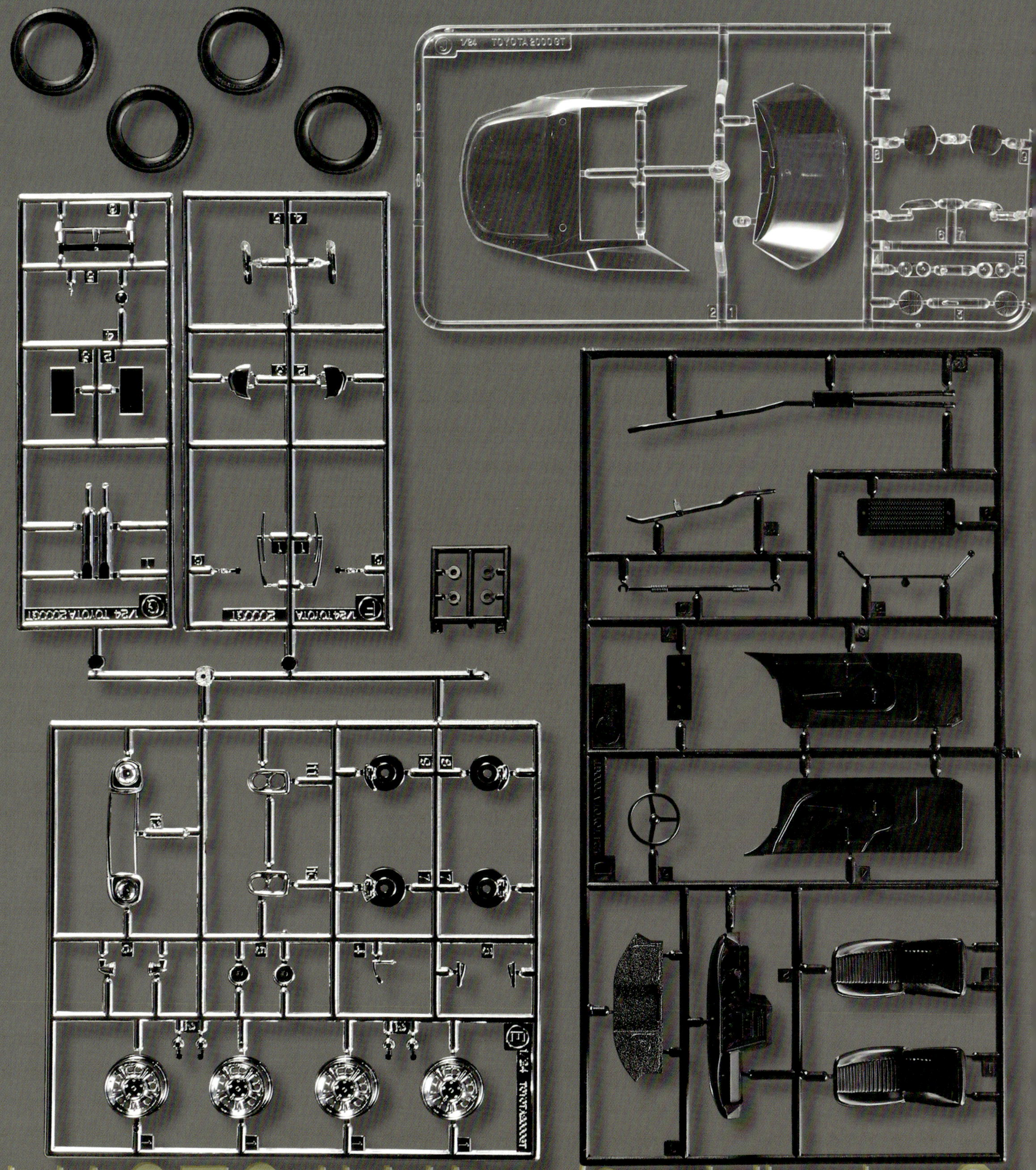

HASEGAWA 1/24 Histric Ca

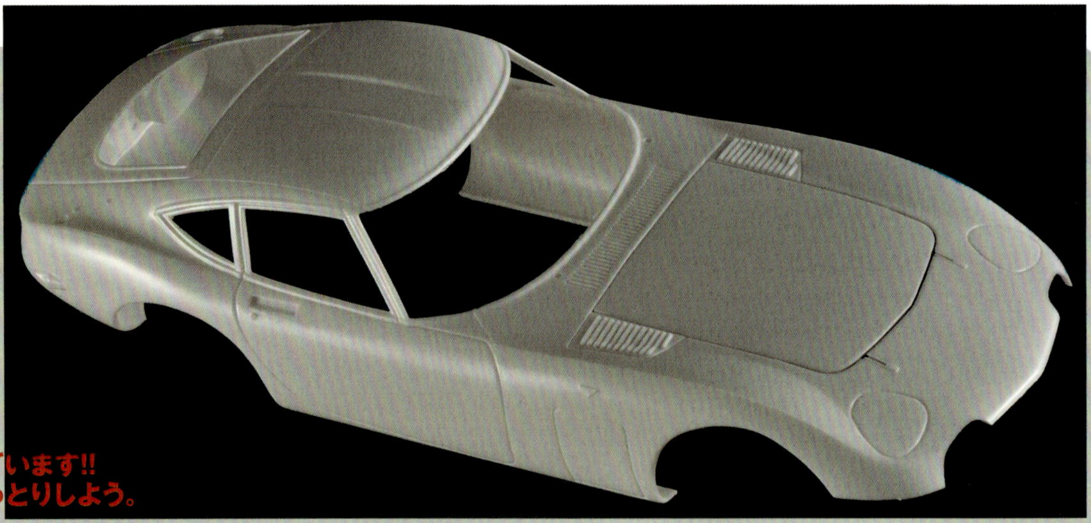

▶ハセガワのプラモデルは、極力ディフォルメを廃し実車の寸法に忠実に立体化している印象が強いが、この2000GTでもそのような印象を強く受ける。離れた状態でパッとみると2000GT特有のグラマラスなボリューム感に欠けるように感じるかもしれないが、目線を下げてグッと近寄って眺めると驚くほど実車に似ている（どれくらい似ているかは、フォルム改造をいっさい行なわずに製作している作例写真を見てほしい）。長く伸びたノーズの緩やかなライン、膨らみすぎずかといって量感あふれるのフロントタイヤハウジング部、ルーフからテールに繋がる美しい曲面……2000GTの機能美を卓上で堪能することができる

ズバリ、実車に相当似ています!!
その麗しいラインにうっとりしよう。

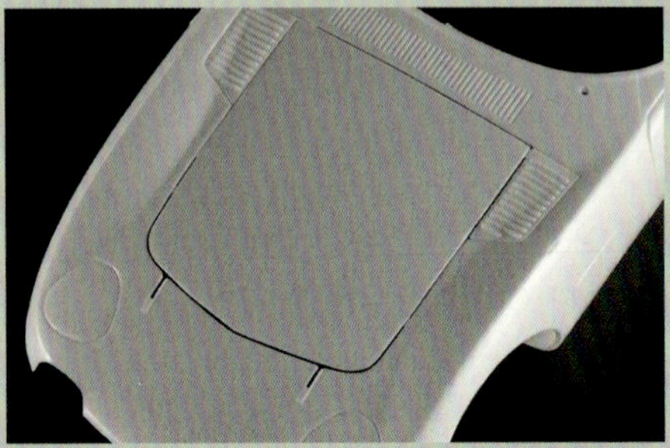

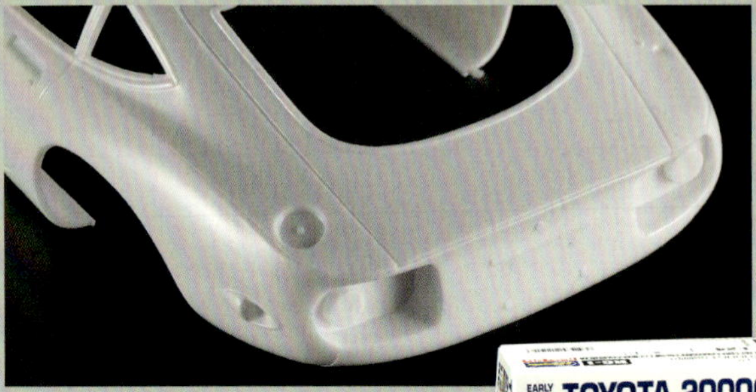

◀リアの複雑な形状も、スライド金型によって1パーツで的確に再現されている。ファストバックの緩やかな曲面とリアタイヤハウジングに挟まれたリアサイド部分の複雑な曲面も実車さながらの優美なラインで立体化。フロントのボンネットは、エンジン再現キットのために簡単に切り離せるようにようになっており、ヒンジ部は抜かれているので、閉じた状態で製作する場合は付属のメタルインレットを貼るかプラ材などで穴を埋めるとよいだろう

ハセガワの1/24らしい堅実なキット構成の名作。少ないパーツ数ながら実車再現度はかなり高し!!

ヒストリックカーシリーズの第一弾を飾った1/24 2000GT。ハセガワのカーモデルのノウハウが詰まった完成度の高いキットとなっているのだ。

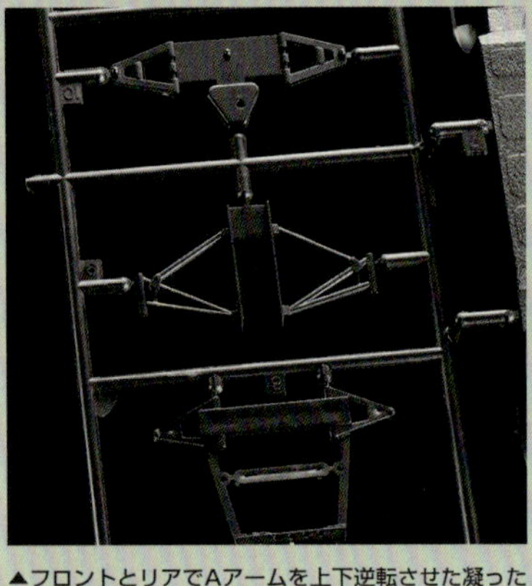

▲フロントとリアでAアームを上下逆転させた凝った作りのダブルウィッシュボーンサスペンションもきちんと再現されている。もちろん、製作時には車高を簡単に出せるようなパーツ構成になっている

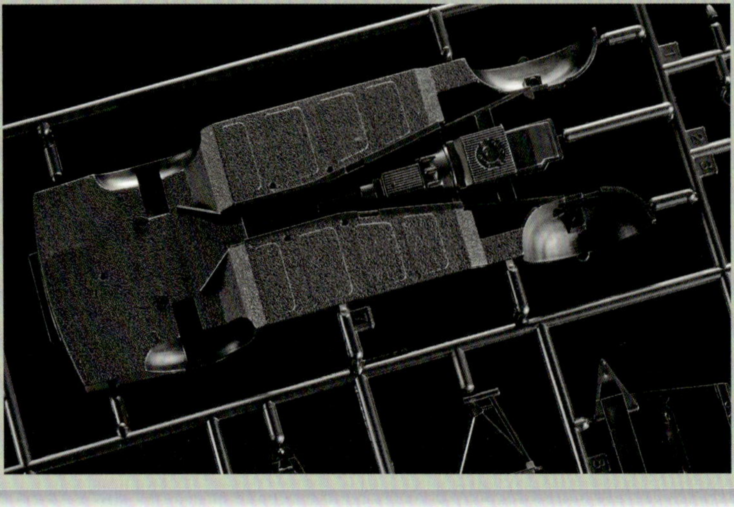

プロポーションモデルながらY字型フレームも再現

◀このキットはプロポーションモデルだが、見える範囲でシャシーの下側も再現。フレームそのもののパーツが再現されているわけではないが、外観から特徴的なY字型フレーム構造がわかるようになっている。また、底面を平らにすることで気流の剥離を避け高速安定性を上げるという、2000GTのエアロダイナミクスへの取り組みも見てとれておもしろい

必要十分なメッキパーツ群

▲メッキされたバンパーやホイール、モール類は旧車のチャーミングポイントのひとつなので、メッキパーツが付属しているのはうれしいポイント。うまく活かすことで旧車の雰囲気をよりよく再現しやすくなる。メッキパーツはパーティングライン処理ができないのが難点だが、ハセガワの2000GTでは、極力見えるところにパーティングラインやゲート跡が出ないように配慮されている

前期型の特徴を的確に再現したインテリア

▶ハセガワの2000GTは'67年式のいわゆる前期型を再現している。前期と後期ではフロントライト形状、リアサイドリフレクター形状などに目立つ違いがあるが、インテリアにも違いがある。ハセガワの2000GTでは、外見だけでなくインテリアも前期型をしっかり再現しており、張り出しのあるラジオパネル、角形パネルのストップウォッチがモールドされている

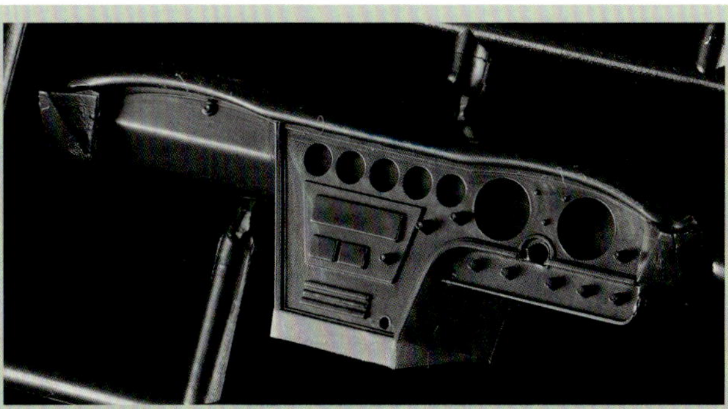

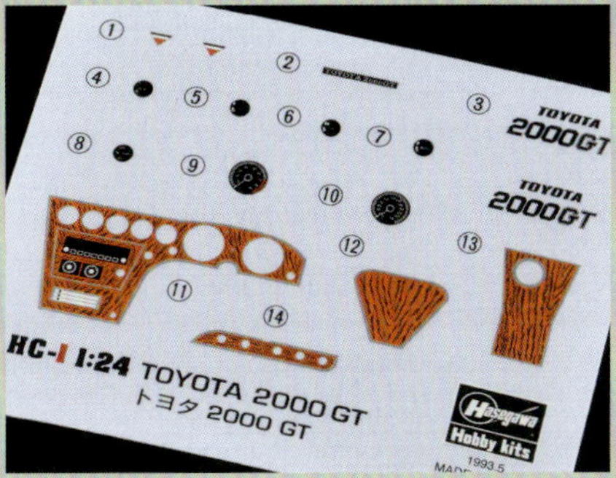

▲インストルメントパネルのメーターやモール、木部の木目はデカールで再現できるようになっている。メーターの印刷も実車に忠実だ。デカールにはサイドとリアのエンブレム、ナンバー用マーキングもセットされている

▼前期型のリクライニングバケットシートはヘッドレストがないのが特徴で、キットパーツでもそのように再現されている。パーツの座面は「柔らかい造形」がなされており、実車のシートの雰囲気を硬いプラスチックのパーツながら上手に再現している

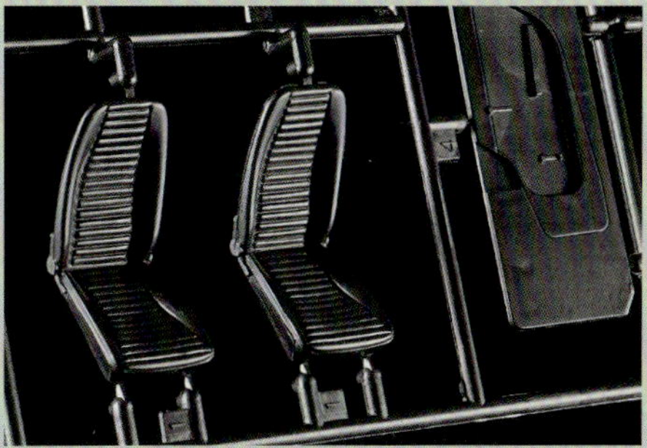

クリアーパーツは、透明度が高く合いも良いので安心です

▶市販車のプラモデルにはウインドウを再現するクリアーパーツがつきものだが、合いが悪かったり透明度が低かったりすると、とたんに見映えが悪くなってしまう。ボディの形状が気に入らない場合はパテを持ったりして改造することもできるが、クリアーパーツはそういうわけにもいかない。クリアーパーツのクオリティーは市販車カーモデルにおいて非常に重要なファクターと言える。ハセガワの2000GTのクリアーパーツは設計／成型の精度が良く透明度も高いので、安心してそのまま使用することができる。ライト類のモールドも実車に忠実で繊細な彫刻になっている

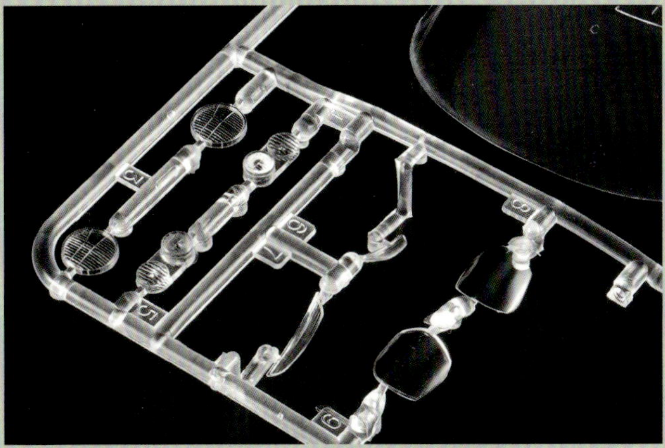

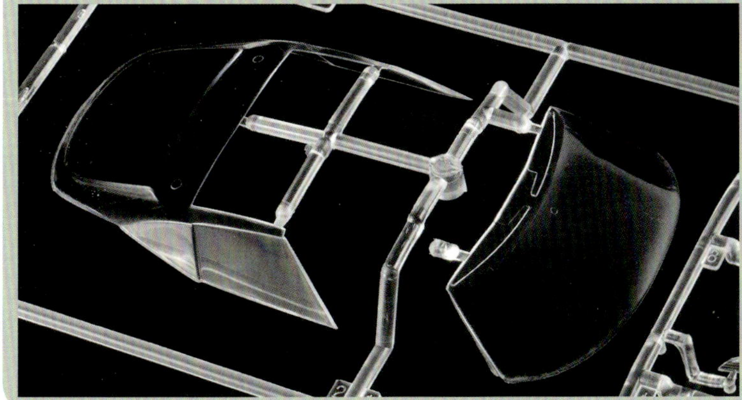

◀ウインドウは、フロントとサイド／リアの2ピース構造。1パーツだと塗装の厚みなどでボディに収まりにくくなることがあるが、2ピースだとそういった場合でも調整がしやすい。ウインドウパーツの透明度は高く、ピラーとの合いもばっちり。フロントウインドウも接着や貼り付けがしやすいように上側に隠れる部分が設けられている

便利なメタルインレットも付属

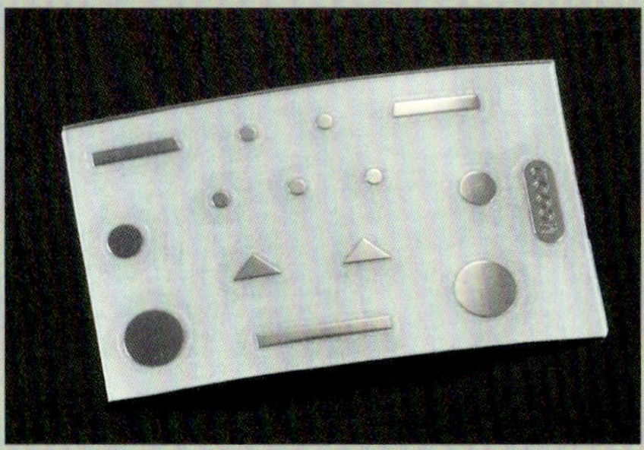

▲ミラー面、エンブレム、ボンネットヒンジ、キーホール、リアクォーターウインドウ部用のメタルインレットが付属する。貼るだけでリアルな金属質感を出すことができる

カーモデルの命、タイヤも再現度高し

▲いくらボディがよくできていても足周りがダメでは興ざめ、カーモデルにとってタイヤとホイールは非常に重要な要素だ。ハセガワの2000GTは足周りの造形もぬかりなく、タイヤはトレッド面／サイドウォールともに往時のタイヤの雰囲気をうまく捉えている

まずは道具から──最低限これだけあれば作れます！

市販車カーモデルを作るために「これだけは必要」な**8種のツール**

まずはこれからカーモデルを製作するのに必要な工具を紹介。ここで選んだのは、旧車だけに使用する特別な工具、ということではなく、車のプラモデルを製作するなら必ず持っておきたいものばかりです。

1 ナイフ／ニッパー

●カーモデルではパテを使わず極力パーツ表面をきれいに仕上げたいので、ゲートがきれいに切れるプラスチック用薄刃ニッパーを使いましょう。ナイフの形状は好みで選んでよいですが、刃が鈍ったらすぐ交換するようにします

▶グッドスマイルカンパニーの極薄刃ニッパー（税別2476円）は、交換可能で硬さを選べる樹脂製バネが特徴。刃の耐久性と切れ味のバランスに気が配られている

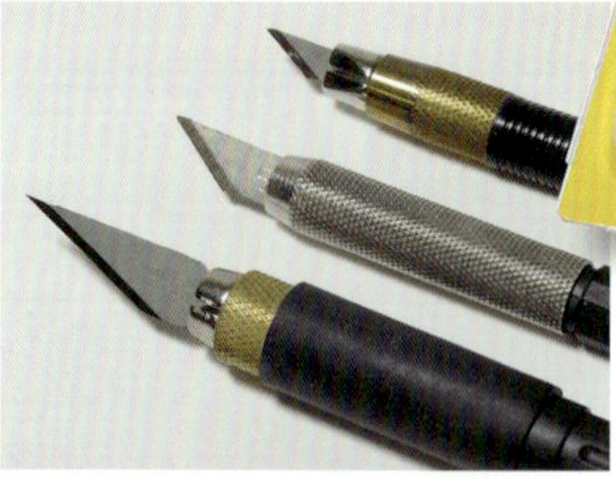

▶定番のタミヤ「薄刃ニッパー（ゲートカット用）」（税別2400円）。とても切れ味が鋭いのが特長で愛用するモデラーも多い

2 ラインチゼル

●パネルラインなどを再現した、パーツ表面にある細い凹みのライン＝スジ彫りを簡単きれいに彫り直せるのがMr.ラインチゼル（税別2200円）。カーモデルのツヤあり塗装では厚めにクリアー塗装をしますが、塗料を厚めに重ねるとスジ彫りが埋まったりダルく見えたりしやすいので、スジ彫りをあらかじめ深めに彫り直しておきます。そんなときに便利なのがこのラインチゼル。他のジャンルのプラモデル製作でも「あると便利」な工具ですが、カーモデルでは「持っていないと困る」工具と言えます。

▲刃先はワンタッチで付け替え可能で刃の厚さを選べる。刃先を溝に入れて引けば簡単に溝を深く彫れる

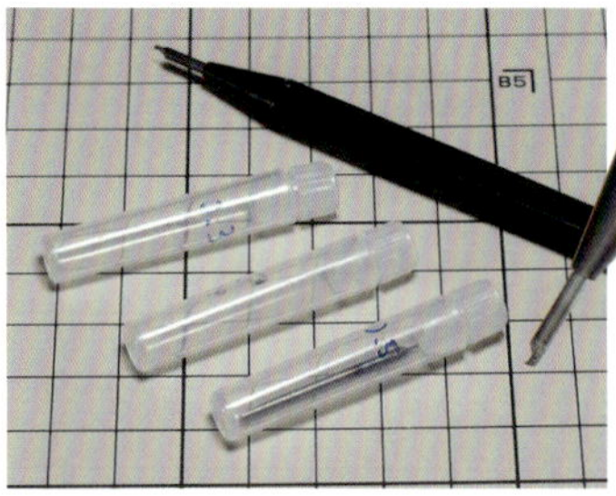

◀スジ彫りの幅は箇所によって異なるが、1/24カーモデルなら0.3～07㎜幅の刃先を揃えておけばほとんどの場合に対応できるだろう

3 ヤスリ

◀Mr.ラプロスは研磨跡が残りにくい細密目の研磨材。これを使っておくとコンパウンドで磨く段階になったとき早く小傷が消えてくれる

●パーツのゲート跡などを削るときに使うのがヤスリ。板が付いているものを使うと、削りたいところだけをきれいに平らに削りやすくなります。通常のパーツ整形では400～600番を使いますが、塗膜を磨く作業では1000番以上の目のものを使います。

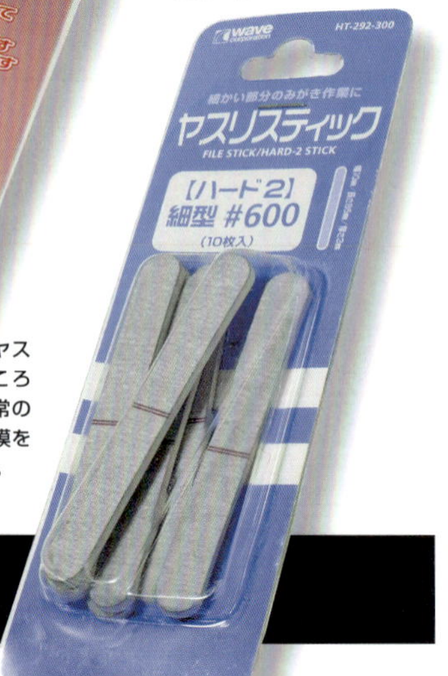

4 サーフェイサー

●最近のできが良いスケールモデルではサーフェイサーを使わないほうが塗膜を薄くきれいに仕上げやすいですが、カーモデルだけは別。ちょっとしたキズも非常に目立ちますので、サーフェイサーを吹いたうえできれいに下地を磨くのが基本となります。グレーのサーフェイサーを吹くことにより、下地を均一に整え、同時にキズを目視しやすくなります。

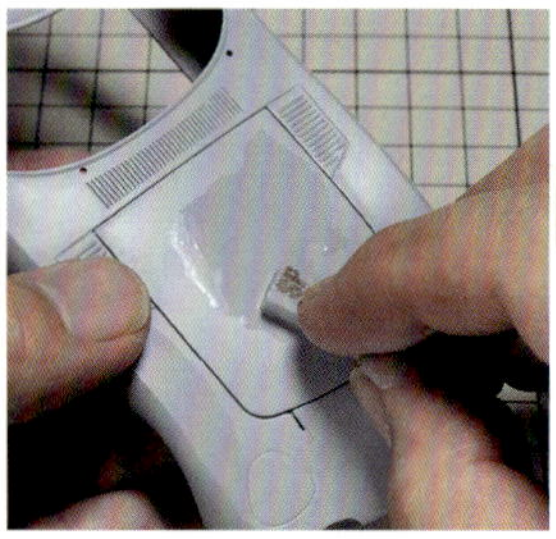

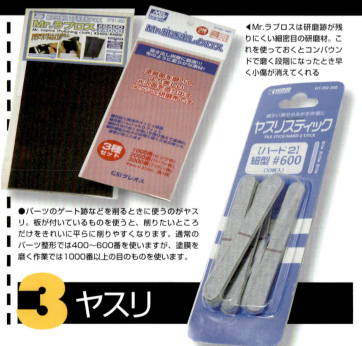

5 エアブラシ

●ツヤを出すカーモデルはスプレー塗装で行ないますが、缶スプレーよりエアブラシのほうが簡単にきれいに塗装しやすいです。エアブラシのハンドピースは、口径0.3〜0.5㎜のものを選びましょう。やや口径が大きめのものを選ぶことで比較的濃いめの塗料を吹き出せるようになり、濃いめの塗料を吹き出せると塗料がタレずにツヤを出しやすくなります

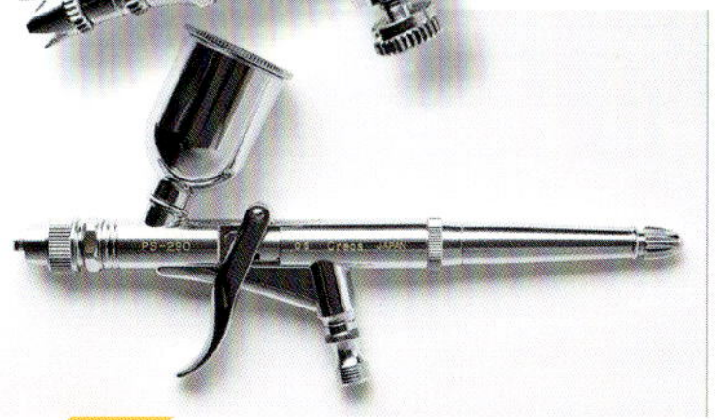

◀ボディに一気にツヤを出すような塗装では、塗料カップが大きくトリガー式のものを選ぶと使いやすい。こういったタイプは口径も大きめのものが多い

6 クリアー塗料

●きれいなツヤで仕上げるにはクリアー塗料にはこだわりたいところ。クリアー塗料を選ぶ際にポイントとなるのは硬化後の塗膜の硬さ。塗膜が硬めのほうが研ぎ出しの失敗が減りきれいなツヤがだしやすいです

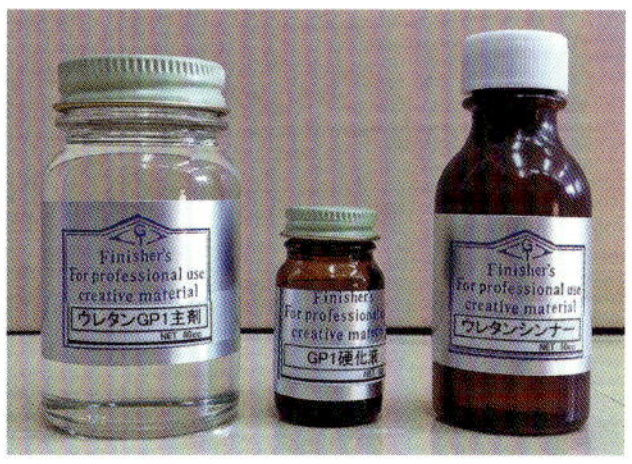

7 コンパウンド

●塗膜の磨き仕上げにはコンパウンドを使います。コンパウンドは好みのメーカーのものを使えばよいのですが、目の細かさを3段階以上使い分けるようにします。また、コンパウンドで磨くときは使用するクロス（磨き布）によって塗膜の小傷が消え方が変わります。繊維が粗かったり硬かったりするものを使うといつまでたっても傷が消えにくいので磨き専用クロスを使うのがおすすめ。クロスはコンパウンドの目の細かさごとに使い分けるようにします

8 接着剤

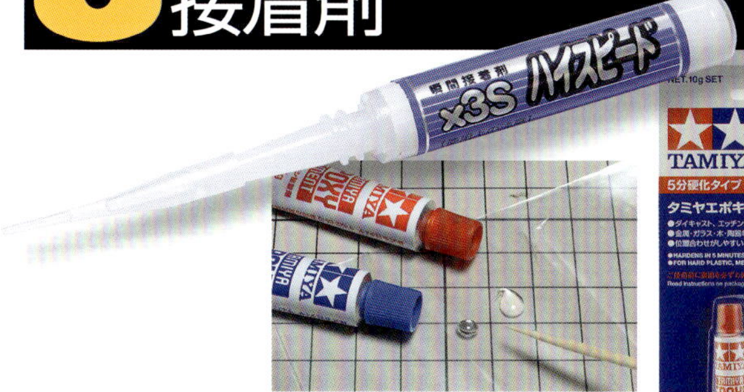

●カーモデルは最後にまとめて小パーツを組み立てていきますが、接着の失敗が非常に目立つので、接着剤の選択も重要です。瞬間接着剤は周囲が白化することがあるので避け、2液式エポキシ系接着剤など、白化がなく強度も高いものを使用するようにしましょう

絶対に必要ではないけれど、あると便利な工具たち

キムワイプ

一般生活ではなにかを拭くときにティッシュペーパーをよく使いますが、一般的なティッシュペーパーは意外と紙の粉が出ます。とくにカーモデルでオススメしたいのがキムワイプ。紙粉が出にくい工業用紙製ウェスで、パーツ表面に埃が付着しにくくなり、結果的にきれいに仕上がります。

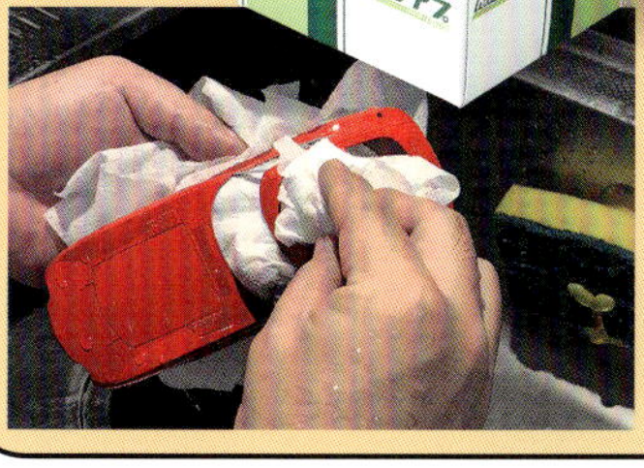

サークルカッター

ホイールやライトリムの塗装をエアブラシで行なうとき、マスキングをすることになりますが、そういうときに便利なのがサークルカッター。簡単に正円でテープを切り抜けます。カッターにより切れる最小径が決まっているので、なるべく小径で切れるものがおすすめ

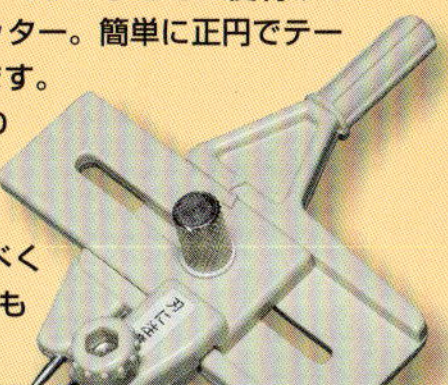

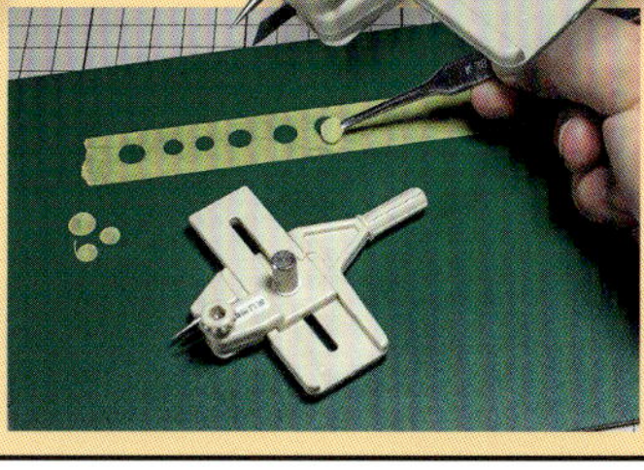

割り箸／つまようじ

バラバラで塗装する小パーツの塗装であると便利なのがつまようじ。塗装の際の持ち手にしますが、先端を切ったりマスキングテープを巻くことでいろいろな径の穴に挿すこともできます。塗装のときは割り箸や小さめの目玉クリップなども用意しておくと便利です。

ハケ

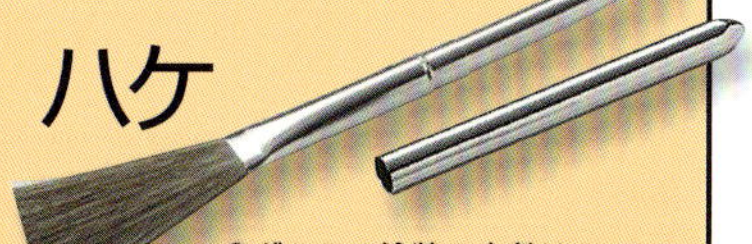

●グロスの塗装の大敵はホコリ。パーツに削り粉などのこまかなホコリがついたまま上に塗料を塗り重ねてしまうと見栄えに大きく影響してしまいます。塗装前／中にはホコリを取り除きたいところですが、通常のハケや筆では、静電気で余計にホコリが付くことも。そんなときに便利なのが静電気防止ハケ（写真はタミヤのモデルクリーニングブラシ静電気防止タイプ／税別1500円）。

いまさら聞けない スタンダードな『旧車』の製作手順

1 パーティングラインの処理

隠されたラインを見逃すな！

まずはボディパーツの整形をしますが、市販車のプラモデルで要注意なのがパーティングライン。ボディパーツは下側の絞り込みや側面のディテールを再現しつつ一体成型するためにスライド金型が使用されています。金型の合わせ目のところにパーティングラインがあり、段差や出っ張りができているので、見逃さないように探して整形処理するようにしておきます。

極力パテは使わず修整しよう

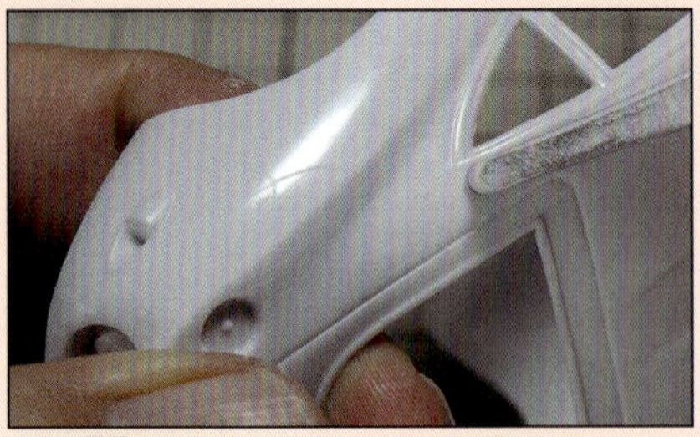

▶通常プラモデルの製作では段差や溝を埋めるのにパテを使用しますが、パテは後でヒケてきたり、プラスチックとの境目がうっすらと残ったりしやすいので、カーモデルではできうる限りパテを使わないようにするのがおすすめ。ボディラインを崩さないように慎重に必要な箇所だけをヤスってパーティングラインを処理します。削りすぎると曲面が平面になったりするのでとにかく慎重に

見落としのないように……

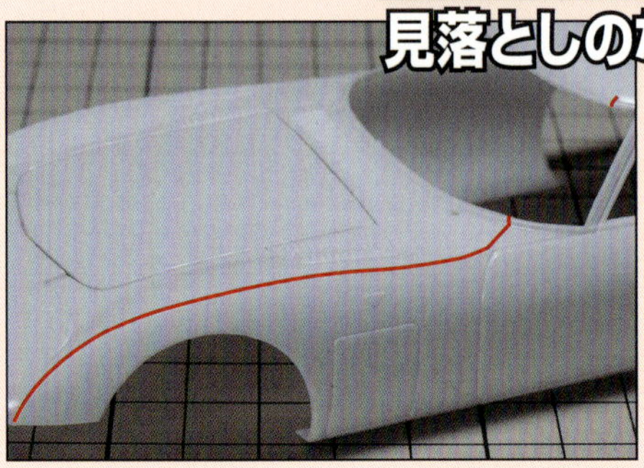

◀ボディのパーティングラインはわかりにくいところに隠されていることがよくあります。見逃しやすいのが、エッジのところにある場合や窓枠部分。とくにパーツ成型色が白い場合は見えにくいので要注意。見逃したまま進めるとサーフェイサーを吹いたときに気づいて整形やり直しになりますのでしっかり探します

2 ボディの組み立て／仮組み

接着せずに仮組みでチェック

カーモデルは、ボディ、シャシー、ホイール、ミラー／ライト／ワイパーなどの小パーツ類を、それぞれバラバラの状態で作って塗装まで終えてから最後に一気に組み立てます。塗装後に各部が合わなかったりはまらなかったりすると大問題なので、塗装前に必ずしっかり仮組みをしておきます。

▶とくに要チェックなのが、ボディにシャシーが無理なくはまるかどうか。箱車は構造上ハメ込みに少々無理があることもあるのでそういう場合は塗装前に対処します

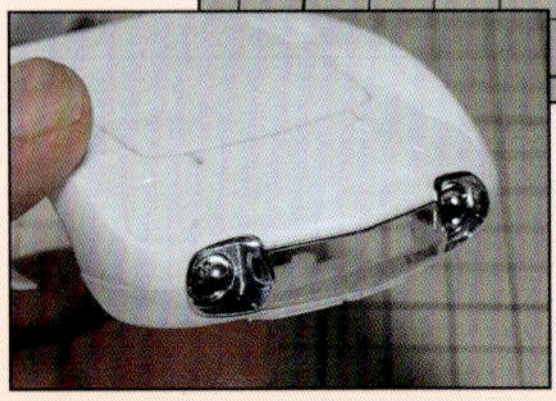

きちんと収まるかチェック

◀外側にパーツを接着するようなところはよいのですが、パーツをボディー内に収めるようなところは要注意。塗装前に収まらないのは論外として、収まったとしても忘れがちなのが塗膜の厚み。塗る前にきつめくらいのピッタリだとクリアーを吹いたあとにはまらなくなることがありますので、見越して調整します

3 サーフェイサー塗装

サーフェイサーは吹いてから磨く

カーモデルではどの段階でどのくらい磨くかが重要。最終的には1000番～3000番そしてコンパウンドで磨きますが、塗装前のプラパーツをツルツルに磨いても塗装が剥げやすくなるだけで意味がありません。パーツ状態では600番～800番まで磨き、あとはサーフェイサーを吹いてから磨きます。

◀サーフェイサーは磨く前提なので、一気に厚めに吹ける缶サーフェイサーを使います。缶をよく振ってから、一気にツヤが出つつタレないように吹きよく乾かします

吹いてから磨きます

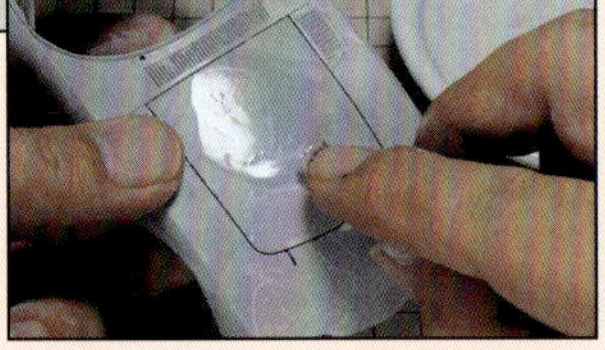

▶グレーのサーフェイサーを吹いてから磨くことで、小傷が埋まり表面の状態が確認しやすくなります。磨くときは主に1500番～2000番の耐水性紙ヤスリを使い、水をつけながら水研ぎしましょう。基本的にサーフェイサーの層が剥げないように磨いていきますが多少の剥げは気にしません

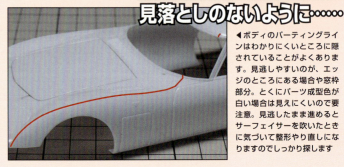

4 基本色塗装

基本塗装は発色と均一性が命

車は白や赤など鮮やかな色の塗色の場合が多々あるので、基本色塗装の発色には気を使うようにします。ポイントは下地で、同系の明るめの色を先に吹いておくと発色が格段に上がります。また、ツヤありで仕上げるので、サーフェイサーを磨いて以降は常にツヤがある状態で進行するようにします。

▶赤は発色が命。きれいに塗りやすく表面を確認しやすいのでサーフェイサーはグレーを使いますが、そのまま赤を塗り重ねると色がくすみやすくなります。そこで、まずは使用する赤の塗料に白を混ぜたピンクで全体を塗りましょう。その上に赤を重ねることで発色が良くなります

常にツヤありをキープするようにしよう

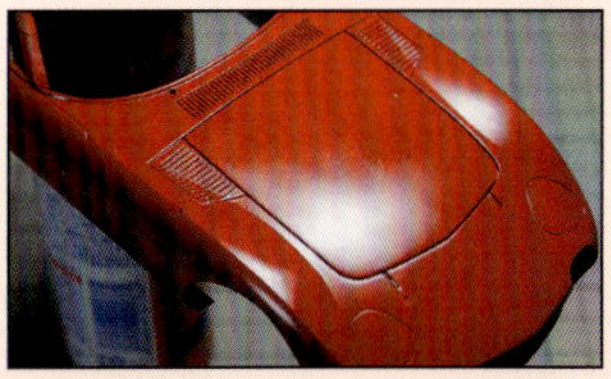

◀一回ザラついてしまった塗膜は磨かない限りそのまま塗り重ねていってもきれいなツヤは出せません（クリアーを相当厚吹きすればツヤは出ますが、スジ彫り部が埋まったり塗料がタレたりします）。なので、下地塗装の段階から常にツヤがある状態をキープしながら塗り重ねていくようにします。ザラつきが出たら、そのまま進めずいったん乾かしてすぐに対処するようにします

5 クリアー塗装／磨き

きれいなツヤで仕上げるコツは……？

カーモデルをツルピカに仕上げたいときは、実車同様クリアー塗料でコーティング塗装をします。クリアー塗装は、一気に厚吹きの吹きっ放しで仕上げる方法、塗ってから磨いて仕上げる方法、磨いてから最後に吹きっ放す方法がありますが、リカバリーが効きやすいのは磨いて仕上げる方法です。

▶ラッカー系のクリアー塗料吹きっぱなしの状態。吹きっ放しにするかどうかは、どれくらいのツヤ感にしたいか、またクリアー塗料の選択にもよって判断が変わってきますが、模型用ラッカー系塗料を使うなら、ここから磨いて仕上げるのがおすすめです

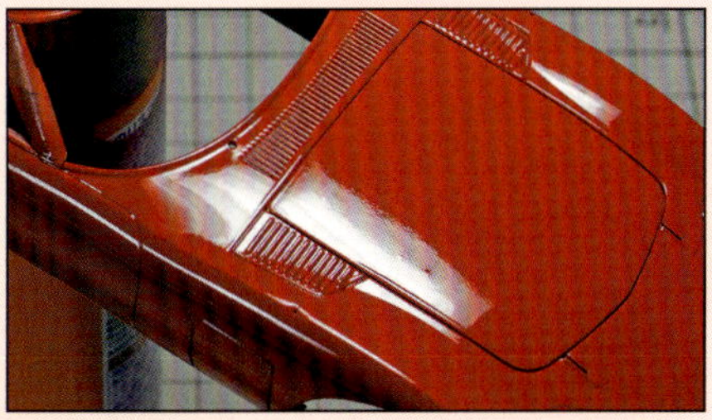

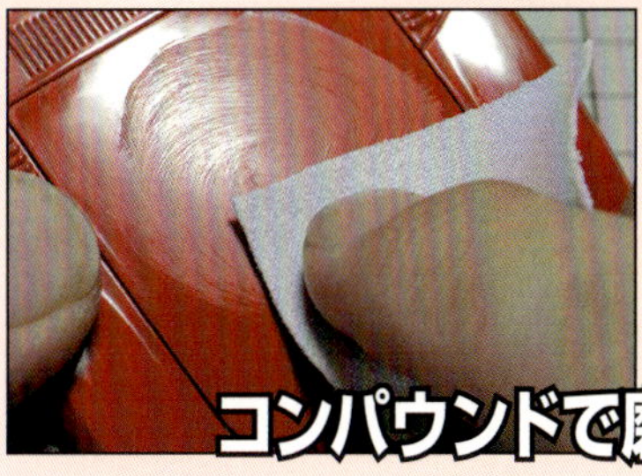

◀デカールの段差やザラつきや大きめの凸凹がない場合は、クリアー塗膜を1週間〜2週間程度乾かしてからコンパウンドで磨いていきます。はじめに粗目のコンパウンドで磨くと一気にツヤが消えて心配になるかもしれませんが大丈夫。後ほど解説するポイントを押さえてていねいに磨いていけばきれいに磨けます

コンパウンドで磨いてツルピカに

6 シャシー／小パーツの製作

バラバラで塗装し仕上げておきます

最後に全体を組み立てるので、ボディ、シャシー、ホイール、ミラー／ライト／ワイパーなどの小パーツ類はどの段階で工作／塗装をしても問題ありません。ボディーは塗装を乾かすのに時間がかかるので、その待ち時間に小パーツ類の作業をするようにすると時間を効率的に使うことができるでしょう。

▶小パーツ類はそれぞれ整形して塗りやすいところまで組んで個別に塗ります。カーモデルはボディーの塗装に意識が集中しがちですが、小パーツのクオリティーは全体の精密感に大きな影響を与えます。ていねいな仕上げを心がけるようにしましょう

ボディ乾燥中に製作すると効率的

◀箱車の場合、完成するとインテリアはほとんど見えなくなりますので、極論、黒一色で塗っておいてもそれほど気にはならないのですが、インストルメントパネルなどを作り込んでおくと覗き込んだときに盛り上がります

7 細部塗り分け〜組み立て

一瞬の油断が命取り。とにかく慎重に

カーモデルでもっとも気を使う工程は、じつは塗装ではなく最終組み立て。塗装はテクニックを学べば意外とリカバリーできることが多いのですが、最終組み立てで接着剤がはみ出したり塗膜を荒らしたりするとリカバリーが難しく、完成後の見映えを大きく落としてしまいます。組み立ては気を抜かずに!!

▶ボディの窓枠などの色分けはボディのクリアー塗装／磨きを終えてから行ないますので、せっかくきれいに仕上げたボディ塗装を傷つけないよう細心の注意を払います

細部の塗り分けをしてから組み立て

◀組み立てには、白化することがある瞬間接着剤は使用せず、エポキシ系接着剤など塗膜を侵さないものを使用。接着剤のつけすぎによるはみ出しができないよう慎重に組み付けていきます。あわてずじっくりといきましょう

カーモデルの基本的なセオリーを知ろう

初心者はもちろん、中級者でも知ってるようで知らないことが多いのが「カーモデルの基本」。まずはセオリーをきちんと押さえておくようにしましょう。

▲色分けされるところは先に接着しないでおき、別途塗装してから組み立てるようにすると塗り分けのためのマスキングが省ける。塗装まで視野に入れて組み立て工作をするようにしよう

説明書は接着位置と色指定のためのもの

一般的なプラモデルの組み立て説明書は、あくまでパーツの取り付け位置と色の指定をするためのもので、必ずしも塗りながら組み立てていくときに最適な順では構成されていません。説明書に載っているからとどんどん接着してしまわず、どうやったら塗りやすいか、きれいに仕上げやすいかを考えておくようにします。

▲ラッカー系パテはちょっとした傷や凹みを埋めるのはとても便利なパテで他ジャンルではよく使われますが、溶剤が揮発することであとあとかなりヒケてきます。カーモデルでは使わないようにしましょう

あとでヒケてくるパテは使用しない

有機溶剤を使ったラッカーパテやポリエステルパテは硬化後も溶剤が揮発し続けるため徐々にヒケてきます。うまくできたと思って、完成後数カ月経ってからパテ処理したところにスジがうっすら出てきたりすると、かなりヘコみますので、事後にヒケるパテは使用しないのがカーモデルの鉄則です。

▶できることならパテを使わずにパーティングラインやゲート跡を整形するのが理想です。近年の出来がよいキットなら、ほとんどの場合注意して整形していけばパテを使わず削るだけで段差を処理できますが、場所によっては削りすぎるとラインを崩すためどうしても凹みが残るってしまうことがあります。そういったところはほぼヒケない瞬間接着剤をパテ代わりに使用しましょう。流し込み用を使い、少しずつ塗り重ねて埋めたり盛ったりしたあと紙ヤスリできれいに整形します

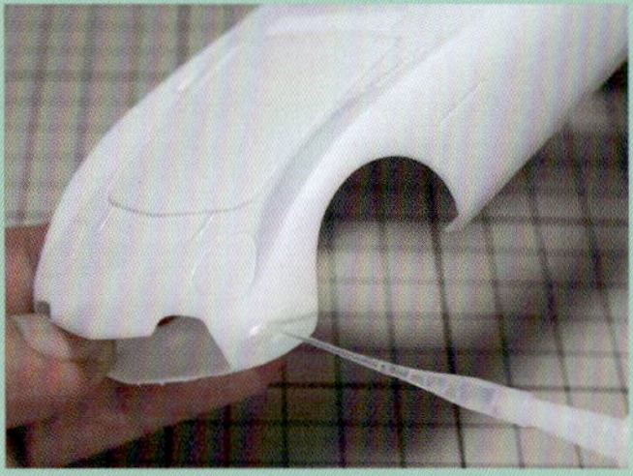

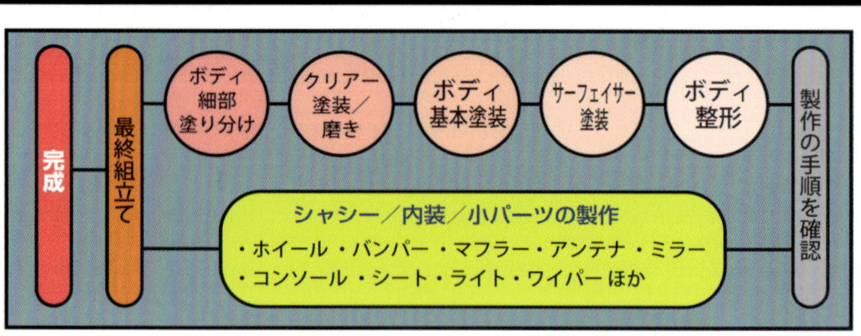

カーモデルは基本的にバラバラに製作して最後に一気に組み立てます

カーモデルは、基本的にボディとシャシー、ホイール、ミラー／ライト／ワイパーなどの小パーツ類を塗装前には接着せず、個別に塗装まで済ませてから最後に一気に組み立てます。そうする理由は、先に組み立ててしまうとボディのグロス塗装や磨きが非常にやりにくくなるからです。ちょっと考えればあたりまえですが、先にボディとウインドウパーツ、シャシーを接着してしまったら車内が塗れませんし、ボディにミラーやバンパーなどを先に接着してしまうと色分けのためにマスキングが必要になって、手間がかかったうえに境目が汚くなったり磨きにくくなったりしてしまうでしょう。ボディパーツが分割されているところなどのように合わせ目を消す処理が必要なところや小パーツで磨く必要がなく一体にしたほうがきれいに塗れそうなところは先に接着しますが、そうではないところは基本的にバラバラで進行しましょう。

もうひとつのポイントは、ボディをどの段階でどこまで磨くか。使用塗料やクリアー仕上げのやり方などによって変わりますが、ここでは以下の手順を推奨しておきます。

①ボディーの成型時は４００番～８００番まで ②サーフェイサー塗装後に１２００番～３０００番まで ③基本塗装後はきれいに仕上がっていれば磨かない。塗料の飛沫跡やザラつきがあれば１５００番で磨く ④クリアーを４～５回塗り重ねたところで１５００番～３０００番以上まで磨く ⑤クリアーの化粧吹きをして気になるところがなければコンパウンド磨きをしてフィニッシュ。

慣れないうちは１５００番の紙ヤスリなどで塗膜を磨くのはコワイかもしれませんが、適切な番手を使い１箇所だけを磨きすぎないようにするなどのコツをマスターして練習すればきれいに磨けるようになります。それでも失敗するときもありますが、リカバリーの仕方についてもこのあと解説していくことにしますので、まずはセオリーどおりやってみて感触をつかんでください。

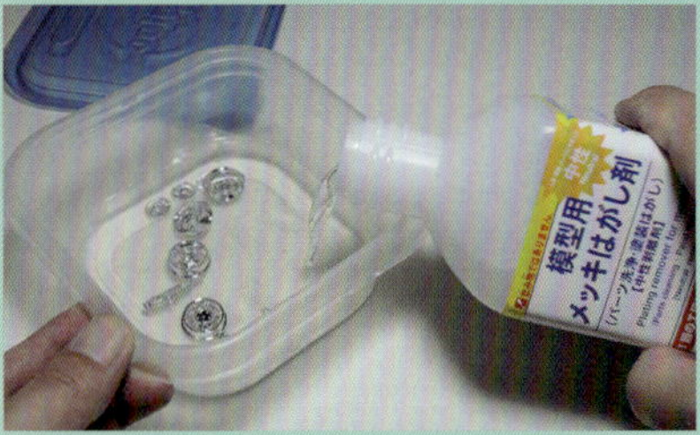

▲メッキパーツはほとんどの場合クリアーコーティングされているので、キッチンハイターなどで剥がす場合は先にクリアー層を剥がしておく必要がある。ハセガワの模型用メッキはがし剤を使えば、クリアー層もメッキ層も一気に剥がせるので便利だ

▼作例ではメッキパーツのままの箇所と剥がして塗装仕上げする箇所を狙って使い分けている。たとえばフロントのフォグランプ周りはメッキパーツのままで質感を活かし、サイドのバンパーはモールドをシャープにするためにいったん剥がして塗装で仕上げている

▲メッキパーツは塗装では再現しにくい質感が出せるが、少々ディテールがダルくなっているのと整形処理できないのが弱点。そのまま使うかは好みで選ぼう

メッキ部分はどうやって再現する?

キットにメッキパーツが付属している場合そのまま使用するのもよいのですが、ちょっとギラつきすぎる、あるいはパーティングラインを処理したいと言うような場合は、メッキを剥がして塗装で仕上げてみましょう。市販のメッキ剥がし剤を使えば簡単に剥がせますので、メッキパーツに納得がいかない場合は試してみてね。

ツルピカに仕上げるなら知っておきたい3箇条

カーモデルをきれいなツヤありで作るための基本テクニック

すべてはキレイなツルピカボディーで製作するために……

カーモデルをツルピカに仕上げたい場合にはいろいろなテクニックやコツがありますが、なかでもおろそかにされやすい3つのポイントをまず確認しておきましょう。

ひとつめはヤスリ／研磨材の使い分け。適切な番手のものを適切な工程で使用しないと逆に小傷が増えたりします。ふたつ目はサーフェイサーの使い方。何のためにどう使うかを改めて確認しておくようにします。3つめは埃（ホコリ）対策。塗装時の埃はツルピカ仕上げの大敵なのです。

使用するヤスリの番手を最適化してツルピカに仕上げる

●紙ヤスリや研磨材の番手は、表面の凸凹の大きさを表しています。番手の数が大きいほうが凸凹＝目がこまかいということになります。いきなり目がこまかいもので磨くと削る力が弱いので大きめの凸凹がきれいに均せません。逆に目が大きすぎると大きく深い削り傷が表面につきます。ツルピカ仕上げの場合は、最終的には極力塗膜表面の凸凹や傷がない状態にしたいわけですが、研磨材の番手の選択に失敗するとなかなか凸凹や傷が消えてくれません。基本は全工程にわたって粗目→こまかい目の順で磨いていきますが、このあとの解説では、どの段階でどの番手をどういうふうに使用しているのかに注目して読み進めてください。

サーフェイサーは吹いてから磨くのが基本

●サーフェイサーとは要するにラッカー系の溶きパテです。下地の傷を埋めたり、表面の凸凹を目視確認しやすくするために塗ります。プラモデルの製作では下地色を統一したり塗料の食いつきをよくするために塗り、塗りっぱなしで本塗装を行なうことも多いですが、ツルピカに仕上げる場合はサーフェイサー塗装後に磨きます。サーフェイサー塗装前にボディパーツを1000番以上まで磨いても塗料の食いつきが悪くなるだけで意味がないので注意しましょう。下地であるサーフェイサー塗膜を平滑に磨いておくことにより、上に重ねる本塗装塗膜とクリアー塗膜が凸凹になりにくくなり、最終的なツルピカ度がアップします。

ホコリはツルピカ仕上げの大敵 対処法を知ろう

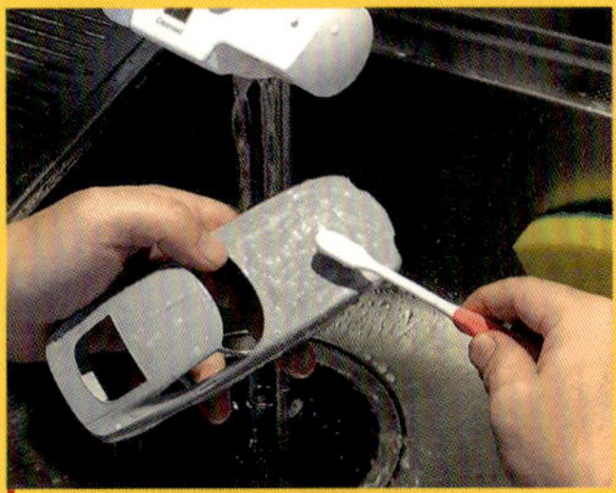

●ツルピカに仕上げる場合、塗装面に付着した削り粉や埃は完成後に非常に目立ちます。整形や磨きの工程では必ず削り粉（磨き粉）が出ますし、塗装をしているといつのまに塗膜に埃が付着しますので、対処法を知っておきましょう。まず、整形／磨きの工程のあとにはパーツを必ず水洗いするようにし、表面の削り粉（磨き粉）を除去してから次の工程に進むようにします。塗装は、作業する室内を掃除してから行なうようにし、塗料を吹きつける前には制電ハケやエアブラシの空吹きで埃を飛ばしましょう。それでも埃がついてしまたっときは、すぐにいったん塗装作業を止め、ピンセットでつまんだり磨いて除去するようにします。

クリアー塗料は「粘度」と硬化後の「硬さ」で選ぼう

カーモデルを製作しようとすると悩むのがクリアー塗料の選択。カーモデルを製作しない人は「クリアーなんてツヤ以外はどれでも同じじゃない?」なんて思っていたりもするようですが、クリアー塗料は種類によりかなり特性が異なり、それが仕上げの差となって出てくるものです。

クリアーの選択で重要な尺度となるのが硬化前の「粘度」と硬化後の「硬さ」です。

粘度が低めのクリアーは、厚めに吹いてツヤを出そうとすると塗料がタレたりたまったりしやすく、粘度が高めのほうがツヤは出しやすくなります。ただし、粘度が高めの塗料をきれいにエアブラシ塗装するにはエアー圧が高めのコンプレッサーと口径が大きめのハンドピースが必要になります。

硬化後の塗膜の硬さは磨いて仕上げる場合はとても重要な要素で、硬いクリアーのほうが磨くのに手間がかかる反面、磨いている最中に下地が出てきてしまうなどの事故は起きにくくなります。また、磨いているときに研磨材による傷がつきにくいので、きれいな仕上がりに磨きやすいです。

いまはさまざまなクリアー塗料が市販されています。どれにするかの最終判断は、仕上げのイメージと使い勝手の好みによるのですが、「粘度」と「硬さ」に注目してクリアーを選んでみれば、自分が理想とするカーモデルの仕上げに近づけるはずです。

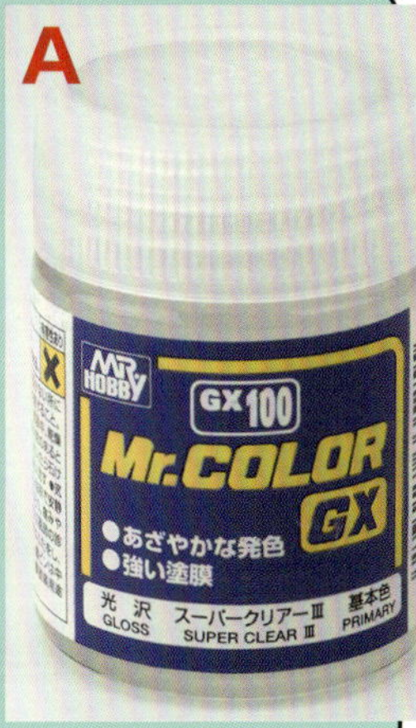

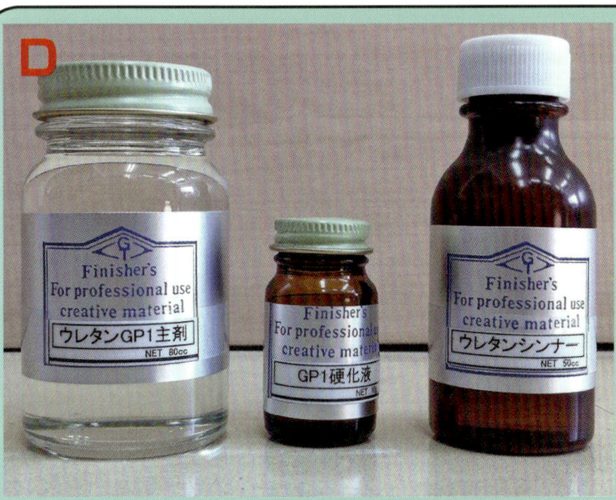

●車のプラモデル製作に使用されるクリアー塗料は大きく分けるとラッカー系とウレタン系。エナメル系とアクリル系は塗膜が弱かったりツヤがきれいに出なかったりするのでほぼ使用されない。溶剤の揮発で硬化するラッカー系は、硬化の速さとほどほどな塗膜の硬さのバランスがよいため使い勝手がよく、もっとも一般的に使用されている。化学反応で硬化するウレタン系は、透明度の高さ、塗膜の硬さ、硬化後のヒケがないところが長所で、扱いに知識とコツが要るが、しっとりとした深みのあるツヤを出すことができる

A Mrカラーのラッカー系クリアーはここで紹介する4種のなかでももっとも粘度が低く硬化後は柔らかめ。エアブラシシステムを選ばず手軽に使えるが、磨いて仕上げる場合は塗膜が柔らかいぶんコツを要する

B 実車にも使用されるボデーペン ラッカー系クリアー。粘度が高めで硬化後は硬くなり透明度も高い。模型店で入手しにくいのと缶スプレーなので一回出さないとハンドピースで吹けないのが難点

C フィニッシャーズのアートクリアーはボデーペンに近い物性で模型店でも入手しやすいラッカー系クリアー。作例ではこれを使用している

D ウレタンクリアーは使用に少々コツがいる。詳しくは32ページ参照

▲パーティングラインのところにできるバリ（薄い不要部分）を400番の紙ヤスリで軽くヤスっておおまかに取ります。バリが大きいところはナイフで余裕を持って切ってからヤスリます

製作開始。本体パーツの整形から仮組み

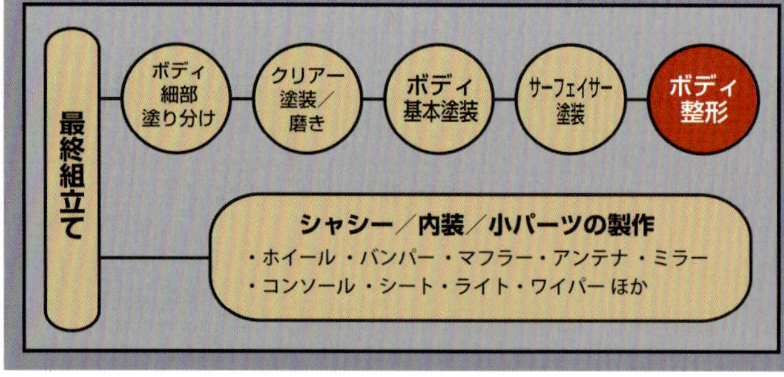

ボディパーツは、まずはじめにゲート／パーティングラインの処理をします。削りすぎるとラインや曲面が崩れてしまうので、一気にゴシゴシとヤスらず、少しずつ様子を見ながら整えて行くことをおすすめします。ボディは塗装を乾かす待ち時間が発生するので、先に進めておくと時間を効率的に使えます。

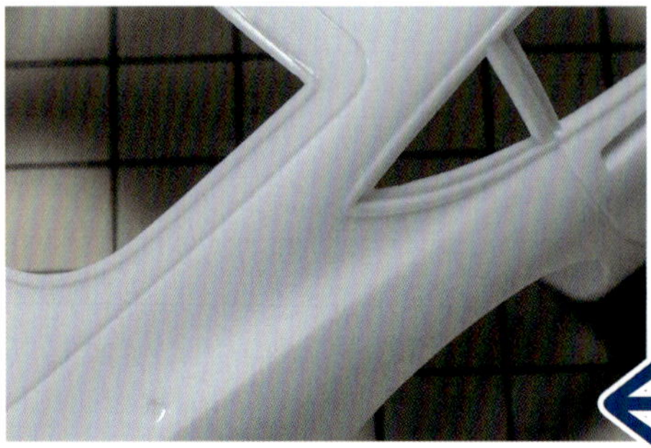

▲窓枠周辺のせまいところは、あてヤスリの先端をカットすると整形しやすいです。ボディパーツが白いときは、パーツを光にかざしたり角度を変えてよく見て段差が残っていないかチェックしよう

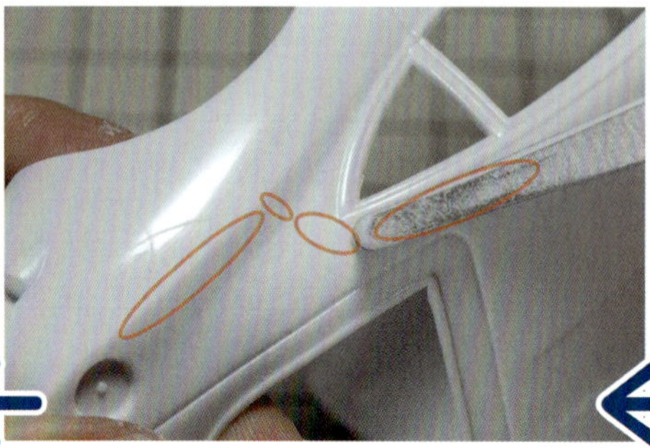

▲先が細いあてヤスリで整形しますが、複雑な曲面部分は、写真で赤丸で示しているようにいくつかの面の集合体と捉えましょう。面を分けてヤスっていくと形状を崩さずに整形しやすくなります

▲リアサイドのところは、複雑な曲面で、しかも近くに窓枠があるところにパーティングラインがあります。なんとなく全体にヤスリをあてると確実に曲面やディテールを損なってしまいそうです

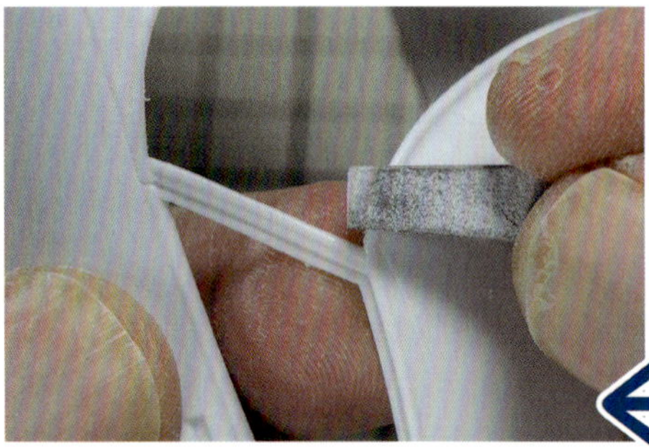

▲パーティングラインがあるところだけをピンポイントでヤスリ続けると、ルーフ前縁のきれいな曲線が崩れてしまいます。周辺とのラインのつながりも意識しながら削っていきましょう

▲ルーフには窓枠にかかったパーティングラインがあります。ここは完成後にとても目立つ箇所なのでしっかり整形しますが、ヤスりすぎると曲面を崩すので慎重なヤスリがけが必要です

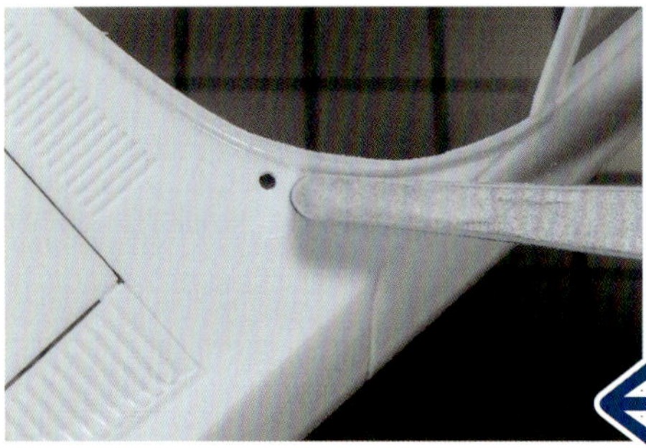

▲ヤスリがパーツにあたっている角度を常に把握し、不用意にエッジをヤスリで丸めないよう気をつけます。窓枠のところは削りすぎると前から見たときに幅が不揃いになるので削りすぎないように

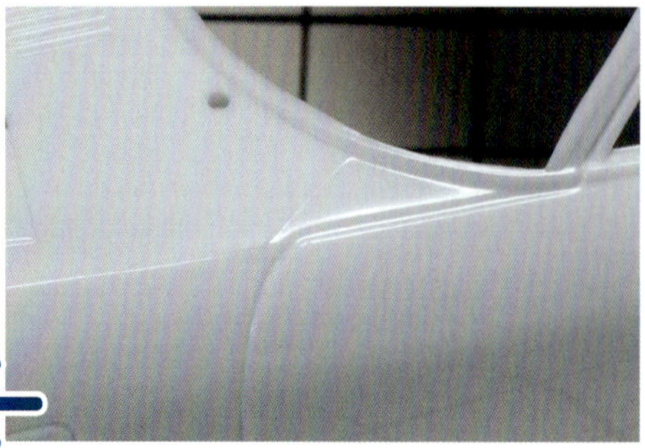

▲ドアの前方上面にあるラインも実車にはないパーティングラインなのできれいに整形します。ここも窓枠があったりドアのスジ彫りがあったりするので削りすぎて形を崩さないよう要注意です

クリアーパーツは要注意

車のプラモデルを購入してきたらなにより真っ先にやることは説明書の読み込みやボディの整形……ではなく、クリアーパーツの隔離保護です。そのまま何気なくそのへんに放置しておくと、パーツがもげたり傷ついたり、場合によっては接着剤の飛沫が飛んで表面が荒れてしまったりしますので、まずは大きなパーツを切り離してしまっておきましょう。

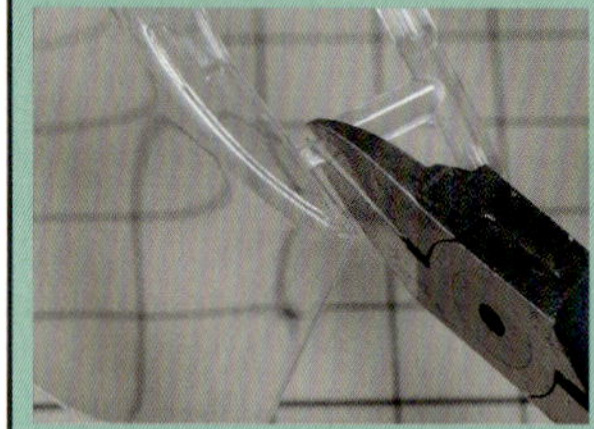

◀ウインドウパーツは大きくてゲート部分がもげやすいので、キットを買ってきたらまず初めにランナーから切り離しておこう。ゲートを切る場所は余裕をもっておこう

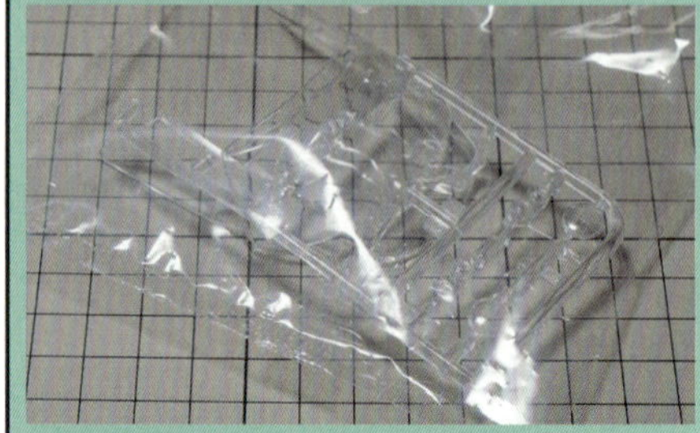

▲工作机の周辺にむき出しでおいておくと低粘度の接着剤飛沫が飛んで、全体を磨き直さないとリカバリーできなくなることがあるので、袋に入れてしまっておこう

知っておきたい、ツルピカにするための

ボディ工作 基本の「き」

近年の出来がよいカーモデルのボディーパーツは、箱を開けた段階で一見すると「このまま塗ってもいいんじゃない？」と思うほどきれいに整って見えますが、ゲート跡を処理しただけでサーフェイサー吹きに進んでしまうと、パーティングラインやヒケが見えてきて、「ハイ、整形作業やり直し！」となってしまいます。心おきなくサーフェイサー以降の工程に進むために、ボディをしっかりときれいに整える整形作業のポイントを知っておきましょう。

まずゲート部はよく切れるニッパーで余裕を持って切るようにします。ヤスるときは、600番の紙ヤスリに板をあてた「あてヤスリ」を使い、必要な箇所周辺のみを最低限削るようにします。車はほとんどの箇所が曲面で構成されているので、1箇所だけをゴシゴシとヤスっていくとそこだけ平面になってラインが崩れてしまいます。ヤスリをあてる面を少しずつずらしながら曲面を崩さないように大きな段差を消します。そのあと600番～800番相当のスポンジヤスリの細切りで表面を整えます。

スポンジヤスリは曲面をきれいに整えやすい反面エッジを丸めやすいので、エッジ部にあたらないように注意しましょう。大きめのスポンジヤスリを使うとあてる箇所のコントロールがしにくいので、ヤスりたい箇所の形状に合わせてスポンジヤスリを細切りにして使うようにするのがおすすめです。

エッジ部分は、塗装を重ねるにつれどんどんエッジがダルくなってきます。なので、ボディーパーツ整形の段階で、400～600番のあてヤスリで一回エッジをシャープに立てておき、そのあとはなるべくエッジ部分をヤスったり磨いたりしないようにするのがシャープに仕上げるためのコツです。

作っていると早く先の工程に進みたくなりますが、サーフェイサーを吹く前の段階の整形作業の良し悪しでボディの仕上がりクオリティーが決まってきますので慌てずじっくり作業します。

目立たぬよう隠されたパーティングラインを見逃さない

プラモデルのパーティングラインは金型の合わせ目にできる段差なので、基本的にどんなパーツでも周囲をぐるりと1周しています。スライド金型の場合もそれは同じで、たいていの場合はヘッドライト横のあたりからルーフかドア上側を経由してテールまでラインが繋がっていますので、ボディの整形時に見落として処理し忘れることのないように注意しましょう。

見落としやすいのは、エッジのところにパーティングラインが来ている場合です。パーツ状態での見映えをよくするためか、パーティングラインを目立ちにくいボディのエッジ部に配置しているキットは多いので、よく見てチェックします。2000GTのようにパーツが白い場合はとくに見落としやすいので要注意です。

パーティングラインがありがちな箇所のなかで、きれいに処理されていないと完成後に非常に目立つのは、フロントウインドウ窓枠でしょう。ボディと窓枠が一体成型の場合は、境目部分の凹部まできれいに処理しておかないととても目立ってしまいます。また、複雑な曲面のところにラインがある場合は、先が細い当てヤスリと細切りスポンジヤスリを併用し、曲面を崩さないように慎重に整形していきます。

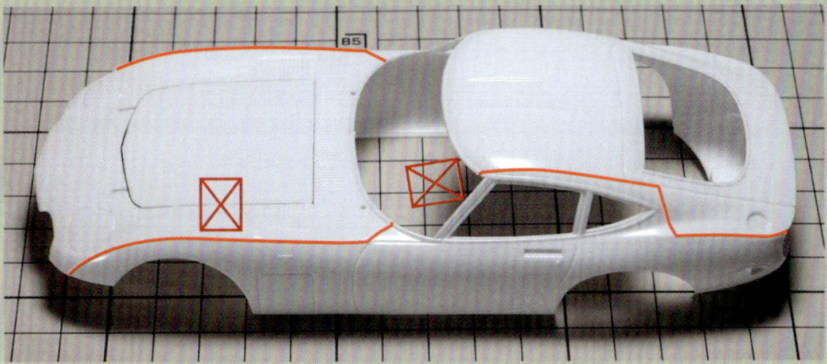

▲赤線のところにパーティングラインがある。矢印で示したノーズのエッジ部とルーフ前端部はパーティングラインを見落としやすいので要注意。ラインが1周繋がっていく先を予想しながら探すようにするとパーティングラインを見つけやすい

どの段階でどの番手のヤスリを使えばいい？

ヤスリの番手の選択はとても重要。ポイントは、①サーフェイサーを吹く前は800番まで ②塗膜を磨くときは1200番以上 ③1500番は意外と削れるので、塗膜を磨く際は要注意 ④スポンジヤスリは徐々に目が詰まるのでそのぶんを計算しておく ⑤いきなり3000番以上で磨いてもきれいにならない、など。とくに⑤は重要で、ツルツルにしたいからとはじめから目がこまかいヤスリや研磨材を使用してもむしろ逆効果ですので注意しましょう。

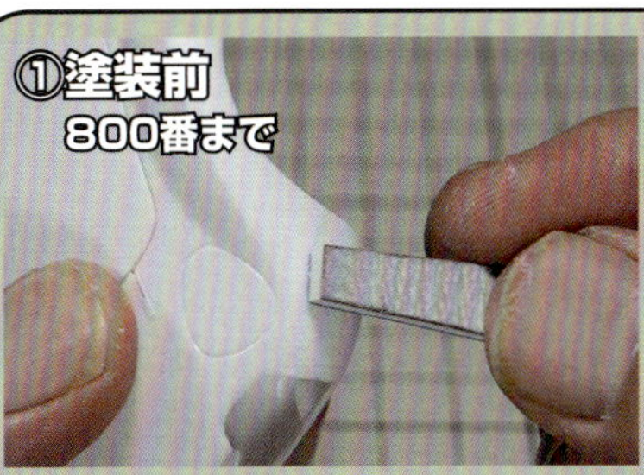

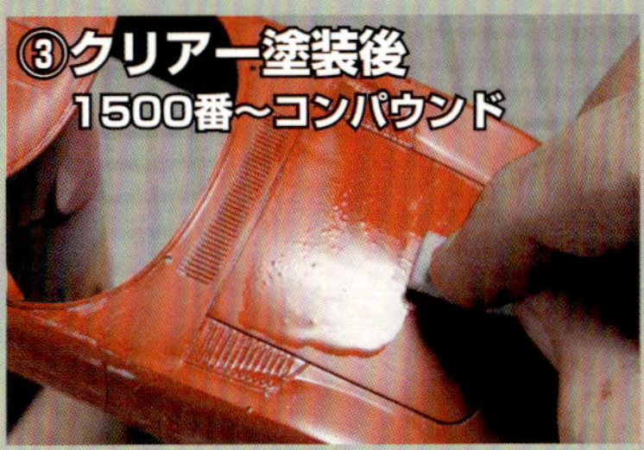

●ヤスリは、400番で磨いたあといきなり2000番で磨くより、600番→800番→1000番→2000番と順番に目をこまかくしていったほうが早くきれいに仕上がる。途中の番手を飛ばすのはアリだが、粗めのヤスリでできたヤスリ傷が消えないうちに飛ばすと、深めのヤスリ傷が残ったままになりやすい。400番／600番で大きな段差を消したあと、800番でしっかり表面を整えておくようにすると、あとに深い傷が残りにくく、最終的に磨きが楽になるうえ、深い傷を消すために磨きすぎて塗膜が剥げる事故も起きにくくなる。コンパウンド磨きも同様で、初めに粗目でしっかりと表面を均すようにすると、そのあとの細目から仕上げに到るまでがとても楽になる。ただし、まず比較的粗めのヤスリやコンパウンドでしっかり磨くといってもやり過ぎは禁物。どれくらいまで磨いて大丈夫かは感覚的に掴むしかないので練習してマスターしよう

クリアー塗装を見越して、エッジをシャープに保っておく

ツルピカに仕上げるときはクリアーを厚吹きするので、クリアー層を研いでエッジ出しをしたりしない限りどうしてもパーツ状態より塗装後のほうがエッジがダルくなります。そこで、エッジ部分は整形段階でシャープにしておいて、そのあとはなるべくヤスリや研磨材をあてないようにします。

細部までシャープに仕上がっている完成品を見ると「こまかいところまで磨いているからシャープなのか」と思われるかもしれませんが、実際は逆です。こまかいモールドやエッジは、パーツのモールドを活かし、あえて触らないように進めていくことできれいに仕上げやすくなります。エッジ部やルーバーなどの凸モールドが集中している箇所など、ヤスリをあてない箇所を意識的に決めて作業することにより、シャープさを保ったまま完成させられるでしょう。

▲400番～600番で一度エッジをシャープに立てたら、エッジとその周辺にはなるべくヤスリをあてないように意識して磨くようにします。とくにスポンジヤスリはエッジを丸めやすいので要注意。クリアー塗膜をコンパウンドで磨くときも、エッジ部分は磨きすぎで下地の基本塗装塗膜を露出させてしまいやすいので要注意

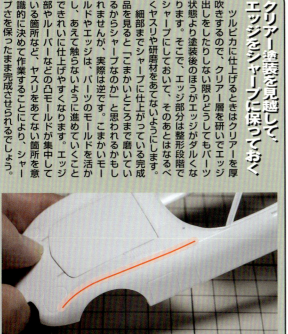

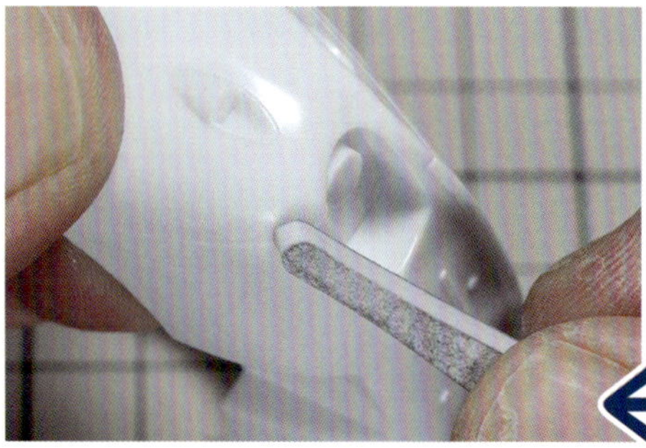

▲まずは600番のあてヤスリで曲率が大きいところのパーティングラインを消していきます。曲率が大きいところはヤスリを当てる面をこまめに変えたりヤスリをパーツに沿わせて動かしたりします

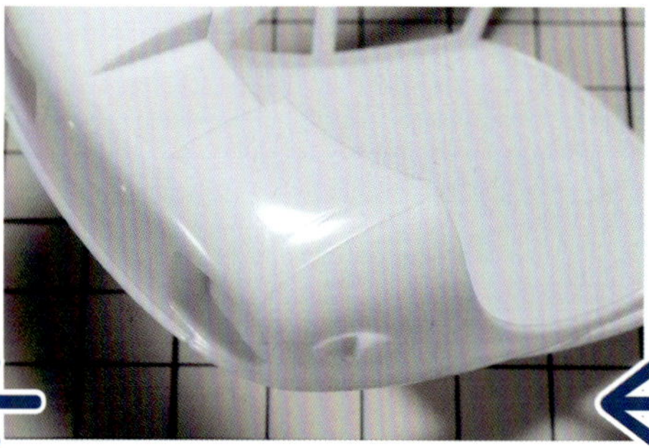

▲リア下側のパーティングライン部。ここは曲率が大きい曲面に段差が大きめの合わせ目ができています。それほど目立つ箇所ではありませんが気を抜かずに処理していきます

▲ボンネットのルーバー部のように凸状のモールドになっているところにもヤスリをあてていると、いつのまにか形状が変わってしまいますので、こういうところは意識的にヤスリを避けます

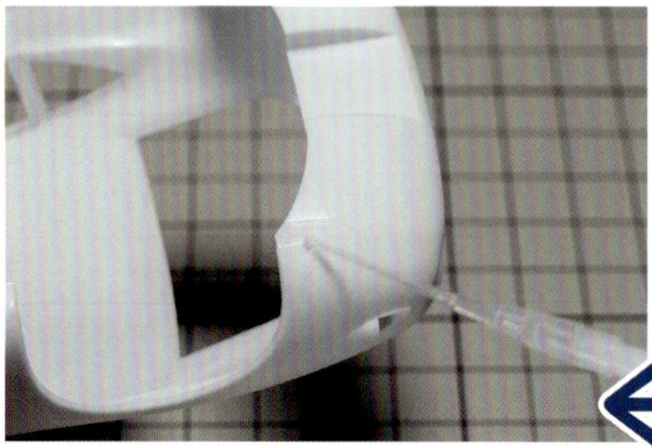

▲ヤスって凹みをなくすのはあきらめて、瞬間接着剤で凹みを埋めることにします。パテを使うとあとでヒケやすいので、使用するのは流し込み用瞬間接着剤です。少量ずつ塗っていきましょう

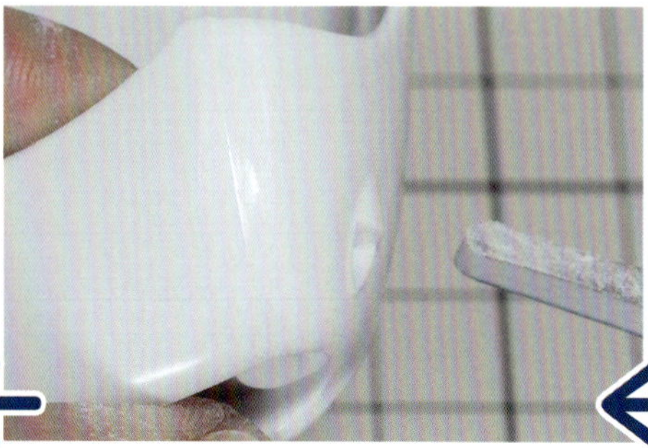

▲まだうっすら凹みが残っていますが、これ以上ヤスって凹みを消そうとすると曲面の感じが変わってしまいそうです。ラインを崩さないように整形するにはこういった「見切り」が重要です

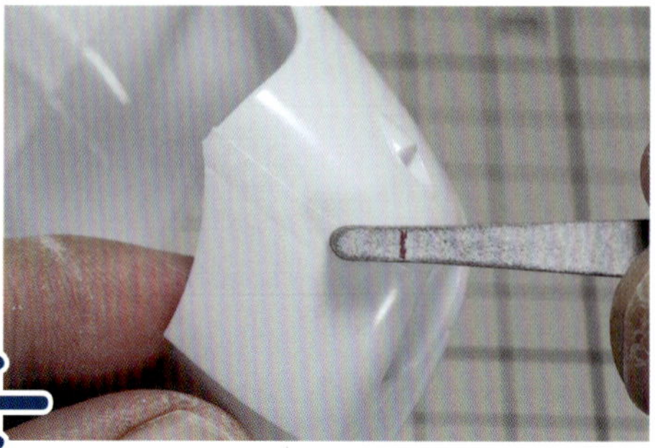

▲比較的平らなところをヤスっていきます。パーティングラインの内側のところにある微妙な段差は実車にもある段差なので、完全に平らにしてしまわないようにしましょう

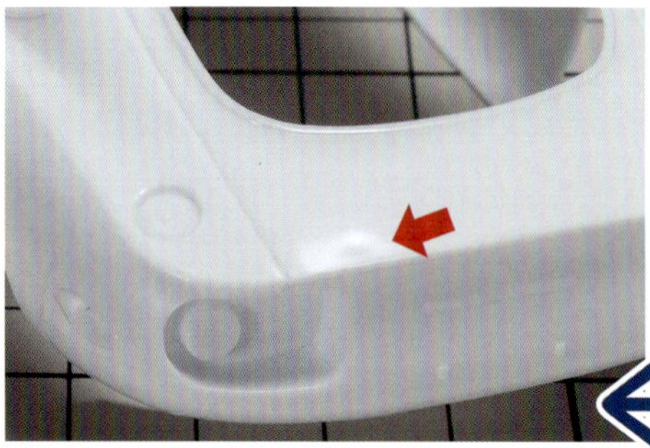

▲プラスチックは冷めると収縮するので、肉厚があるところにヒケができるのは宿命です。軽くヤスっても凹みが残るところは、瞬間接着剤を使って凹みを埋め、処理しておくようにします

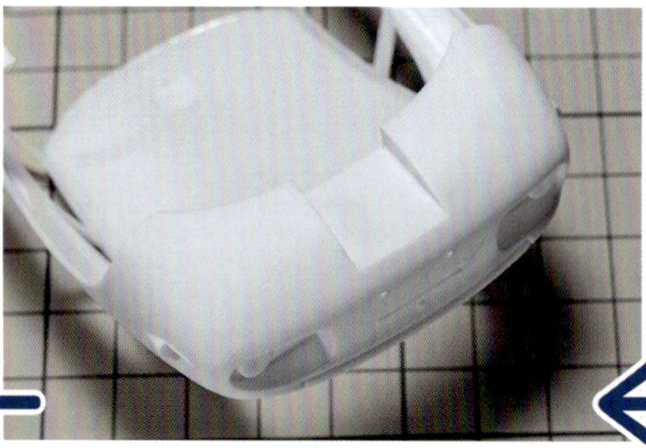

▲硬化した瞬間接着剤は硬めなので、400番で荒削りをしたあと600番、場合によりスポンジヤスリで整えます。まだ溝が残る場合は、さらに瞬間接着剤を盛って削るというのを繰り返します

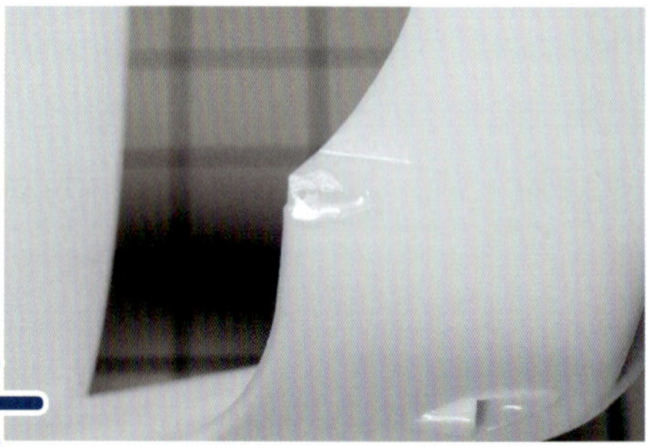

▲一気に盛ろうとすると流れてしまいますので、数回に分けて瞬間接着剤を盛りました。盛りすぎても削るのに手間がかかるだけなので、溝が埋まったかどうか、というくらいで止めておきます

仮組みをするときはここをチェックしておこう

仮組みで必ずチェックしておきたいのが、ボディパーツに組み立てたシャシーが入るかどうか。もちろんまったく入らないような設計のキットはないのですが、ボディパーツを少し拡げたりしないと収まらないものは結構あります。最終組み立て時に、塗装して仕上げたボディを力技で曲げて拡げるのはかなりコワイので、仮組みの段階でどこが干渉するかチェックしておき、あらかじめ対処しておくとよいです

多くのキットではボディにシャシーを固定するためのダボがあります。このダボを削るとクリアランスに余裕ができることがあります（組み立て時は接着固定する）。また、上から見えないところを削ってしまうのもありでしょう。

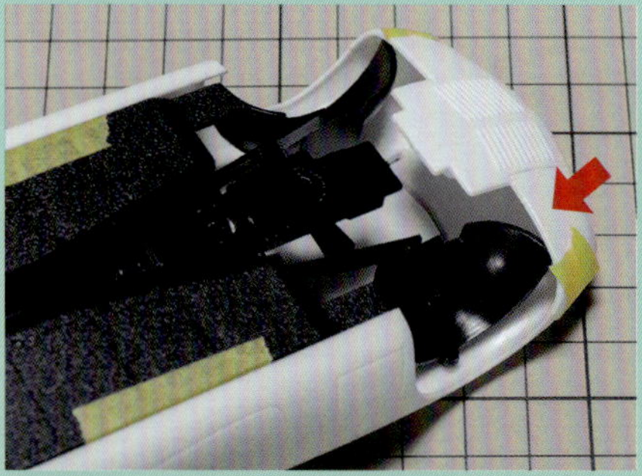

▲2000GTでは、赤矢印のところをボディ内に収めるため、ボディを少し拡げないとひっかかる。目立たないところなので、削って入れやすくしておくと最後の組み立て時に安心だ

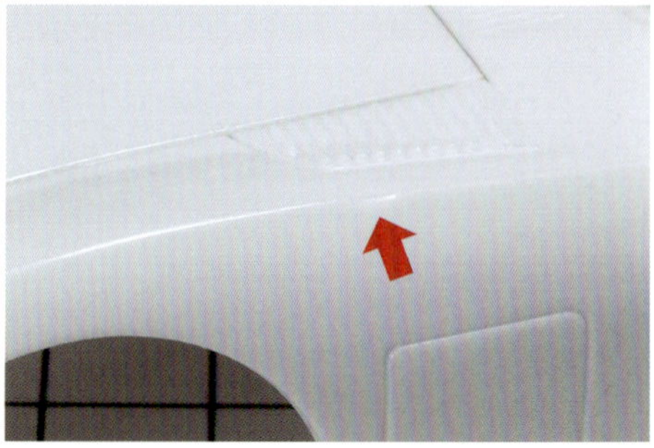

▲フロントホイールアーチの後方にあるエッジ状の凹みはミラー取り付け用の切り欠きです。埋めてエッジを出してしまうと、ミラーを取り付けるときに基部に隙間ができますので要注意です

エッジをシャープにするには

エッジ部分をシャープに仕上げるには、ボディ表面を磨いていくときいかに不要にヤスリなどの研磨材をエッジにあてないようにするかがポイントです。整形の早い段階で400番～600番程度のよく削れる紙ヤスリでエッジを一回シャープに立てたら、その周辺1～3㎜くらいにはヤスリや研磨材をあてないようにしてそのあとの作業を進めていきます。

もちろんはじめからエッジにヤスリをあてて丸めるつもりで作業している方はいないと思いますが、実際はいつのまにかあたっていることが結構あります。いちばんの予防策は、紙ヤスリは細いあてヤスリを、スポンジヤスリは小さく切って使うこと。かなり効果があります。

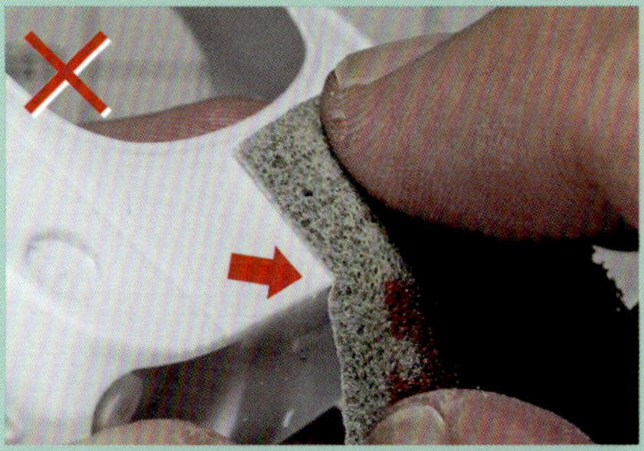

▲スポンジヤスリは凸凹したところでも同じ面圧でヤスれるので曲面をきれいに均しやすいですが、同時にエッジを丸めてしまいやすいので使用の際は注意が必要です。上の写真のようになんとなく面に押しつけていると、隣りにあるエッジにヤスリがあたり続けて意図せず丸めてしまいます。下側の写真のようにエッジ部分を少し浮かせたり、エッジ部分まで届かない幅の細切りにして使うようにすることで、エッジを不要にヤスらずにすみシャープに保てるようになります

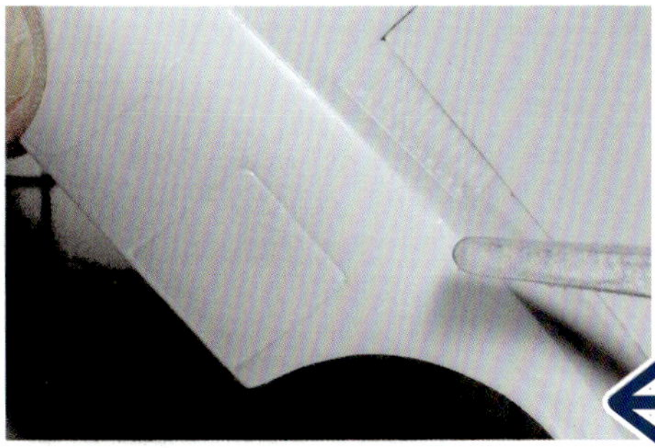

▲凸モールドの周辺は微妙にヒケていることがよくあります。モールドを削ったら周囲をよく確認してヒケも処理し、同時に横にあるエッジ部をシャープに立てておくようにします

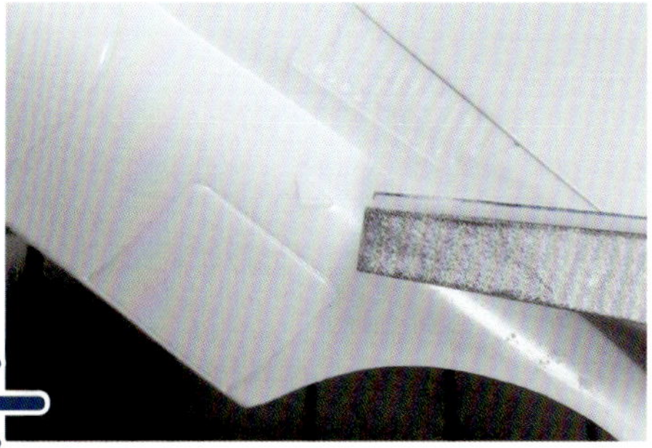

▲サイドにある三角の凸モールドはエンブレムですが、付属のメタルインレットとデカールを使うので、削って平らにしておきます。反対側にもあるので同様に処理します

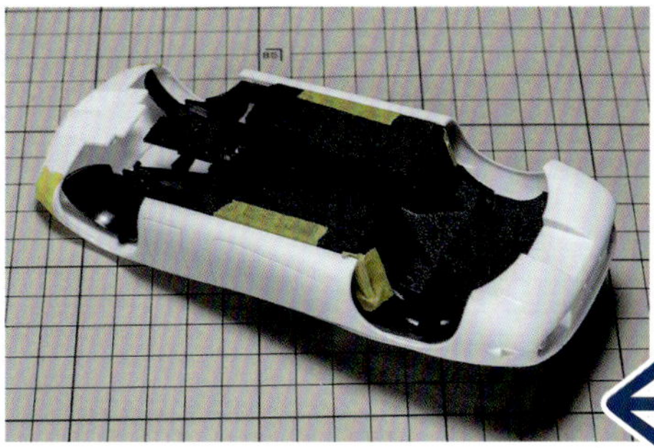

▲ゲートとパーティングラインの処理が終わったところで一回仮組みをします。ボディ内にシャシーが無理なく収まるか、ボディのフロントで分割されているところの合いなどを確認します

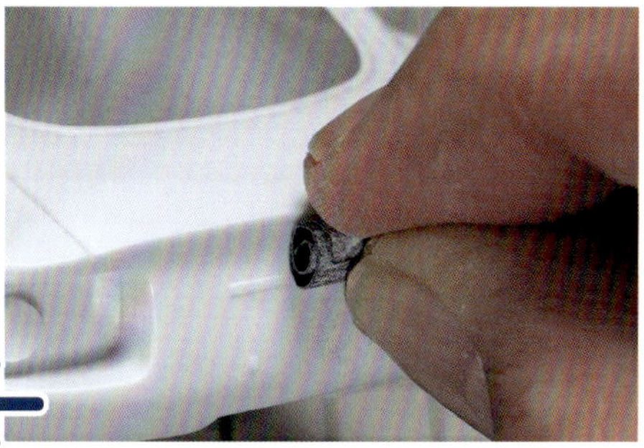

▲キットのボディパーツにはキーホールもモールドされていますが、金属パーツに置き換えることにしたので削り落とします。狭くて凹んだ曲面のところは紙ヤスリを丸めて整形します

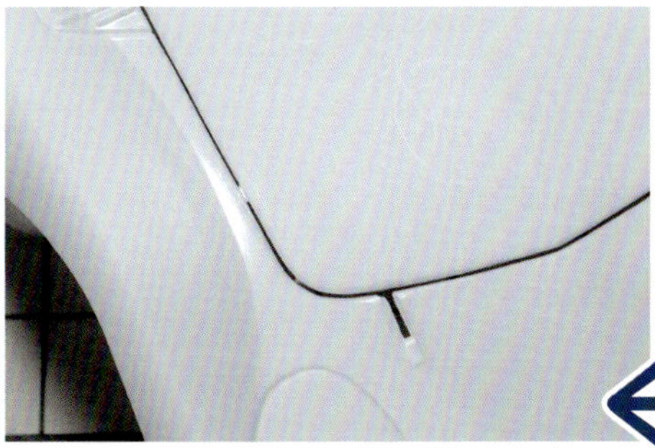

▲このキットでは、エンジン付きのバリエーションキットにも対応するためにボンネットがこのように細いゲート部だけで繋がっています。このままだと磨くときに力がかけにくいので……

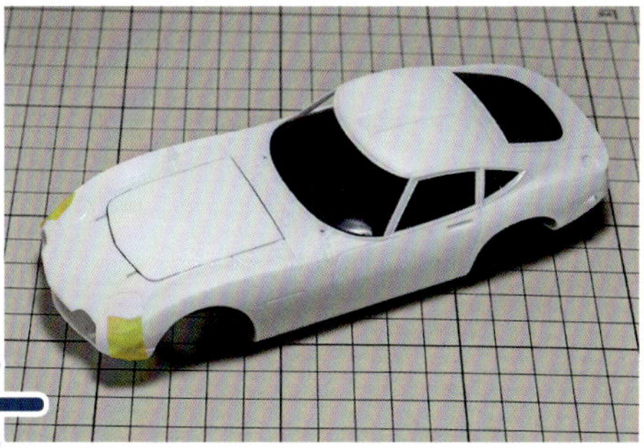

▲改めてボディのパーティングラインの整形処理を確認しておきます。ボディパーツが白いと見逃しやすいので、すべて処理したつもりでも、もう一度処理し忘れがないか確認しましょう

▼ボディをヤスったり磨いたりするときは、部分ごとの形状特性を分けて把握するようにしよう。エッジ、凸モールド、谷間のラインなどは形状を崩しやすいポイントだ。慣れれば要注意ポイントがすぐわかるようになる

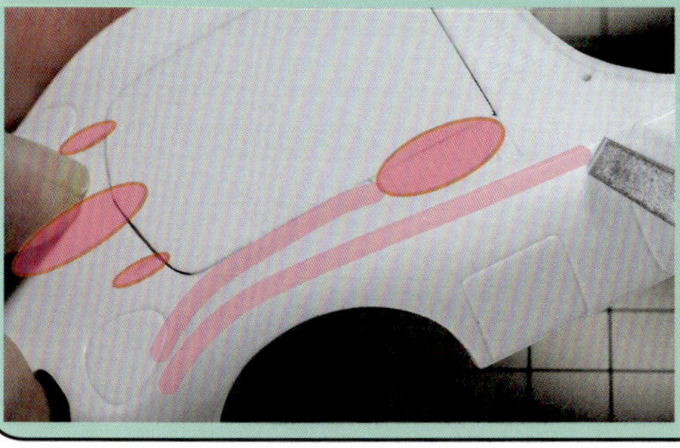

▲窓枠は無闇にヤスリをあてていくと形状を損ないやすい箇所。初めに600番などで表面とエッジを軽く整えたら、そのあとは基本的にヤスリをあてないようにしてシャープさを保つ

ヤスリをあてないところを意識的に分けよう

すべての面をきれいにヤスリで整形しようとすると、むしろ初めの状態より形状がダルくなってしまいがち。キットパーツのモールドが初めからシャープなところ、エッジ部、小さな凸モールドなどにはなるべくヤスリをあてないように製作することで、キットの良さを活かしてシャープな形状で完成させられます。

パーツの整形からコンパウンドでの磨きまでのすべての段階で、研磨材／剤でしっかり平滑にするところと、なるべく触らないようにするところをはっきり分けて考えるクセをつけましょう。それだけでもかなり見映えが変わります。

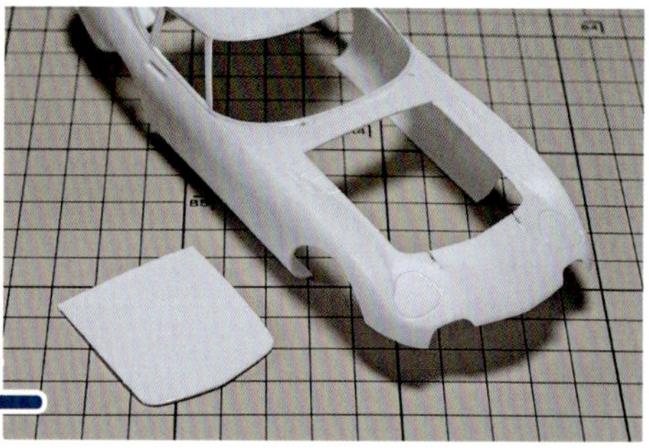

▲ボンネットをいったん切り離しました。エンジンを再現するわけではなく、磨くときにボディにしっかり力をかけられるように補強するためです。磨いてるときにもげると大ショックです

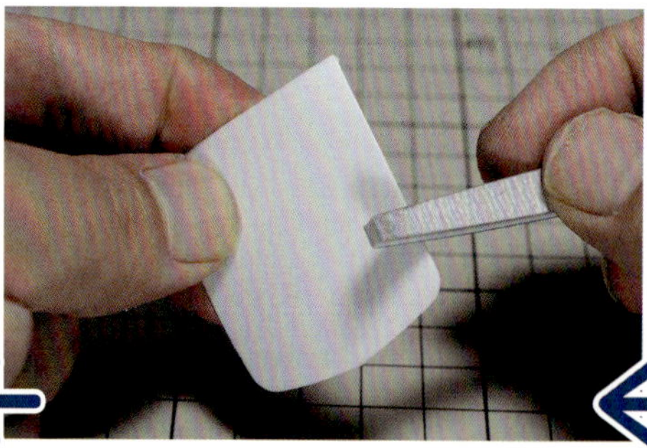

▲ボンネットは細いゲート状の部分で繋がっているだけなので、ナイフで何回かなぞればすぐに切れます。切ったら断面を整形しておきますが、削りすぎると隙間の幅が不均一になるので要注意

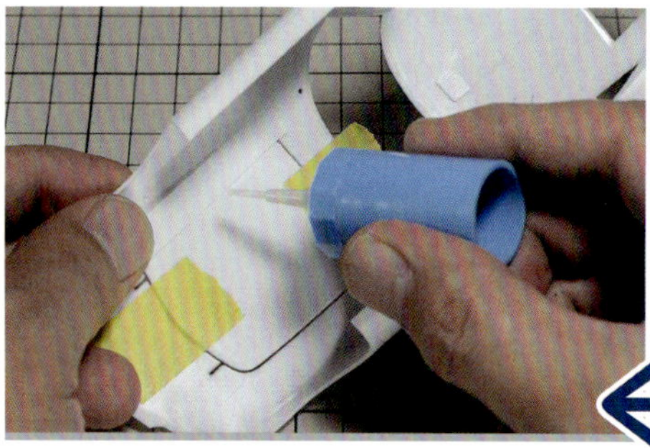

▲隙間が均一になるように調整してからマスキングテープでいったん固定します。位置が決まったら、裏側に薄いプラ板を接着します。ここは外に見えないのでMr.セメントSを使ってがっちり接着

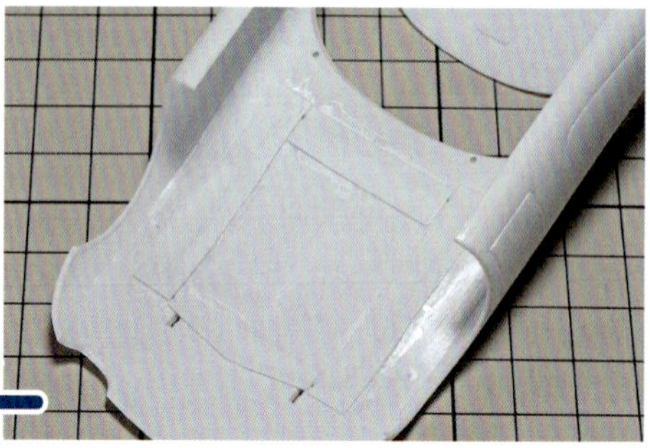

▲4枚の細切りで隙間部分をすべて接着しました。しっかりと接着されていなかったり硬化する前にボンネット表側の整形をしてしまうと、ボンネットとボディに段差ができたりするので注意します

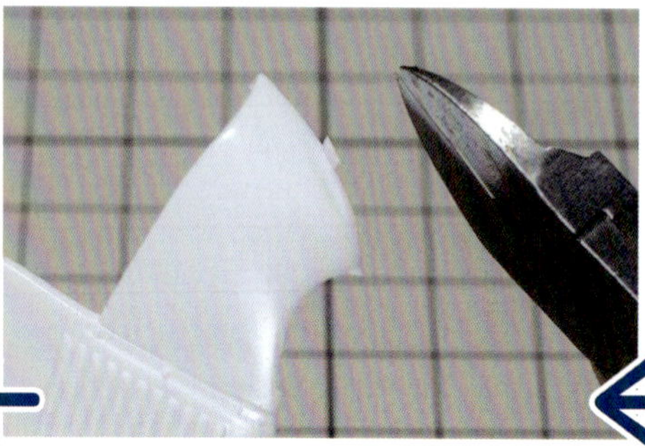

▲ノーズの下側は成型の都合上分割されています。接着する前にまずはゲートを処理しておきます。ギリギリで切り出すと曲面が部部的に平面になるので、これくらい余裕をもって切ります

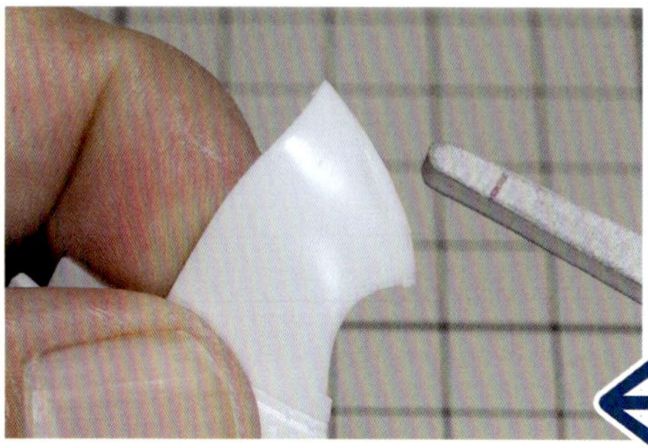

▲600番〜800番の紙ヤスリで表面を整えます。ここは曲面でボディ上側との合わせもあるので、初めに削りすぎてしまうのは禁物。ほんの少しだけゲート跡を残しておくくらいで止めます

パネルラインをシャープに仕上げるには？

カーモデルの完成品の精密感においてもっとおおきな影響を与えるのがパネルラインのスジ彫り。スジ彫りが太すぎたり溝の角のところが丸まっているとスケール感を損ないオモチャっぽく見えてしまいます。

溝の角をシャープにするには、パーツ表面をヤスって薄皮一枚剥くようにするのが簡単で効果的。埋めて彫り直したりしなくても細くきれいなスジ彫りに見せることができます。なお、表面を削ったぶん溝が浅くなるので、スジ彫りは深く彫り直しておきましょう。スジ彫りが浅すぎるとクリアーを厚吹きしたときに埋まってしまったり、溝のフチに塗料が溜まって盛り上がったりしてしまいます。

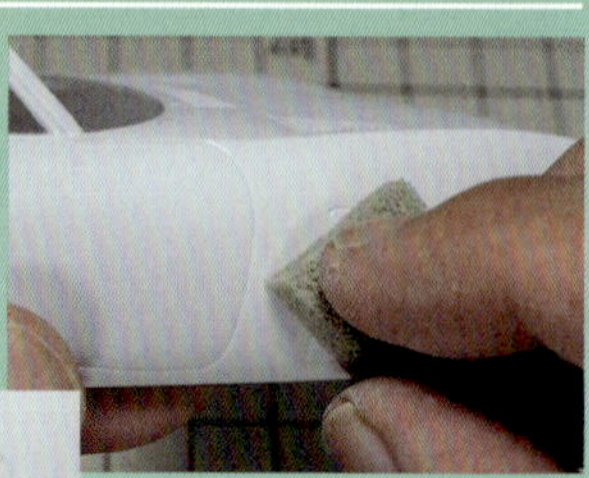

▲まずパーツ表面を600番相当のスポンジヤスリでひと皮剥くようにヤスります。エッジ部やモールドを丸めないように注意しましょう

▼表面を削っていくと、溝のフチのエッジがシャープになってきます。スジ彫りは基本的に溝の底に近づくにつれ溝の幅が狭くなっていきますので、ちょうど良い幅感のところで止めます

▲浅くなったスジ彫りをMr.ラインチゼルで彫り直します。1/24カーモデルのパネルラインだと、刃幅0.3〜0.5㎜くらいがちょうどよい場合が多いです。刃を溝に入れてみて刃幅を選びましょう

▼刃先を溝に入れて引くようにするとおもしろいように削れます。プラモデルのボディの場合、やり過ぎると切り離されてしまうので注意しましょう。あまり力を入れずに何回か軽く引くようにするのがコツです

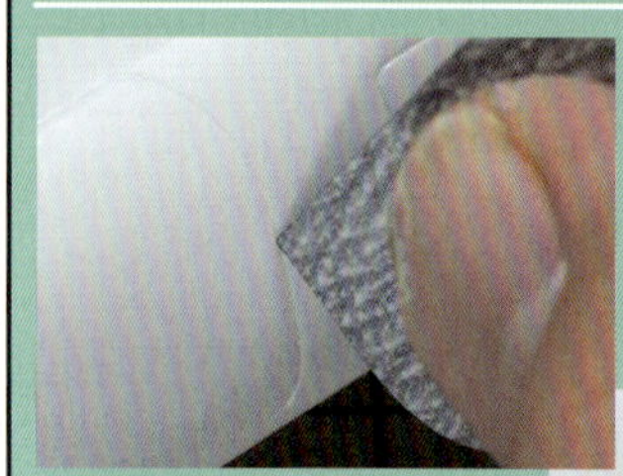

▲ケバだった溝のフチのエッジを整えます。600番の紙ヤスリの角を溝に入れて溝に沿って軽く動かすと、ケバが取れてきれいに整います。やり過ぎるとフチのエッジを丸めがちなので、ケバ取りは1箇所につき一回くらいで充分です

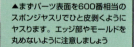

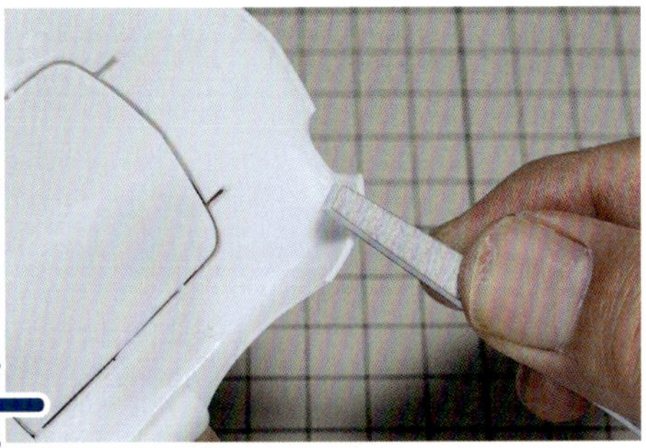

▲パーツの接着面に400番の紙ヤスリをひとあてして面を整えます。接着面を削りすぎるとノーズの厚さやホイールアーチ形状に影響が出てくるので軽くヤスるだけにしましょう

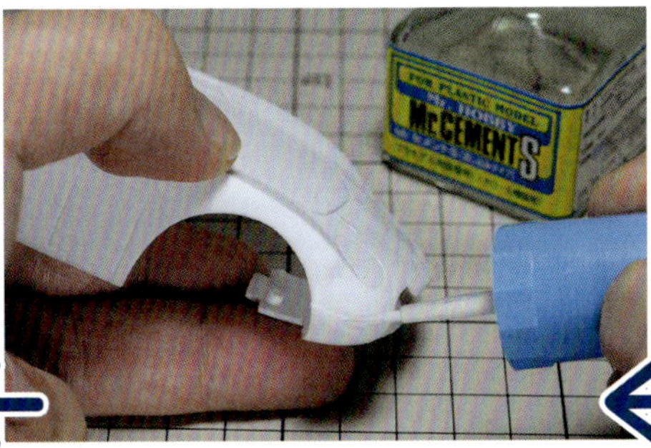

▲ここはしっかりと接着しておきたいので、溶剤系のプラスチック用接着剤を使います。溶剤系はヒケますので、接着後に整形作業をするまで1日以上は空けるようにしましょう

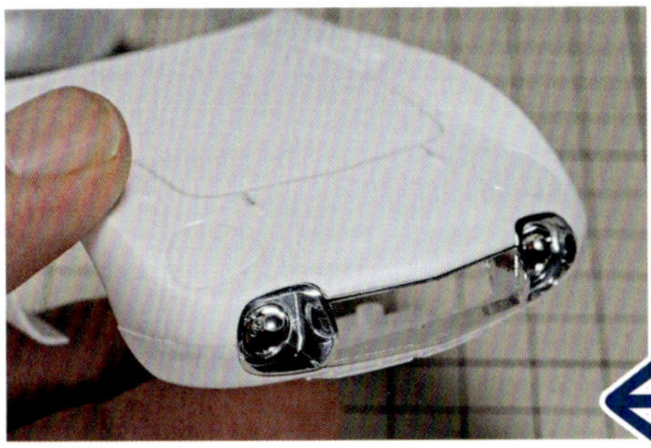

▲接着剤が硬化する前にフロントのメッキパーツを収めてみて合いを確認しておきます。あまりキツキツだと塗装後にはまらなくなります。少し緩いかな、くらいに調整しておくのが重要

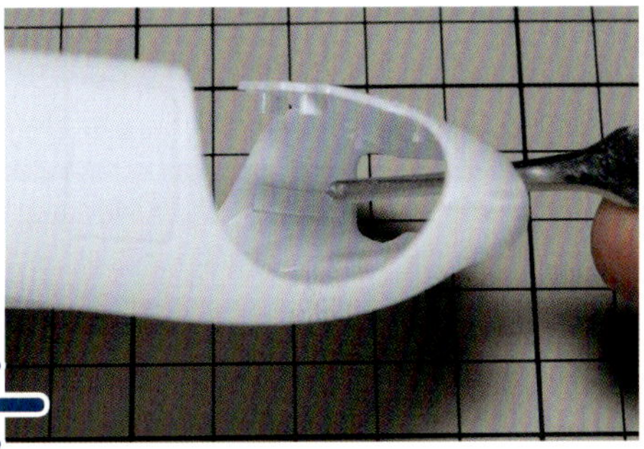

▲ノーズ部分も磨くときに力がかかりそうなので、パーツ合わせ目部分の裏側を補強しておくことにします。細切りにしたプラ板をMr.セメントSで接着するだけです

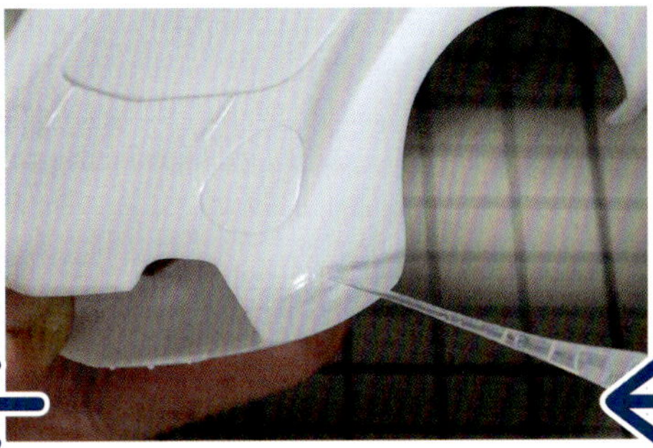

▲1日以上おいて接着剤を乾かしたら、合わせ目部分を整えていきましょう。パーティングラインの処理のときと同様、瞬間接着剤を少しずつ盛ってパテの代わりとします

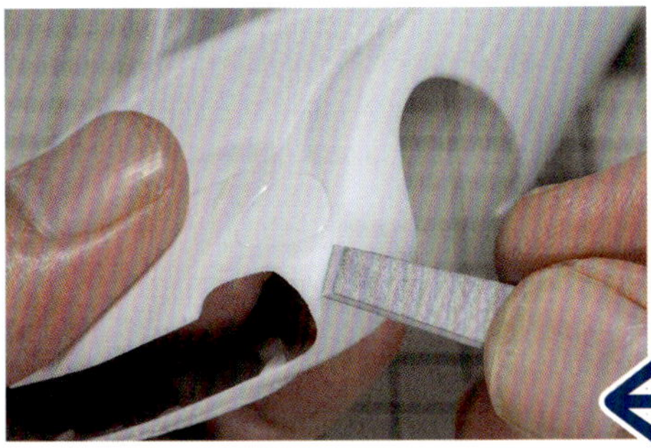

▲瞬間接着剤が固まったら400番～800番の紙ヤスリで形を整えていきます。なお、瞬間接着剤をパテ代わりに使用するときは、硬化層がもろくなるので硬化促進剤は使わないようにしましょう

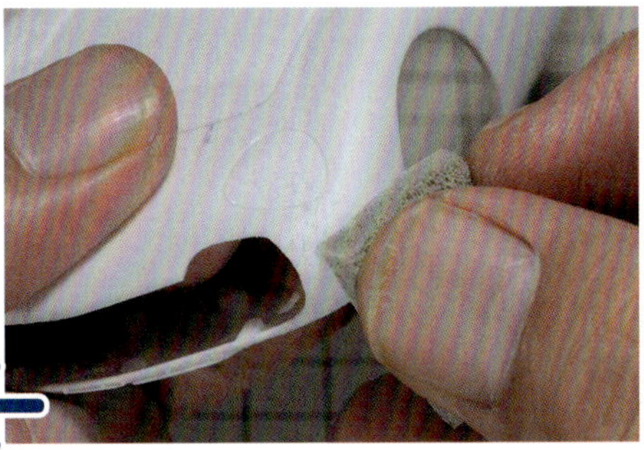

▲600番～800番相当のスポンジヤスリで表面を均します。あまりゴシゴシこすると上側にあるゆるいエッジを損なってしまうので、合わせ目部分周辺だけを軽く整えましょう

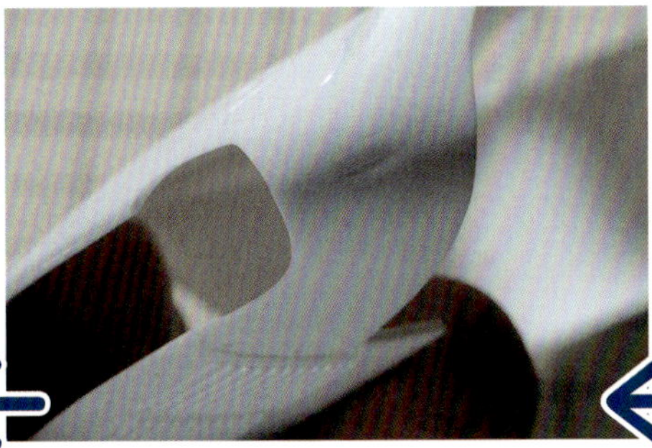

▲白いパーツに瞬間接着剤だと表面の状態がわかりにくいので、光にかざして合わせ目がきれいに消えているかよく見て確認します。まだ凹みがあればもう一度瞬間接着剤で埋めます

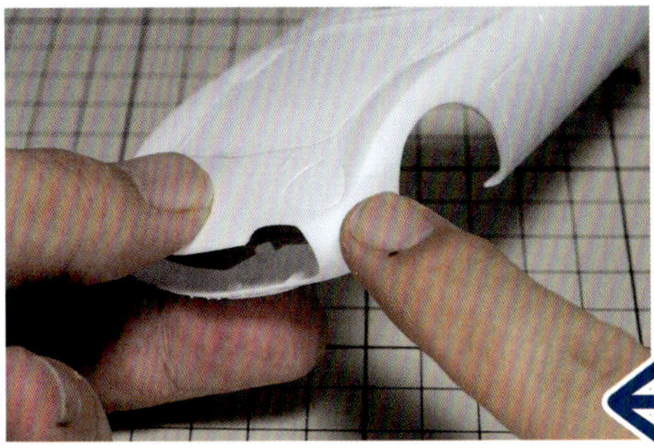

▲曲面のところがきれいに整えられているかを確認したい場合、指でなでてみるのも有効です。人の指先は思った以上に繊細に凹凸を感じますので、微妙な曲面の乱れを発見できます

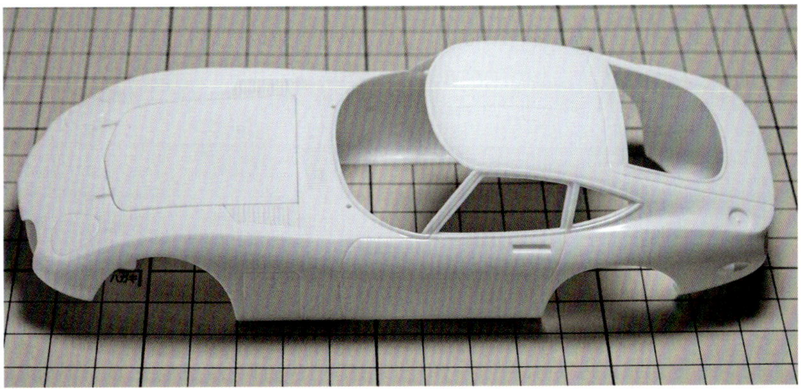

▶ボディの組み立て／整形が終わりました。このあとサーフェイサーを吹きますが、「凹みなんかはサーフェイサーを吹いてからチェックすればいいや」と思わず、サーフェイサーを拭く前の段階でどこまでボディをきれいに仕上げられているかが重要です。よく見てチェックしましょう

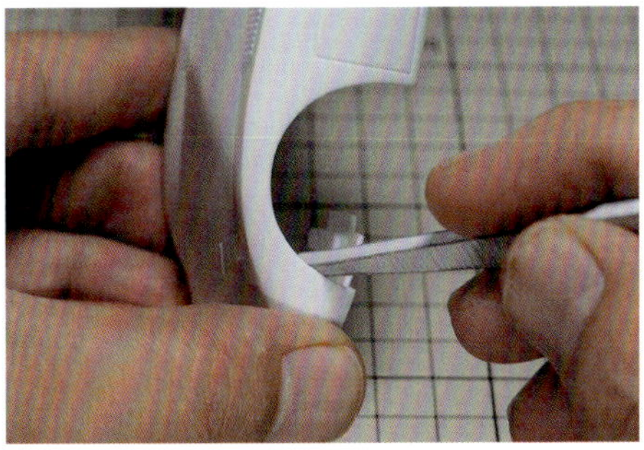

▲ホイールアーチの形状は、車全体の印象に思いのほか大きな影響を与える部分です。実車に近い形状できれいなアーチを描くよう、ていねいに整形しておくようにしましょう

▲サーフェイサーを吹く前には、ボディパーツを一回水洗いして削り粉と手脂を除去しておきます。また、塗装直前にも念のため制電ハケで表面の埃をはらっておくようにします

サーフェイサー吹き〜磨き

ボディの整形作業が終わったら、サーフェイサーを吹いて下地を整えます。サーフェイサーの効果は、下地の色を整える、表面の傷を見やすくする、塗料の食いつきをよくするなどがありますが、カーモデルでは、サーフェイサーを吹いてから磨くことで表面をよりツルピカに仕上げることができるようになります。

▲ツヤを出すためになるべく一回で全体を塗るようにします。目立たないところから塗りはじめてボンネットやルーフなど目立つところで吹きつける手を止めるイメージです

▲適量のサーフェイサーがパーツにのると吹いた直後は表面にテロッとしたつツヤが出ます。この状態を常にキープしてパーツと缶を動かし続けるようにするときれいに吹けます

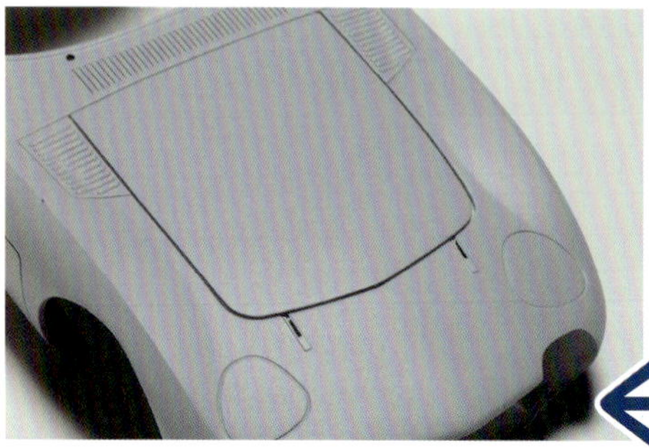

▲乾いてくると揮発により塗膜が縮んでツヤがしっとり消えていきます。早く磨きはじめると塗膜が柔らかく剥げやすいので、このまま1日以上乾かし塗膜が硬くなってから磨きに移ります

缶サーフェイサーの塗装は距離と動かすスピードがミソ

缶サーフェイサーは、手軽に使え、塗料を一気に吹き出せるのでツヤを出しやすいですが、失敗すると表面がザラつくやすいです。ザラついてしまったところは磨けばリカバリーできなくはないですが、手間がかかるうえに汚くなったりモールドがダルくなったりしやすいので、まずは失敗しにくい吹き方をマスターしておくようにしたいものです。

缶サーフェイサーを使うとザラついてしまう原因は主にふたつあります。ひとつめはパーツと缶スプレーのノズルが離れている場合で、もうひとつはパーツと缶スプレーのノズルの相対速度が速すぎる場合です。

どちらも共通しているのは、パーツ表面に膜を作るのに充分な量の塗料がパーツに届いていないところ。簡単に言うと、パーツ上に液状のサーフェイサーの膜を作れればツヤが出るということです。ただしあまり量が多いとモールドが埋まったりタレたりするので、膜の厚さをどれくらいにするかがポイント。距離と相対速度を調整することでパーツにのる塗料の量をコントロールしているということをイメージし、塗装面をよく見て作業しましょう。

▲缶スプレーの場合は距離10㎝以下だと近すぎ。塗料がのりすぎてタレたり泡立ったりしてしまい、塗膜を一回剥がさないと修復は難しい。いっぽう、40㎝以上離して吹きつけるのは離しすぎ。塗料が液状の状態でパーツに到達できず表面がザラザラになってしまう。また、大体20〜30㎝の適度な距離でも、動かすスピードが遅いと近すぎるときと同じになり、逆に動かすのが速いと遠すぎるのと同じになる。距離と速度の積算で、現在どれくらいの塗料がパーツ表面に載っているかを常に目視しながら塗っていくようにしよう

▶大体20〜30㎝の距離で、相対速度は1秒間に15〜20㎝くらいがツヤを出しやすい。近くて遅いので初めはちょっとコワイかも知れないが、手を止めずに速度を調整しよう

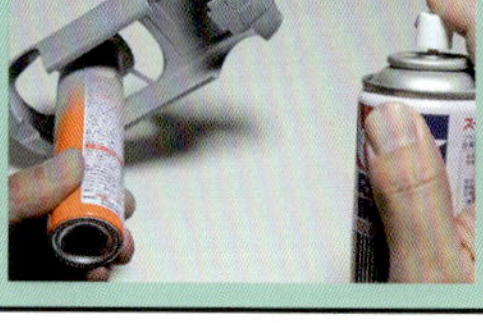

▼初めに裏側などの目立たないところから吹きはじめ、最後に目立つところでやめるようにすると塗り残しが減りアラも目立ちにくくなる

ナニかをあてて磨こう

紙ヤスリを指で持って磨くと、狙っていないところにヤスリがあたりやすかったり、面に均一に押しつけてヤスれないときがあるので、何かをあてて磨くのがおすすめです。

あてるものとして、入手しやすく応用範囲が広いのが消しゴム。自分で切れば思いどおりの形にできるので、狙った部分だけを的確に磨きやすくなります。

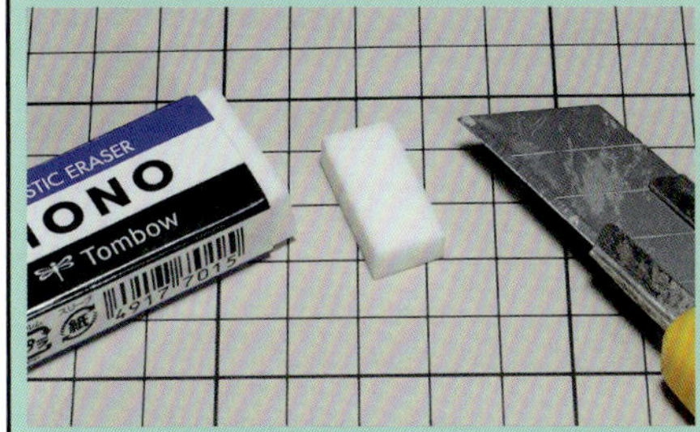

▲消しゴムはちょっと柔らかいのがポイント。硬いものをあてると、ヤスリへの力の入れ具合によっては角があたって溝ができたり、曲面が平らになったりしやすい

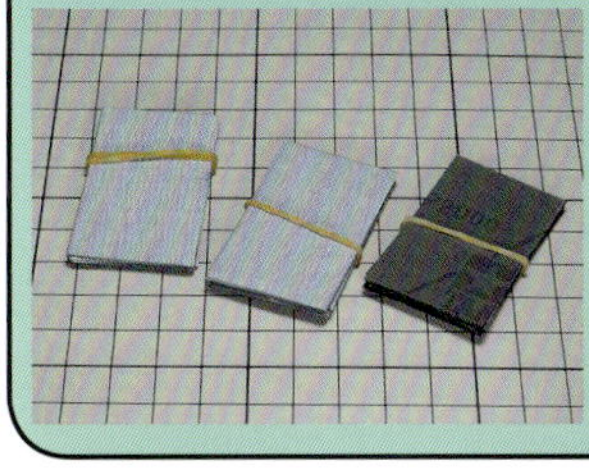

◀紙ヤスリはあらかじめ小さめに切って、番手ごとにまとめておくと作業性が良い。そのままだと大きい場合は、ここからさらにハサミで切って使うようにする

▲番手は1500番～2000番を使います。大きめのザラつきがあるところなどは1200番で一回均します。力を入れて同じところをこするとすぐに剥げるので、軽くまんべんなく動かします

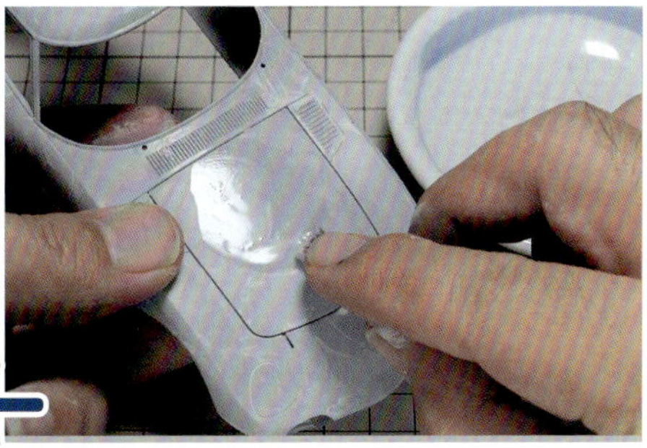

▲塗装面を磨くときは水をつけてヤスる「水研ぎ」が基本。水をつけることにより、削り粉のダマができたり熱で変質するのを防ぐことができ、速く滑らかな表面に磨きやすくなります

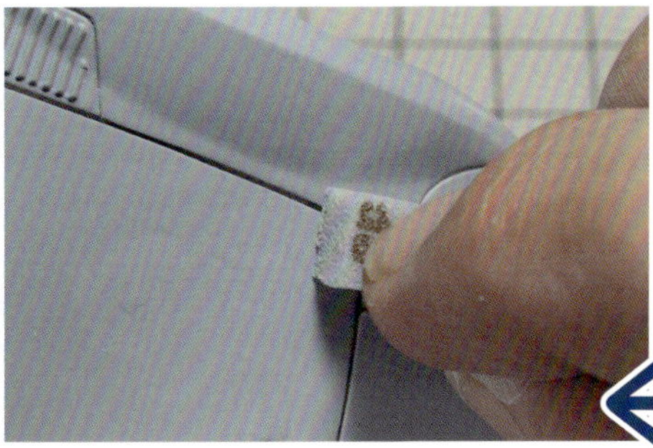

▲谷状になっているところの底のライン部は、なんとなくヤスリをあてていると谷底の周辺が磨けず、周囲の曲面形状も崩します。両側の面を分け、それぞれていねいに磨いておきましょう

▲ボンネットのルーバーのような凸モールドのところはなるべく磨かないようにしますが、こういうところは周囲が凸凹しやすいので、細切りのヤスリでギリギリまできれいに磨いておきます

▲台所用中性洗剤を使って水洗いし削り粉を除去。濡れていると粉が透明に見えますが乾くとまだ凹部に詰まっていたりしますので、途中で一回拭いて乾かし削り粉が残っていないか確認します

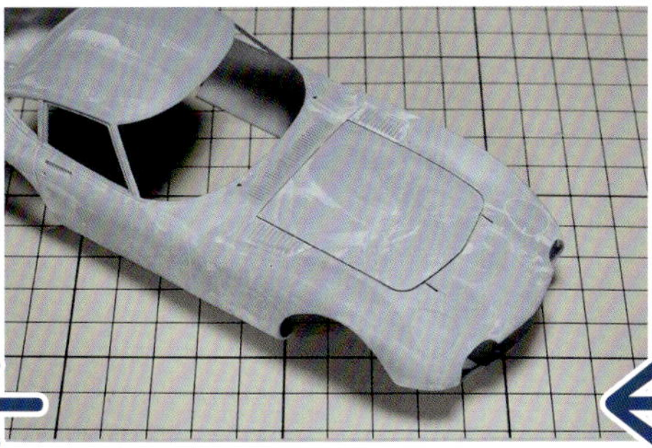

▲2000番～3000番までで全体的にひと皮剥くようにして、サーフェイサーの塗膜が梨地になっているところをなくしておきます。磨き残しがないようによく確認しておきましょう

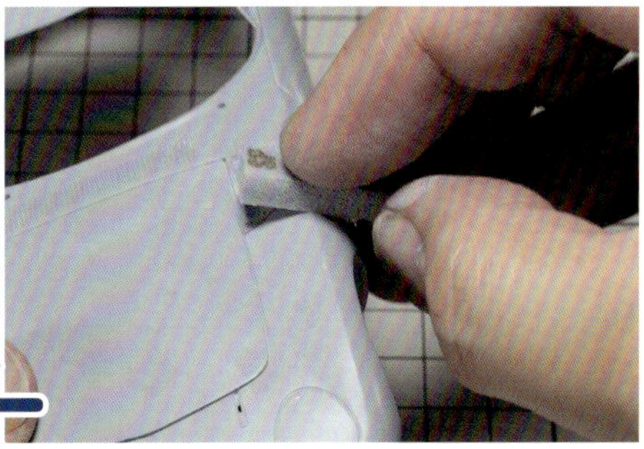

▲エッジは基本的に磨きませんが、最後に軽く一回だけスポンジヤスリをあてて整えておくと、完成後に光沢のラインがきれいに繋がりやすくなります。ヤスリ過ぎないように要注意です

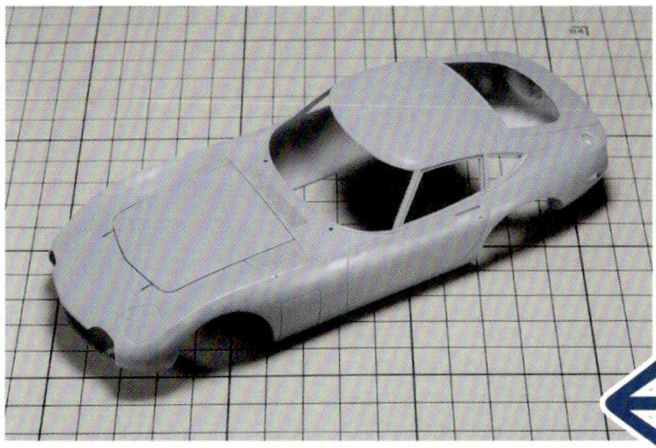

▲水洗いしたあとは、スジ彫りやパーツ裏側に水分が残ったままにしないこと。キムワイプなどでしっかり拭いたうえで乾かします。スジ彫りに水が残ったまま塗装すると溝が埋まるので要注意です

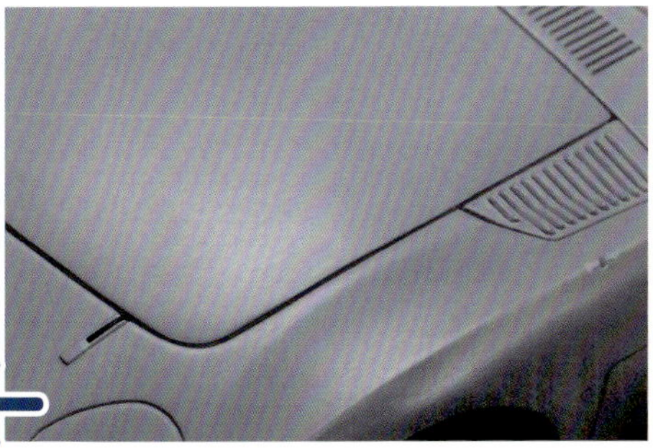

▲磨き終わった状態。これくらいの滑らかな半ツヤになればばっちりです。表面が荒れているところを発見したら、そのまま進めないようにし、そこだけ磨いてリカバリーしましょう

磨いて剥げたところはどうすればいい……？

▲表面が滑らかならば多少の剥げは気にしなくても問題なし。もう一度サーフェイサーを塗ってもよいのですが、周囲のモールドがダルくなるので、そのままにして進めていきましょう

窓枠をシャープに仕上げるために……

▲今回は窓枠をシャープに見せるために基本塗装とクリアー塗装ではマスキングして塗料がのらないようにしました。クリアー塗装後は塗膜が厚くなるので、乾いて硬化するとテープを剥がすときに周辺ごと剥がれる事故が起きます。クリアーを塗り終えたら、"塗膜が軟らかいうちに"すぐマスキングテープを剥がすようにしましょう

ボディの基本塗装。もちろんツヤありで

- 最終組立
  - ボディ細部塗り分け ― クリアー塗装／磨き ― **ボディ基本塗装** ― サーフェイサー塗装 ― ボディ整形
  - シャシー／内装／小パーツの製作
    - ・ホイール・バンパー・マフラー・アンテナ・ミラー
    - ・コンソール・シート・ライト・ワイパー ほか

サーフェイサーをきれいに磨いたのを活かし、基本塗装もきれいなツヤありで進めていきます。2000GTといえばホワイトがイメージですが、白だと塗装面の状態がお見せしにくいということもあって、あえて赤の塗色にしました。塗り方のコツと同時に、塗っている途中のツヤの感じにも注目してみてください。

▲赤はMr.カラーのモンザレッドを使うことにしました。下地のピンクは、モンザレッドと白を1：2程度に適当に混ぜた色を使います。塗料とうすめ液は1：3程度でちょっと薄めに

▲いきなり濃い塗料でツヤを出そうとするとモールドが埋まったりザラついたりしやすいので、まずは薄めの塗料でツヤ感をキープすることを意識して塗っていくようにします

▲いきなり発色させようとせず薄めに色を重ねていきます。初めの1、2回はこんな程度で充分です。色がついてくるにつれて塗料を濃くしていき、発色させつつツヤを出していきます

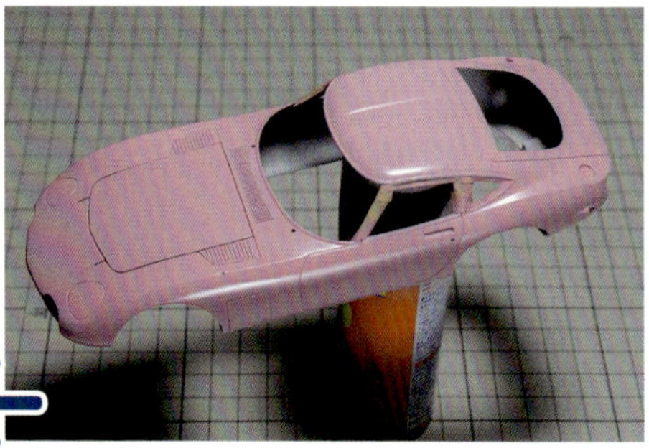

▲下地のピンク塗り終わり。多少のムラは気にしなくて良いですが、色がのっていないところがないようまんべんなく色をつけておき、もちろんツヤがある状態をキープします

▲モンザレッドで本塗装。スジ彫りなどの奥まったところから細吹きで色をのせていきます。この段階では塗料は薄めに希釈し、塗り絵のように範囲を分けて少しずつ塗りつぶしていきます

▲全体を3～4周くらいしたところでだいぶん色がついてきました。この段階でザラついてしまったところを見つけたら2000番程度で軽～く水研ぎして表面を整え、塗装を続けていきます

▲最後に1～2回濃いめの塗料を全体に厚めに吹きつけて発色させつつツヤを出しました。ちなみに使っている持ち手は、小型のスプレー缶のふたに両面テープを貼ったものです

ホコリは塗装の大敵!!

パーツに埃や削り粉がついたままの状態で塗装を進めると塗膜のザラつきの原因になります。カーモデルをツルピカに仕上げたい場合、失敗の原因の半分くらいは埃と削り粉にあると言っても過言ではありません。これらをきちんと除去しておくようにするだけでも見映えが大きく変わってきますので、塗装中は常に気をつけるようにしてみてください。

◀塗装前には水洗いをするが、さらに塗装直前に制電ハケなどで埃を払うのを忘れないようにしよう。ちょっとしたことだが、これをやるかやらないかで大きな差がでる

▲どれだけ気をつけていても塗装中に塗面に埃がつくこともある。埃がついたらすぐに塗装作業を止め、ピンセットで除去するかヤスリで削り落とそう。そのまま塗り込めてしまうのは厳禁

うすめ液の選択も重要です

今回の作例ではフィニッシャーズのオートクリアーを使用しています。透明度が高く、厚塗りしやすくて、硬化後は硬くなるので研ぎ出しもしやすいです。基本的にMr.カラーなどの模型用ラッカー系塗料と同じように扱ってよいのですが、うすめ液は付属の専用のものを使用するようにします。ピュアシンナーはMr.カラーのラッカー系うすめ液より強い成分のうすめ液。キメがこまかく塗れて、乾燥が早くツヤが出しやすいのが特長。プラスチックも溶かすほど強い成分ですが、溶ける前に乾くので塗り重ねても問題はなく、溶かす力が強いぶん塗料の食いつきがよくなります（デカールが溶けやすいのと蛍光色もにじみやすいので、デカール上へのコートや基本色によっては使用には少々注意が必要になります）。

▶オートクリアーとピュアシンナーのセットで税込1188円。クリアー1本で1／24 2台くらいは余裕で塗れる

クリアー塗装で本格的にツヤを出す

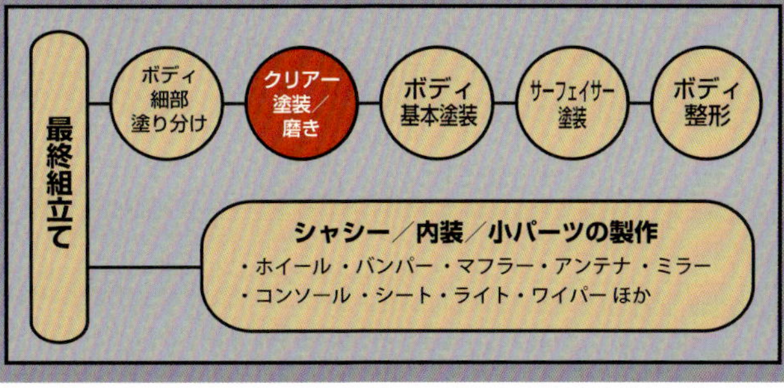

ではいよいよボディにクリアー塗装をしていきましょう。今回は磨いて仕上げる方法にしているので、それほど神経質になる必要はありませんが、油断して吹きすぎてしまったりひどくザラついてしまうとリカバリーが大変になります。落ち着いてていねいに塗装作業を進めていくように心がけましょう。

▲まずは、濃いめのクリアー（塗料に1にうすめ液0.2くらい）を全体にさっと吹きつけて下地を作ります。1回だけなので少しザラっとするくらいで問題なし。塗ったら15～30分くらい乾かします

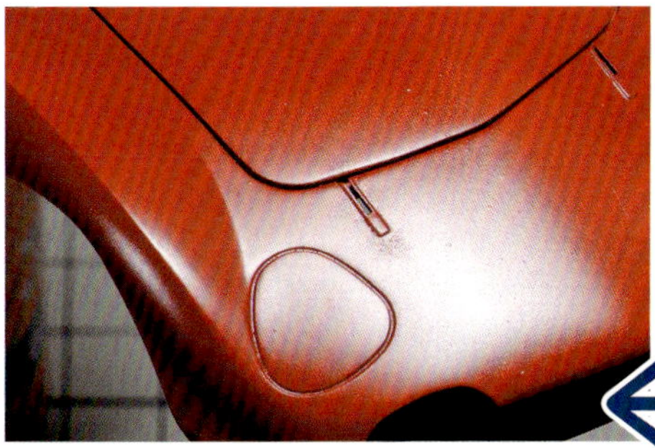

▲下地ができたら、うすめ液で3倍程度に薄めたクリアーで全体をコートしてツヤを出します。塗った直後はツヤツヤでも乾くとすぐツヤは落ちます。1回目後に乾かすとこんな感じです

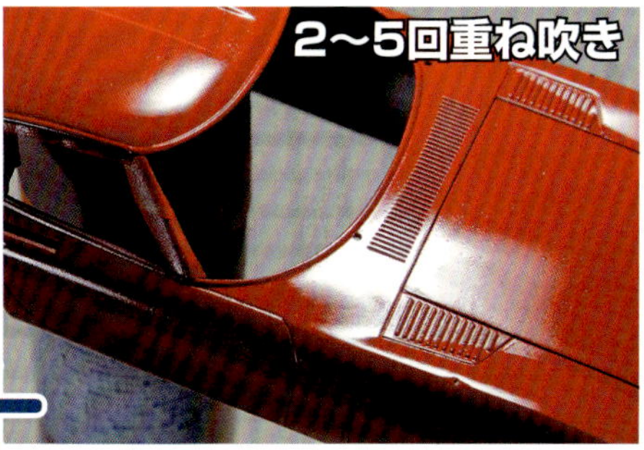

▲一気に吹き重ねず、1回ずつ半日以上乾かしながらさらに2～5回重ねていきます。分けてふき重ねると時間はかかりますが、拭きすぎになりにくく、最終的な乾燥時間も短縮できます

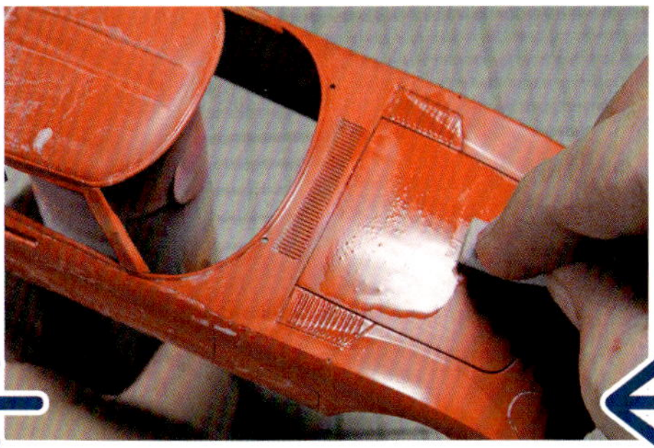

▲5回ほど重ねてクリアー層に厚みが出たところで1週間ほど乾かして塗膜を硬化させます。硬化後、1500番～3000番の研磨材（Mr.ラプロスなど）で水研ぎしていきます

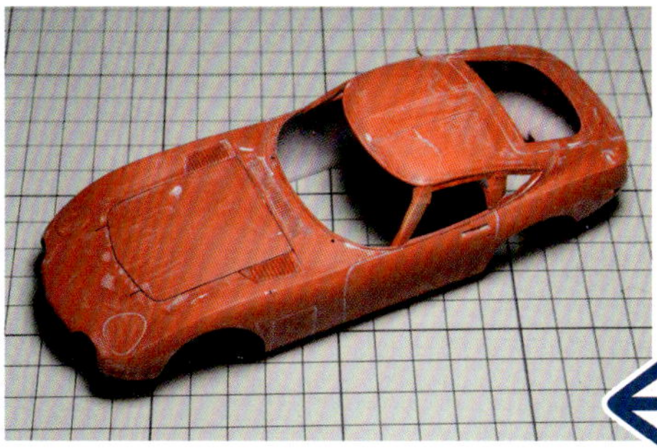

▲デカールはないので、表面の梨地状のところを均す程度でOKです。凸モールド部やエッジのところは下地が出やすいので、研磨材をあてないように気をつけましょう

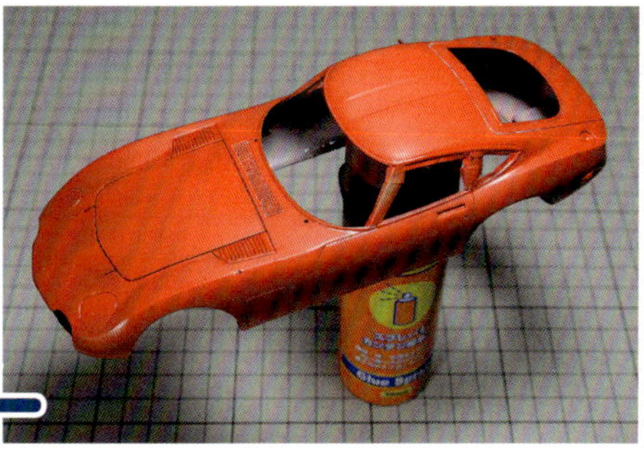

▲中性洗剤で水洗いして削り粉を除去しました。このあと一気に化粧吹きで仕上げるので、クリアーの表面が荒れているところがないか最後によく確認し、見つけたら処理しておきましょう

▲クリアーとうすめ液を1：2くらいにしたやや濃いめの塗料を全体に一気に吹いてツヤを出します。タレたりたまったりしないギリギリの厚吹きを1～2回繰り返し、また2週間乾かします

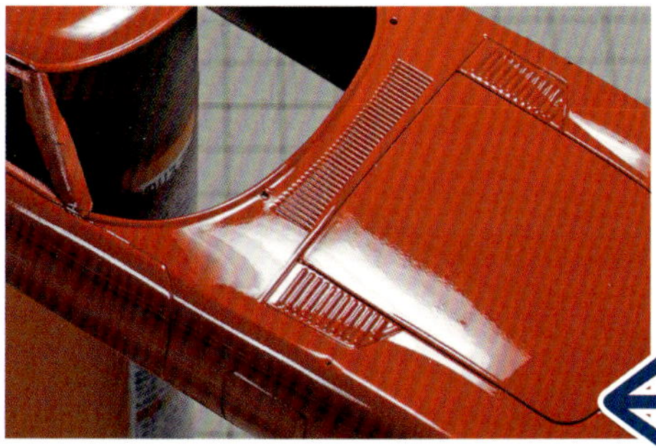

▲市販ミニカーと同程度のきれいなツヤが出ました。このままできあがりとしてもよいのですが、せっかくハンドメイドで製作しているので、ここからさらに磨いてきれいなツヤを出していきます

カーモデルを
よりツルピカに塗るための

クリアー塗装Q&A

塗料の選択法から吹き方まで〜質問にお答えします!!

カーモデルの製作でもっともよく質問されるのが、クリアー塗装と磨き方について。ツルピカできれいな完成品を手にするためにはクリアー塗装と磨きのテクニックは避けては通れませんので、ここでまとめて質問にお答えすることにします。

Q.缶スプレーで塗るかエアブラシで塗るか?

エアブラシは「中〜上級者向け工具」というイメージがあるかもしれませんが、安価なエアブラシ/コンプレッサーも手に入るいまは、「むしろ初心者にこそ使ってほしい工具」です。エアブラシの最大のメリットは、「缶スプレーと比べ簡単かつ安定して平滑できれいな塗装面を得られる」というところにあります。

缶スプレーは、0・3㎜口径くらいのエアブラシと比べると濃いめの塗料を一気に吹きつけることができるのでツヤが出しやすいですが、一発勝負なうえ、吹き方を誤るとパーツにのる塗料が少なくてざらついたり、逆に多すぎて塗料がタレたりモールドを埋めたりしやすいという弱点があります。いっぽうエアブラシなら、基本的な使い方をマスターすれば、安定してきれいなツヤあり塗膜で塗ることが可能。ここが初心者におすすめする理由です。

Q.ウレタンクリアーを使ってみたいのですが……?

プロのカーモデルフィニッシャーがよく使うウレタン系塗料のクリアーは、主剤と硬化剤を混ぜて化学的に硬化させるタイプのクリアー。粘度が高めできれいなツヤが出しやすく、塗膜が硬くて強い、揮発によるツヤが落ちが起きにくい、というのが特長です。実車用ウレタンクリアーは毒性が強く扱いにくいのでおすすめしませんが、模型用として販売されているウレタンクリアーは比較的扱いやすいので気になる人は試してみてください。ただし、換気とマスクは必須で工具は硬化前に洗浄します。

ウレタンクリアーは硬化までに数日程度時間がかかり、時間が経ったあとの重ね塗りはできないものが多いです。粘度が高めの塗料は表面張力が強く、ほぼ揮発によってヒケることがありません。吹いた直後のツヤのまま固まりますので、基本的には吹きっ放しでの仕上げとなります。

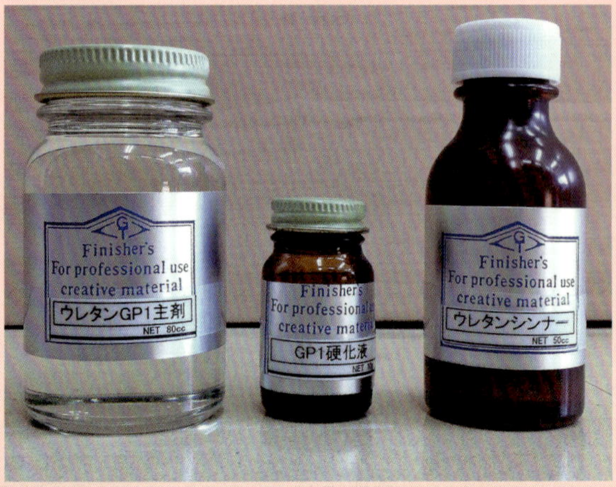

▶フィニッシャーズのウレタンクリアーは模型用に使いやすい成分になっている。きれいなツヤが出せるが、混合の分量比を間違えない、専用ウレタンシンナーを使用する、硬化後の重ね吹きが不可などいくつか注意点があるので注意しよう

Q.ハンドピースの口径は何㎜を選べばいいの?

模型用のエアブラシは、たいがい0・2〜0・5㎜径。飛行機モデルなどを薄い塗膜できれいに仕上げたい場合は2・0㎜以下の口径がよいのですが、カーモデルでは濃いめの塗料を一気に吹いてツヤを出したいので、0・3〜0・5㎜あたりがおすすめ。とくにウレタンクリアーなど粘度が高いクリアーを吹くときは口径が大きいハンドピースにしないときれいに塗料ミストを吹き出せません。ラッカー系塗料を使うなら、まずは0・3㎜あたりが無難です。

▲ニードルが突き出している部分（赤矢印部）の穴の径が、エアブラシの「口径」。ここから塗料が吹き出すので、口径が小さいほうが少量の塗料を吹く際のコントロールがしやすくなるが、粘度が高いときれいにミストが吹き出せない

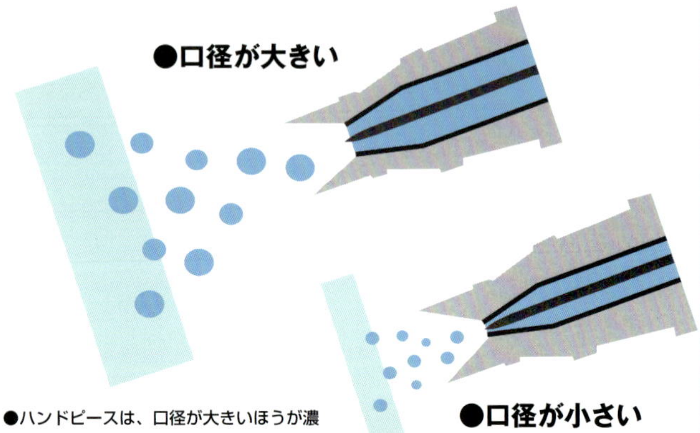

●ハンドピースは、口径が大きいほうが濃いめの塗料の大きい粒を吹き出せる。その際、ちょうどよいエアー圧は高めとなる

Q.何回くらい吹き重ねていくのでしょうか?

一回で厚く吹いてツヤを出そうとすると、どうしても凹みにクリアー塗料がたまったり、スジ彫りが埋まったり、タレたりしやすくなります。なかには吹きつける具合とパーツの動かし方を巧みにコントロールして一発でクリアーを吹いてしまう達人もいますが、普通は何回かに分けてクリアーを吹き重ねていったほうがきれいに仕上げやすくなるでしょう。また、一発吹きだと埃を巻き込んでしまったときなどにやり直しがきかないのですが、吹き重ねていく方式だと、埃が塗膜についたときにすぐ処理しておけばそのまま問題なく吹き重ねを進めていくことができますので吹き重ね方式のほうが初心者にはおすすめ。

何回吹き重ねるかは、使用する塗料の粘度やデカール段差の研ぎ出しの有無、どれくらいのツヤ感にしたいかによって変わってきますが、ラッカー系のクリアー塗料を使用する場合、4〜5回くらい吹き重ねてからいったん研ぎ、そのあとでツヤを整える「化粧吹き」をする、という手順がバランスよく塗りやすいでしょう。

なお、ここで言う「1回」とは、ハンドピースで1回塗料を吹きつけたということではなく、ボディ全体を2〜3周くらいするように塗料を吹きつけていって乾ききらない塗料が表面張力でテロっとしツヤが出た状態にし、いったん30分から数時間程度乾かす、というサイクルを指しています。

ラッカー系塗料は塗った直後は表面張力で綺麗なツヤが出ますが、塗った直後から溶剤が揮発して厚みが減るとともにツヤが落ちていきます。乾いても適度なクリアー層の厚みとなるように、このサイクルを3〜5回繰り返していくようにします。

磨いたあとの化粧吹きのときは、塗料を濃いめにして厚吹きで一気にツヤを出します。条件によってはリターダー（乾燥遅延剤）を添加すると、よりきれいにツヤが出しやすくなるでしょう。

Q.吹きっぱなしで仕上げるのと磨いて仕上げるのと、どっちのほうがいい？

一発吹きの吹きっ放しで仕上げると、表面張力でできたツヤを活かせるので、磨き傷ができず磨く手間も省けます。一発吹きの吹きっ放しで仕上げる場合は、濃いめのクリアーを使い、垂れないようにボディパーツ全体をクリアーが均一にくるむように回しながら吹きつけていき、タレる直前で吹きつけを止めて、塗料の表面張力でできたツヤを活かすように塗装します。一発勝負になるので当然のことながら、吹きすぎるとタレたりモールドを埋めたりしてしまうので、塗装には相応な技量と瞬時の判断が必要になります。いっぽう、磨いて仕上げる場合は、タレる直前ギリギリまで攻めず、ほどほどの厚塗りを数回繰り返したあと磨きます。磨く手間がかかりますし、磨き傷が残りやすいですが、塗膜が厚くなりすぎたりタレたりするような失敗は起きにくく、起きても磨く工程でリカバリーできます。

どちらがいいかは仕上がりの状態の好みやクリアー塗料の選択にもよるのですが、瞬間的なギリギリの判断が必要なくてリカバリーも効く磨き仕上げのほうが初心者にはおすすめと言えます。手間を取るか安心をとるか、技量や自分が理想とする仕上げに応じて選んでみてください。

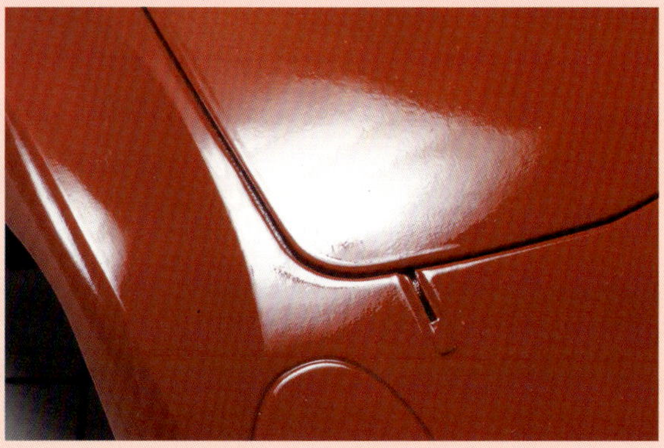

▲クリアーを吹きすぎると写真のようにフチのところにたまったりタレたりして、スケール感を損なってしまう。磨いて仕上げるならこのようなところをあとからきれいに直すことができる

Q.どうしてもザラザラになってしまうのですが？

ツルピカに仕上げるカーモデルの塗装でザラつきは禁物、とわかってはいても塗っていくとザラついてしまうことがあります。

原因はいくつか考えられますが、いちばん多いのは塗料の濃さとエアー圧、ノズル口径のバランスがとれていない場合。ノズル口径に対して塗料の粘度が高くエアー圧が低いパターンです。他のジャンルではうすめ液で薄めましょうとなるのですが、カーモデルのクリアー塗装だとそれでは塗料がタレやすくなるので、エアー圧を上げたり口径がより大きいハンドピースを使用するのが対処法となります。

また、吹きつけの際、ハンドピースが遠い／動かす速度が速いためにパーツにのる塗料が少なすぎると、塗料が液体の状態で膜を形成できずザラつきになります。まずはパーツ以外で試し吹きをして、きれいに塗料で膜ができるか確認しましょう。

Q.気がついたらホコリがついていました……

塗装前にパーツを洗浄し、直前にもしっかり埃をハケなどではらっても、塗装を進めていくといつのまにか塗装面に埃がついてしまうことがよくあります。

そういうときは、まず慌てずにすぐ塗るのを止めます。細い糸状の埃の場合は、先端の合いが良いピンセットで挟んで取り除きます。ピンセットの先端で塗膜に傷をつけないように慎重に作業しましょう。取った跡の凸凹が小さい場合はそのまま塗り進めても問題ありません。つまんで取れない埃がついたときや、埃を取ったら凸凹ができた場合は、そこでいったん乾かし、そこだけ1500番の紙ヤスリで軽く水研ぎすることで埃を除去したり表面を整えたりします。塗装用クリーンルームでも使っていない限り、1台を塗っていく間に一回も埃が付着しないことはありません。慌てず的確に対処すれば大丈夫です。

Q.塗ったあとはどれくらい乾かすの？

ラッカー系塗料のクリアーは、一時間も乾かしておけば磨くこと自体はできますが、あまり早く磨きはじめてしまうのはいろいろな意味でおすすめできません。

ラッカー系クリアーの塗膜は、塗った直後の1時間＝1日で一気に硬化しますが、そのあとも1カ月以上かけて溶剤／うすめ液がじわじわと揮発し続けていきます。その際、塗膜は、「厚い→薄い」「柔らかい→硬い」というふうに変化していきます。

ツヤがあり厚かった塗膜が薄くなっていく過程では塗膜が均一に薄くなってくれないため、揮発するにつれてツヤは少しずつなくなっていきます。あまり早くに磨くと、磨いたあとも揮発が進むため、「ちゃんときれいに磨いたはずなのに、いつのまにかツヤ感がいまひとつになっていた……」というふうになってしまいます。

また、早い段階で磨くと塗膜が柔らかいので一度にたくさん削れます。こう書くと作業性がよいように思われるかもしれませんが、薄い塗膜を磨くときにたくさん削れるということは、下地が露出しやすいということで、むしろ作業性は悪くなります。

逆にほぼ完全に溶剤／うすめ液が揮発するまで置いておこうとすると、製作開始から完成まで半年～1年といった長い時間がかかってしまうだけでなく、クリアー塗膜が硬く薄くなってしまうため、それはそれで作業性が悪くなってしまいます。

それでは磨きやすくツヤ感を保った状態にしやすい期間はというとラッカー系塗料の場合は大体2週間くらいがおすすめです。実際には、使用するクリアー塗料の種類やうすめ液の混ぜ具合、吹きつけ具合、そして気候によっても多少変わってきますが、週末モデラーなら、ボディを乾かしながら他の工作をしているとちょうどそれくらい時間が経つと思います。とにかく、あわてて磨いてしまうのはおすすめできません。しっかり硬化させてから作業しましょう。

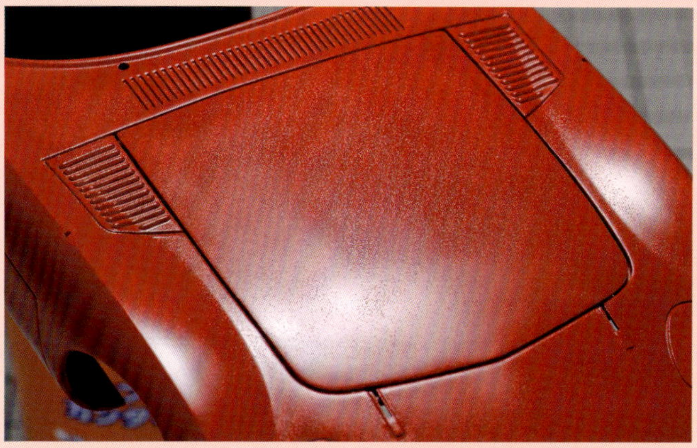

▼ザラついたらいったん30分から１時間程度乾かし、1500番～3000番程度の研磨材で表面を平滑に戻す。磨きすぎると下地が出るので、よく見てザラつきが取れたら磨くのを止める

一回ザラついてしまったら磨いて直すしかないのだ

一回ザラついてしまったところは、なんとなくそのまま吹き重ねていってもリカバリーはできません。ツルピカ仕上げでは、全段階でツヤありを保持して進行するのが重要ですので、ザラついてしまったら塗装をいったん止め、乾かして磨き平滑な状態に戻ししましょう。そのまま塗り進めず磨けばきれなツヤありの状態に戻せるのですが、凸凹のルーバーがあるところなど磨きにくい部分もります。こういった磨きにくいところは、ザラつかないようとくに注意してクリアー塗料をしっかりのせるようにしておきます（ただし、もちろん吹きすぎは禁物）

メッキを剥がすか剥がさないか……

▲メッキパーツを活かすかどうかは製作者の好みです。剥がして好みの質感や色味で塗装するのもよいですし、逆にメッキの質感をそのまま活かしたり、上にクリアーを軽くオーバーコートすることで質感を微妙にコントロールすることもできます

ホイール／外装小パーツ類の製作

最終組立て ― ボディ細部塗り分け ― クリアー塗装／磨き ― ボディ基本塗装 ― サーフェイサー塗装 ― ボディ整形

シャシー／内装／小パーツの製作
・ホイール・バンパー・マフラー・アンテナ・ミラー
・コンソール・シート・ライト・ワイパー ほか

ボディのクリアー塗装を乾かしている間に、ボディ以外の工作と塗装を進めていきましょう。どこから作っても大きな問題はありませんが、まずはカーモデルの外観上の重要なポイントとなるホイールの製作あたりから進めていきましょう。難しい工作はありませんが、メッキをどうするかがまず悩むところ……

メッキを剥がしてみよう

作例では、ホイールがメッキのままだとちょっとギラついた印象になりそうなので、メッキを剥がして塗装で仕上げてみることにしました。また、マフラーやミラーなど、パーティングラインを処理したいパーツもメッキを剥がします。いっぽうで、リアバンパーなどはパーツのメッキ質感を活かすことにします。メッキは市販の剥がし剤を使えば簡単に剥がせますので、手順を守ってやってみてください。

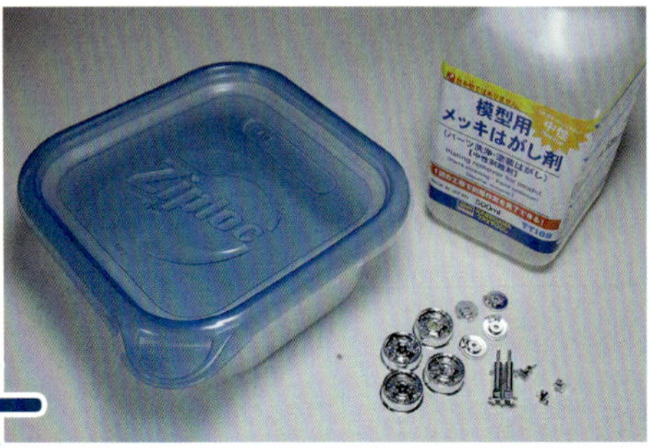

▲用意するのはハセガワの「模型用メッキはがし剤」と密封できる容器。容器は剥がし剤で溶けないポリエチレン製などにしておきましょう。なお、パーツのゲートは未処理でよいです

▲容器にパーツを入れ、メッキ剥がし剤を注ぎます。パーツが浸る程度に入れたら浸かっていないパーツがないかを確認します。溶剤臭がするので充分に換気するか、屋外で行ないましょう

▲フタをして置いておきます。パーツのメッキが剥がれだすまでの時間は場合により異なりますが、大抵は2～3時間程度剥がし剤に浸けておけば剥がれはじめるはずです

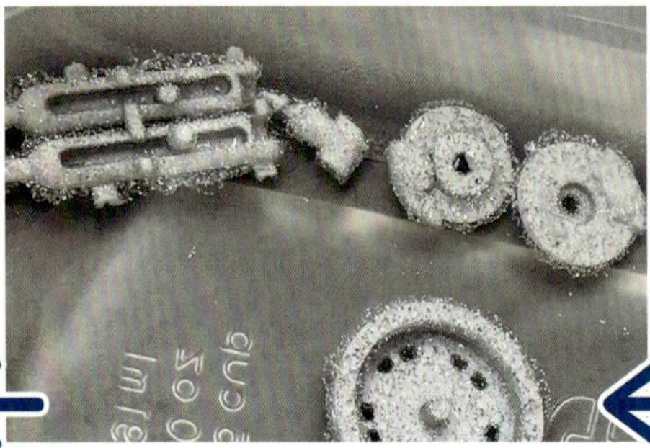

▲剥がれはじめるとパーツの表面がもじゃもじゃした感じになってきます。写真くらいになってくればもうきれいに剥がすことができます。これでだいたい2時間半くらい置いたところです

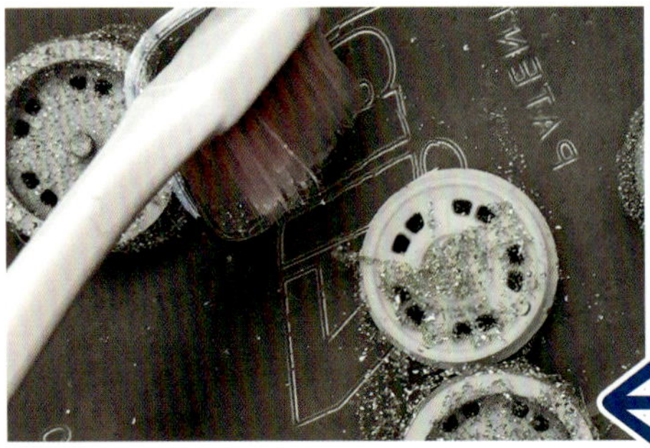

▲剥がし剤のなかで、ハブラシなどを使って表面に浮いたメッキ層を除去していきます。少しこするだけでおもしろいように剥がれていきます。奥まったところもしっかり除去しましょう

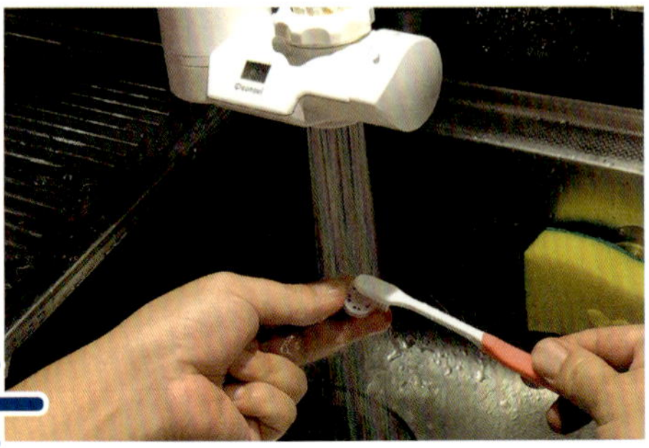

▲そのままにしておくと剥がし剤でパーツ表面が侵されることがあるので、剥がし剤を水洗いして除去します。同時に、表面に残っているメッキ層もきれいに取っておくようにします

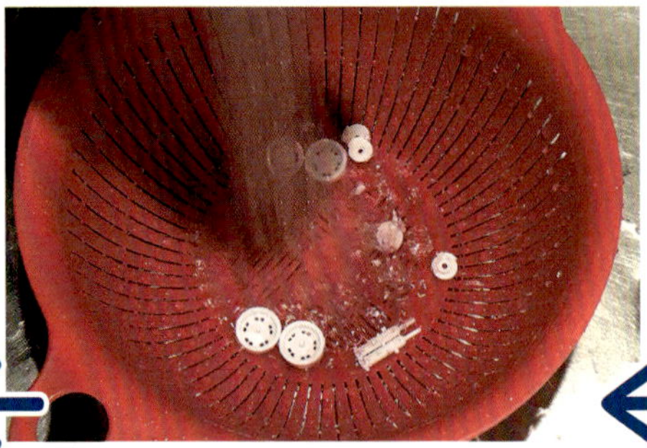

▲小さいパーツはザルを使って洗うと、洗いやすくてパーツをなくしにくいです。パーツ表面を確認してメッキ層がきれいに除去されているようなら、水洗いを止めてパーツの水分を取ります

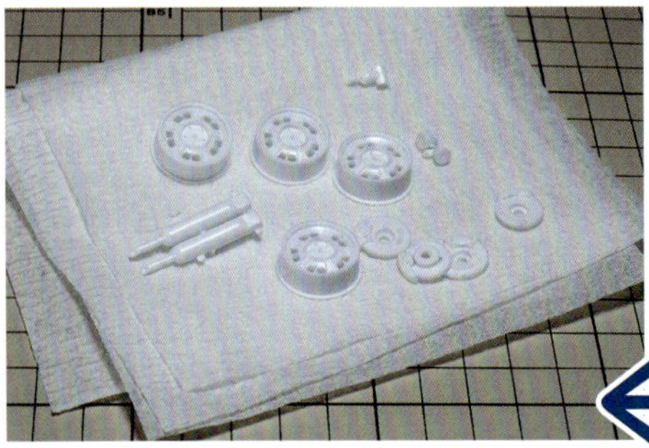

▲キッチンペーパーかキムワイプで水分を取って乾かします。ハセガワのメッキはがし剤は、1発でクリアー層とメッキ層をきれいに剥がせますので、ぜひ試してみてください

ホイールを塗装で仕上げる

ホイールはカーモデルにおいて非常に重要な要素。ここがシャープでリアルな質感だと、全体の見映えが一気に上がります。メッキパーツのままだとメッキの厚さぶんモールドがダルいのと、2000GTのホイールとしてはギラッとしすぎな印象なので、メッキを剥がしたうえで“メッキ調”塗料を使って塗装で仕上げてみます。ポイントは塗り分けのマスキングをどうするかですが、便利な工具を使いましょう。

▲まず裏側をセミグロスブラックで塗ります。細吹きで奥まで塗料が回るように塗っていきましょう。裏が塗れたら表側もセミグロスブラックで下地塗装しておきます

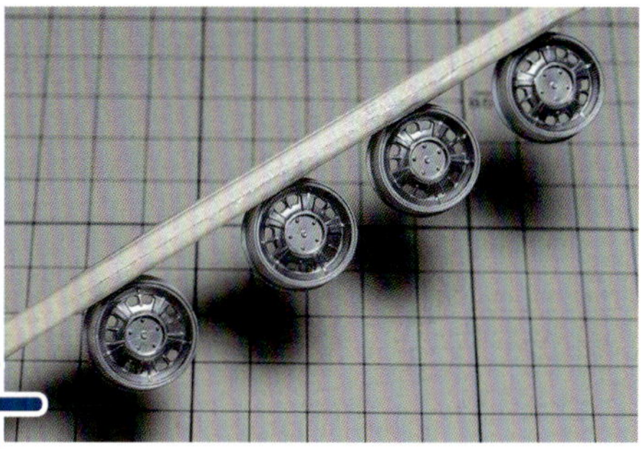

▲メッキシルバーNEXTをエアブラシで塗装しました。下地をツヤがある黒にしておくことで、メッキに近い質感で塗れます。薄吹きを重ねるようにして徐々に金属光沢を出すようにします

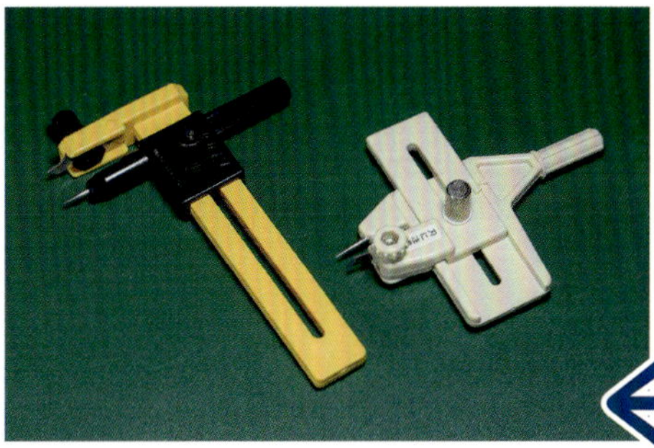

▲マスキングテープのカットに使用するサークルカッター。サークルカッターは種類によって切り出せる最小径が決まっていますので、なるべく小さい円を切り出せるものを用意しておくようにします

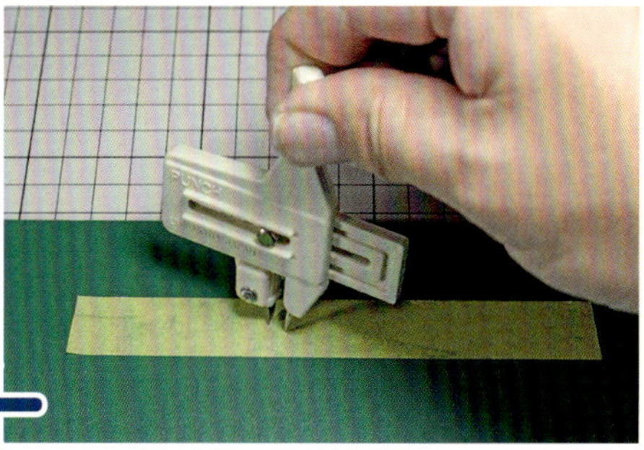

▲カッティングマットに幅広のマスキングテープを貼り、サークルカッターで切り出します。あまり力を入れると中心となる針のところがずれて円周がきれいに繋がらなくなるので軽く回します

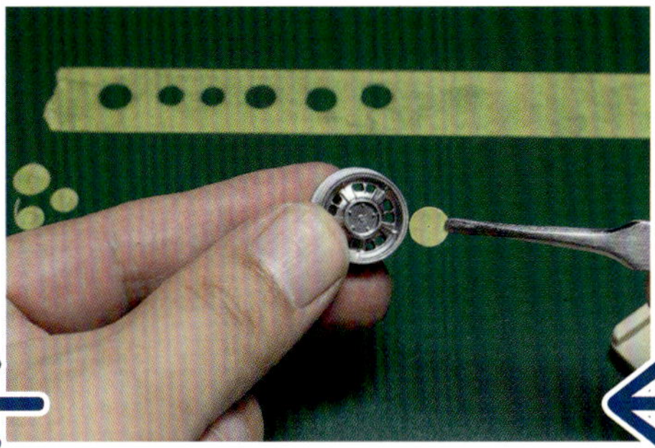

▲パーツを定規で測ってその幅にしたつもりでも、切り出してみると合わないことがけっこうあります。気にせず、現物合わせで合う大きさのものができるまで切り出していきましょう

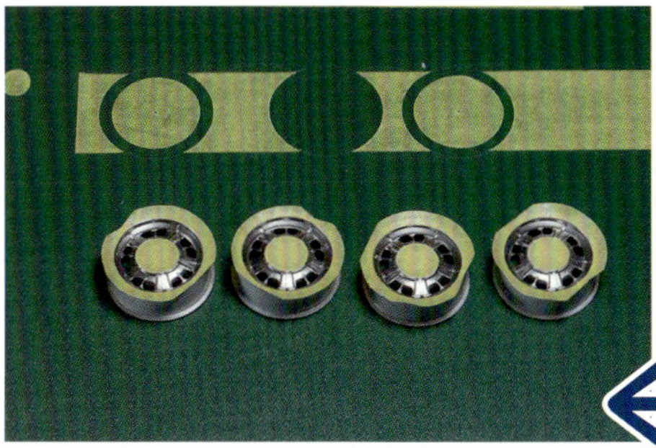

▲リム外周部は内側に向かって傾斜があるので、輪っか状のテープの一部を切って、パーツ形状に沿うように貼って合わせます。リム外周部は塗り分けラインがずれると目立ちますので慎重に

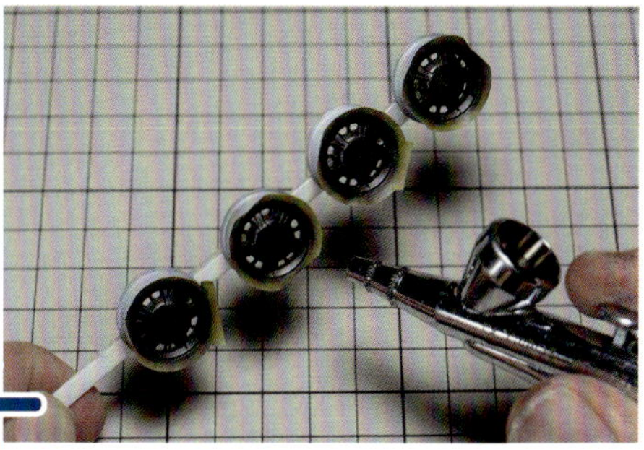

▲マスキングしたら両面テープで棒に貼り付けて持ち手にし、エアブラシでセミグロスブラックを塗ります。厚塗りになったりザラついたりするとホイールの質感が台無しなので注意します

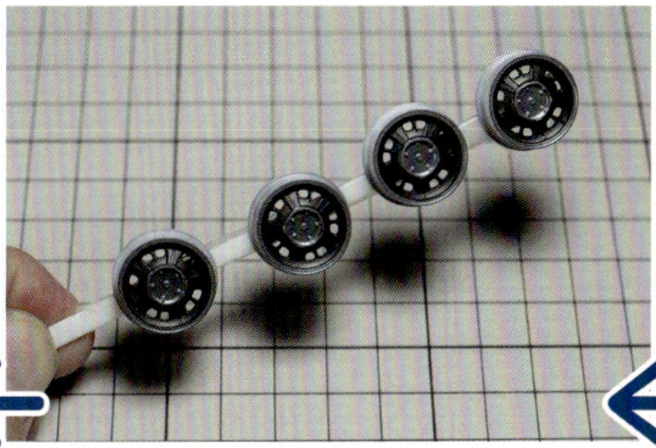

▲マスキングを剥がせばこのとおり。多少よれているところがありますが、このあと軽く塗りっぱなしのスミ入れをするので、これくらいなら気にしなくても大丈夫です

▲エナメル系塗料のツヤ消しブラウンで塗りっぱなしのスミ入れをすると落ち着いた雰囲気になります。タイヤとセンターキャップ(ここは変化を付けるためあえてメッキのまま)を取り付けました

メッキを再現するには

メッキ調塗料は各種市販されていますが、入手のしやすさ、質感、塗膜の強さ、扱いやすさのトータルで使いやすいのがこのMr.カラー スーパーメタリック メッキシルバーNEXT。

超微粒子の顔料で金属質感を出すことができ、下地や塗り方次第でいろいろな色味や質感にコントロールすることもできます。メッキ部が多い旧車にはとても便利な塗料です。

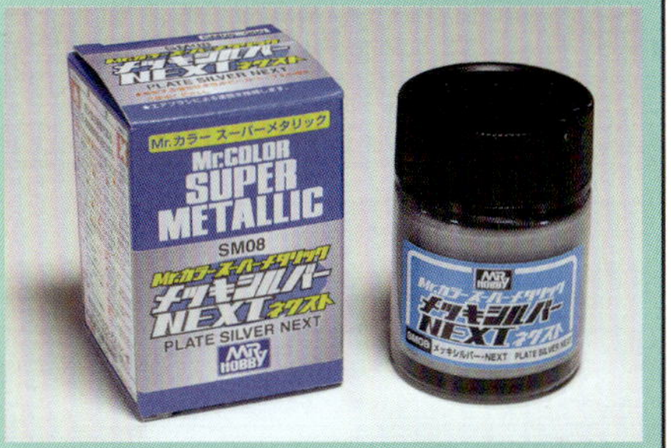

▲メッキシルバーNEXTは非常に粒子がこまかいため、下地の状態や色味によって塗りあがったときの感じが結構変わってくる。メッキ調の深みのあるシルバーにしたいなら、下地はツヤありの黒にしておくとよいだろう

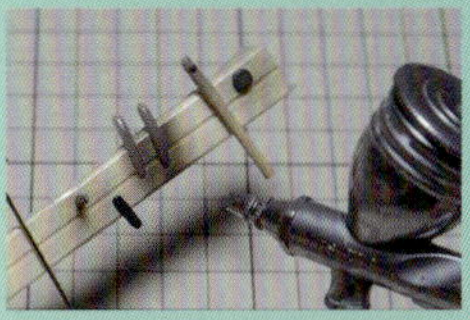

◀下地を整えてうまく塗れるとほとんど金属にしか見えなくできる。逆に下地にヤスリ目などが残っていたりすると表面にそのまま出てしまうので、下地処理はていねいに

「よりリアル」に旧車を作るためのディテールアップポイント

プラモデルで旧車を作るなら、こまかいディテールを作り込んで精密感をアップ！　作り込むと効果的なポイントと使用パーツを紹介

ここをディテールアップするとリアリティーが格段にアップ！

旧車のプラモデルをディテールアップをしたときに効果が大きいところは、ワイパー、マフラー、アンテナ、キーホールなど。とくにワイパーとマフラーはやるのとやらないので非常に大きな差が出ます。

ワイパーやマフラーは薄さや細さをどう出すかがディテールアップのポイント。エッチングパーツや真ちゅう製パイプなど、金属素材を活用することで薄さや細さを効果的に出すことができるでしょう。

▶ワイパーは非常に目立つ場所にあるのでぜひディテールアップしてみよう。キットパーツは塊状なので、市販エッチングパーツを使用することで精密感を一気に上げることができる

◀マフラーの金属パイプへの置き換えは定番工作だ

▶この時代の市販車にはつきもののラジオアンテナも効果的なディテールアップポイント。パイプとプラ材を使って自作することで精密かつ実車に近い形状で再現することができる。意外と簡単なので、ぜひチャレンジしてみてほしい

▲こまかいところだが、キットのキーホールのモールドを削り落としておいて金属挽き物パーツにするととても精密感が出せる。汎用のアフターパーツが使えるぞ

キャラクターモデル用アフターパーツも使い方次第で……

市販車のプラモデルだと専用のディテールアップパーツがない場合がほとんど。しかし、想定されているジャンルや用途を気にしなければ、アフターパーツ自体は潤沢に市販されています。そこで視野を広く持って形状が合いそうなものを見繕ってみましょう。意外なパーツが使えたりすることがあります。

▶クセのないシンプルな形状のパーツが使いやすい場合が多い。そのままだと少々形状が異なっていても、プラ製パーツを選んで加工を施せば使える場合も多々ある。柔軟な思考で流用パーツを選んでみよう

汎用性が高いディテールアップパーツ

どんな車でも使える使用頻度が高いディテールアップパーツが、ホイールのエアバルブ。作例ではパーツにモールドがあったため使用しませんでしたが、多くのカーモデルでホイールのドレスアップに使え、完成品の足周りの印象を引き締めてくれます。また、何かと使用頻度が高いのが金属パイプと丸プラ棒。各種太さを揃えておくとなにかと重宝するはずです。

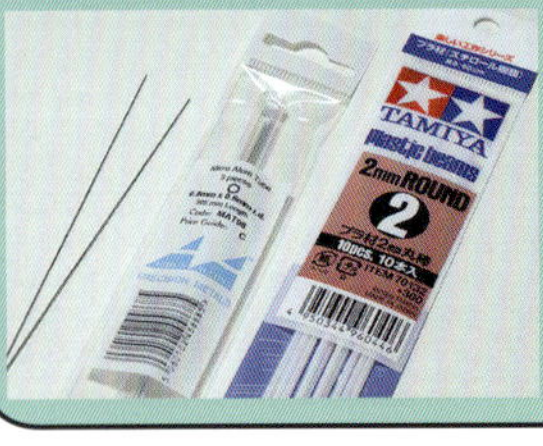

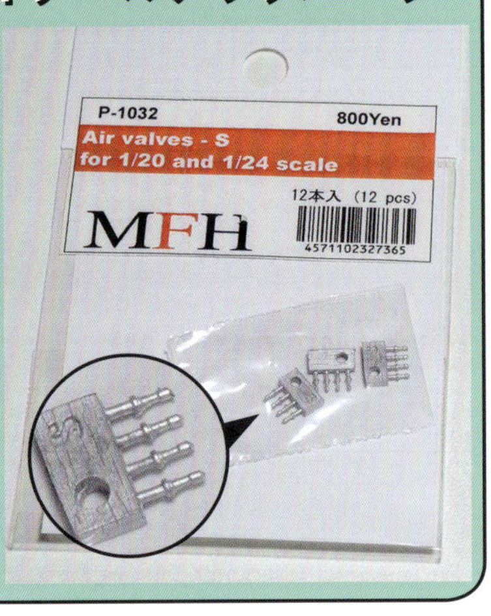

特殊な形状のワイパーを専用パーツで再現

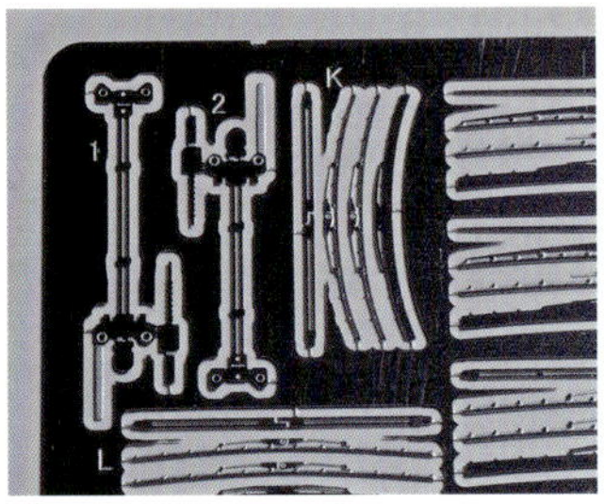

ワイパー形状はメーカーや車種によって違うので、車種を特定したエッチングパーツが市販されている場合はそれを使うのがおすすめ。ない場合は似たものを流用しましょう。2000GTは2本のアームを束ねた特殊な形状なのですが、バルケッタのワイパーのエッチングパーツセットにはそれを再現したパーツが入っているので作例ではこれを使って製作しています。

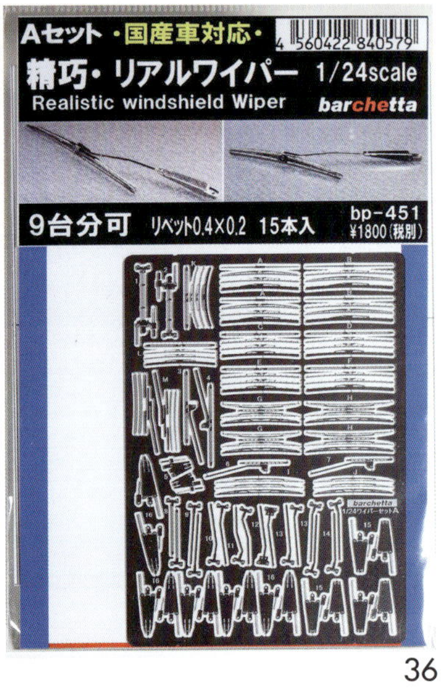

ワイパーのディテールアップ

箱車のプラモデルを製作すると、真っ先にディテールアップしたくなるのがワイパーです。1/24のプラモデルに入っているワイパーのパーツは大抵ムクの棒状のものですが、これではあまりワイパーらしく見えません。ワイパーのディテールアップはエッチングパーツを使うのが近道。いろいろな形状のワイパーのアフターパーツが市販されていますので、形が近いものを選んで使ってみましょう。

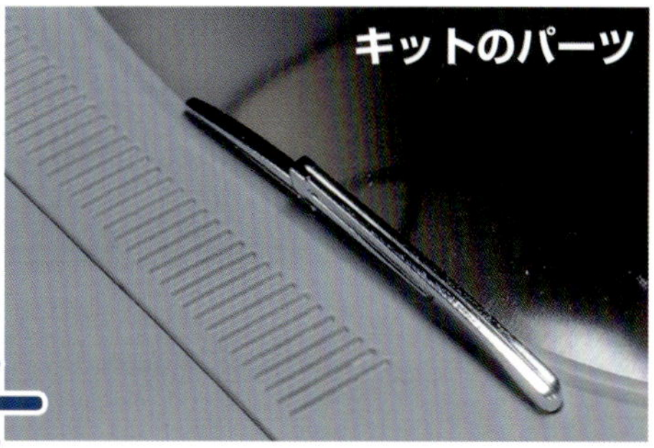

▲プラモデルなので仕方がないのですが、キットのワイパーパーツはいかにも棒状でリアリティーに欠けます。そこでパルケッタのエッチングパーツを使ってディテールアップしてみます

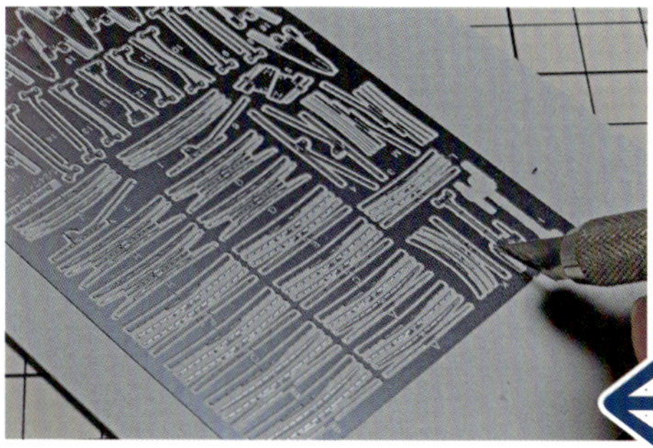

▲エッチングパーツを切り出すときは、厚紙の上にパーツを置いてナイフの刃先を押しつけるようにします。残ったゲート跡は、パーツをプライヤーなどで挟んで400番の紙ヤスリで処理します

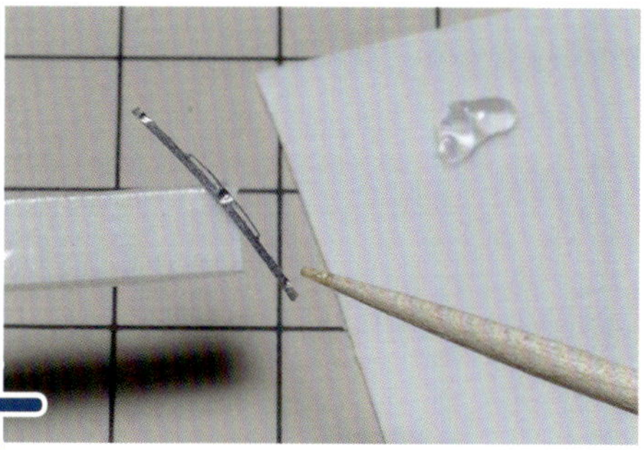

▲このエッチングパーツは2000GTのワイパー形状を忠実に模しています。まずは、ラバー部を再現する3枚のパーツをずれないように接着。ゼリー状瞬間接着剤の点留めで接着しています

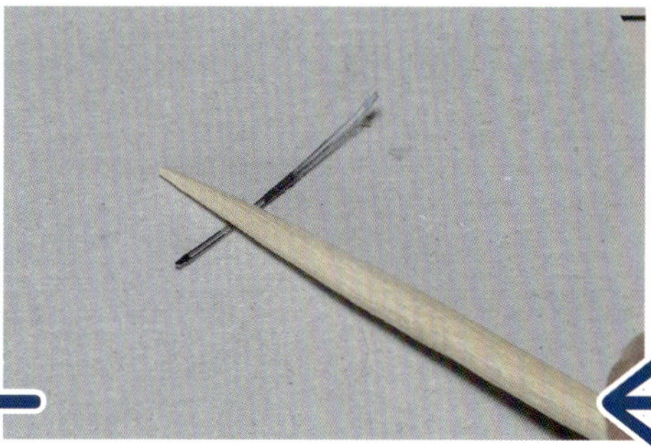

▲ワイパーブレードはウインドウに沿って湾曲しているので、パーツを切り出してから緩いアールをつけます。厚紙の上にパーツを置き、その上でつまようじをころころ転がすときれいに曲がります

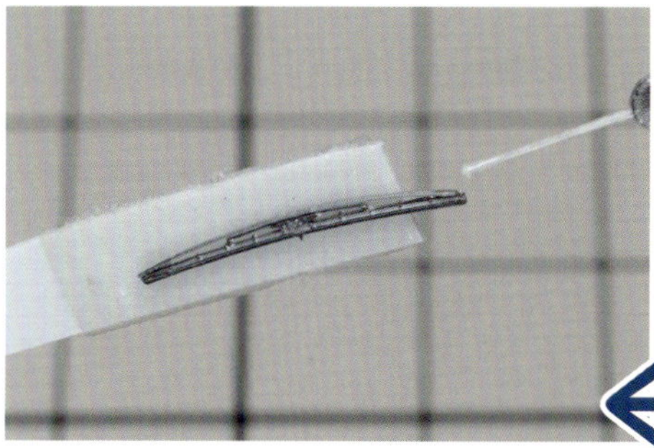

▲ラバー側と曲率があるように調整してからワイパーブレードを接着します。この部分だけで4パーツ。組み立てに少々細かい作業が必要ですが、非常に高い再現度になっています

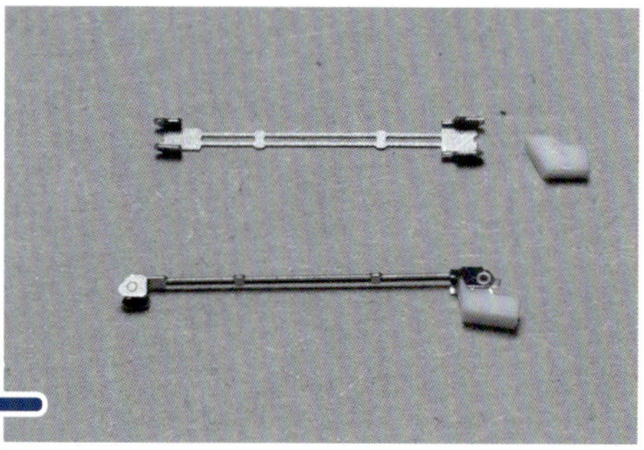

▲2000GTのワイパーアームは2本の棒を束ねた特徴的な形状ですが、このパーツでは2本のアームをきちんと再現。基部は塊にするためにプラ材に置き換えています

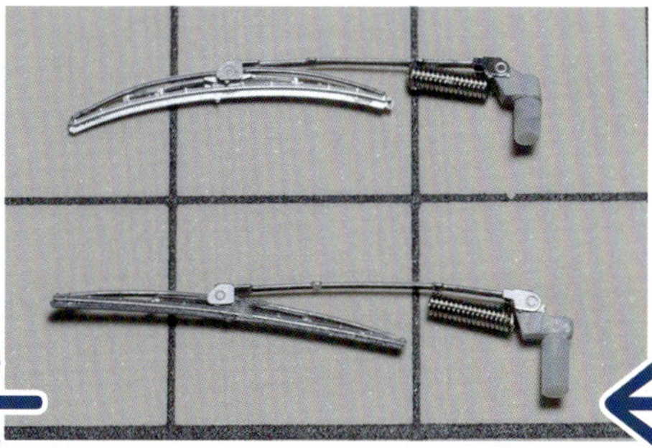

▲ブレード、アーム、基部を組み立てたところ。このエッチングパーツはスプリング部分もパーツ化していますが、そのままだと薄いので市販のスプリングを切って追加してみました

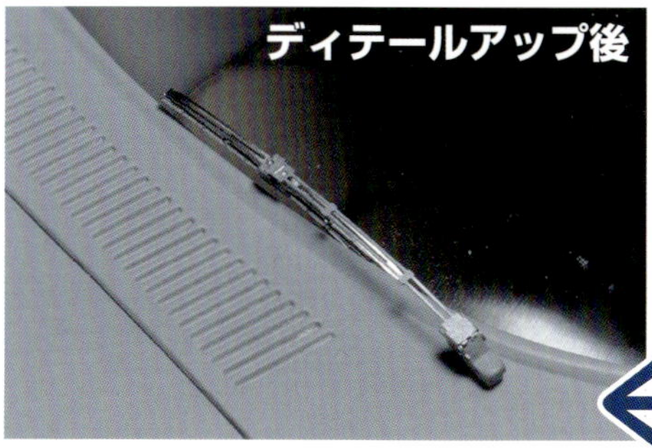

▲エッチングパーツのワイパーができあがりました。キットパーツと比べるとディテールアップの効果は一目瞭然。位置のすり合わせをしたらボディから外して壊さないように保管しておきます

キーホールのディテールアップ

最近はない車もあったりしますが、旧車を作るならほぼどの車でもついているディテールがキーホール。ほんの小さなディテールですが、ディテールアップすると意外と効果的です。2000GTのキットにはキーホール用のメタルインレットが付属しているのでそれを貼ってもいいのですが、もうちょっと立体的に再現できるように、数ある市販アフターパーツのなかから合うものを見繕ってみました。

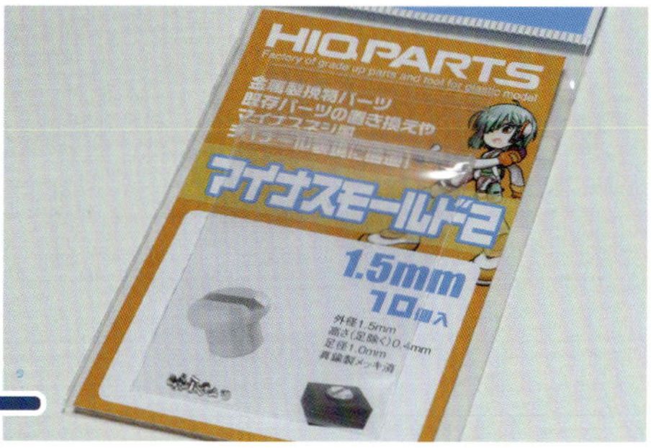

▲キャラクターメカモデルのディテールなどによく使用される、丸にマイナスのモールドが入ったHiQ PARTSの金属挽き物製パーツ。これをキーホールとして使ってみます

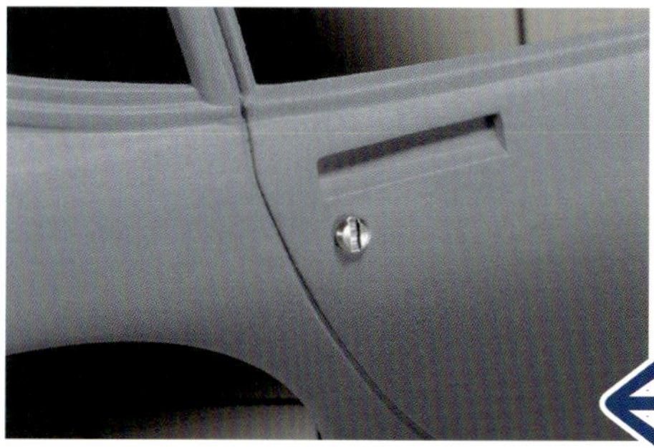

▲専用パーツではありませんが、車のボディにこういうふうに取り付けるとキーホールに見えます。ワイパー同様、ボディにはまるか確認したらしまっておき、ボディ仕上げ後に接着します

マフラーのディテールアップ

市販車の模型でワイパーの次くらいに重要なディテールアップポイントがマフラー。マフラーが厚ぼったかったり排気口がちゃんと開口していないと、「走る車のスケールミニチュア」感が大きく損なわれ、とたんにオモチャっぽく見えてしまいます。工作難度はマフラー形状にもよりますが、2000GTのマフラーはわりと簡単にディテールアップできますので、ぜひチャレンジしてみてください。

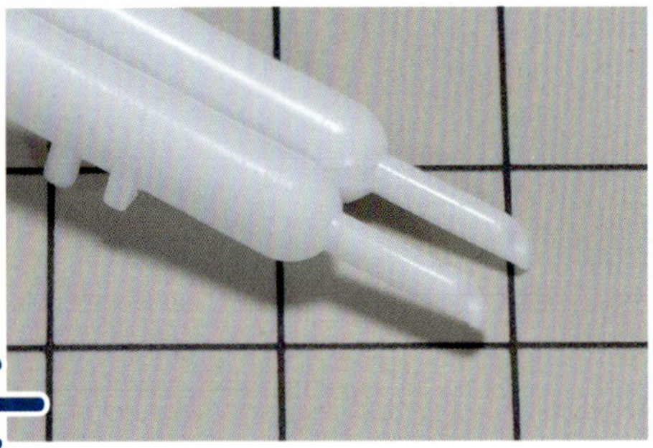

▲マフラーパーツはメッキのママだと厚ぼったくパーティングラインも処理できないので、剥がし剤でメッキを剥がします。剥がしてみると結構シャープなモールドですが、さらにディテールアップ

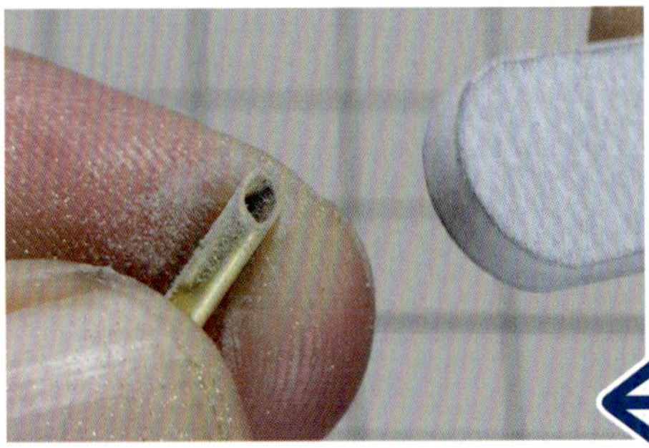

▲エキゾーストパイプは金属パイプに置き換えましょう。実車では先端部が斜めにカットされているので、320番～600番のあてヤスリで断面部を斜めに削っていきます

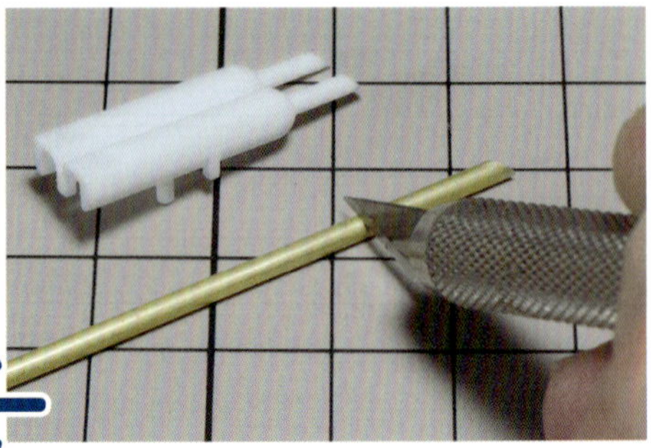

▲実車はメッキの銀なので洋白パイプを使えば質感ばっちりなのですが、硬くて加工しにくいので真ちゅうパイプを使います。真ちゅうパイプならカットもナイフの刃で転がすだけで簡単です

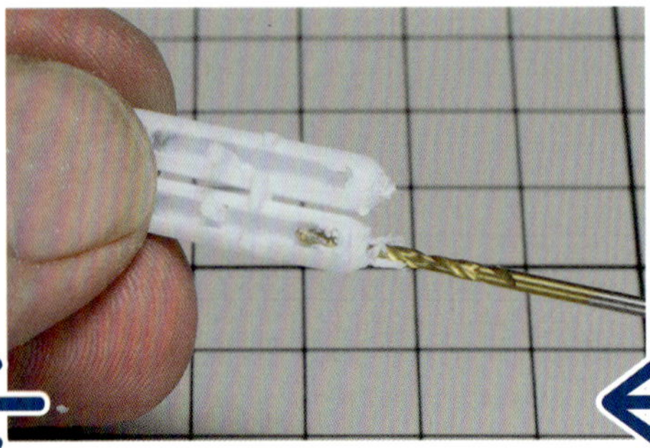

▲キットパーツのパイプ部分を切り取り、真ちゅうパイプと同じ径の穴を空けます。肉抜きがあって穴が中心からずれやすいので、慎重に穴を深くしていくようにします

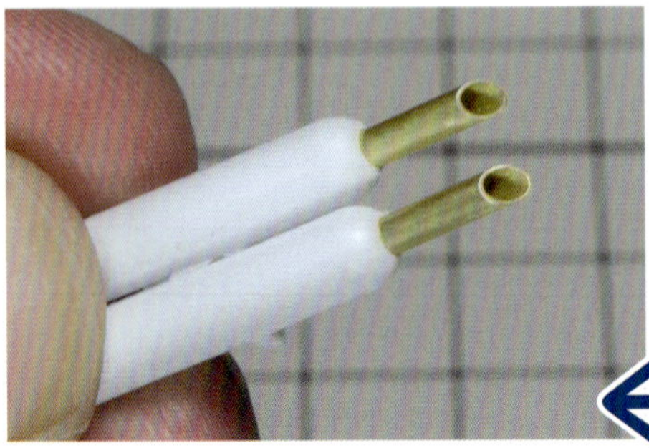

▲切り出した真ちゅうパイプをマフラーパーツに収めればこのとおり。フチが薄くシャープな排気パイプになり、一気にリアリティーが増します。メッキ質感はメッキシルバーNEXTを塗って出します

アンテナのディテールアップ

スケールモデルでは、よりこまかいところのディテールの精密度が高いほど全体のスケール感が効果的に出せます。旧車モデルのディテールのなかで、そのような効果的なヶ小ディテールのひとつがラジオアンテナ。キットのパーツのままだとあまり精密感がなく塊っぽいので、金属線材と金属パイプ、プラ材を組み合わせて、本当にアンテナが伸びそうなリアルなアンテナを自作してみましょう。

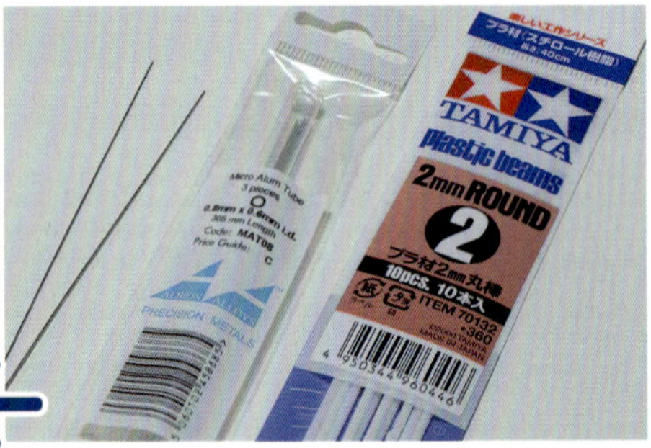

▲アンテナの自作に使うのはアルミ線、アルミパイプ、タミヤのプラ棒です。アルミパイプは、内径がアルミ線の外径と同じものを使うようにします。金属パイプは持っておくとなにかと便利です

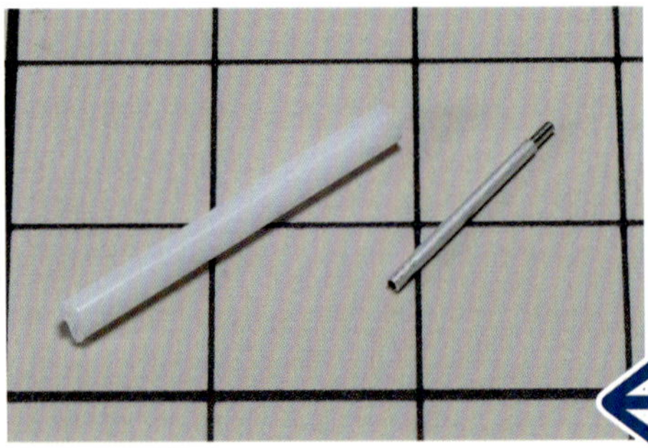

▲アルミパイプにアルミ線を挿し込み、アルミ線は先端部を丸く削っておきます。プラ棒は適当な長さに切って、アルミ線を収めたアルミパイプが刺さる穴を断面に開けておくようにします

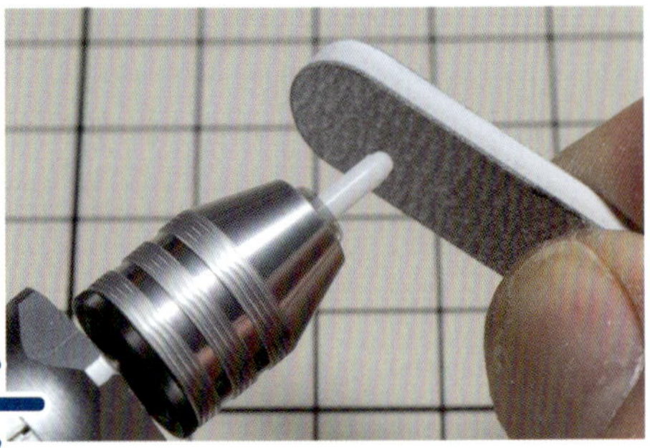

▲プラ棒をモーターツールに取り付け、あてヤスリを使って旋盤加工していきます。プラ材なのでどんどん削れますが、削りすぎやすいので少しずつ形を見ながらヤスリをあてます

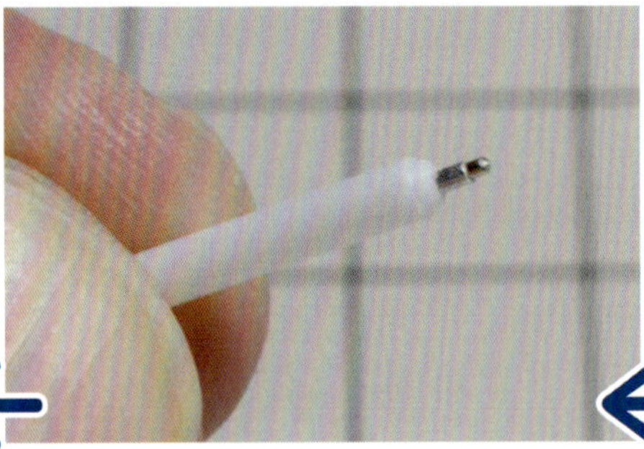

▲プラ棒の旋盤加工で製作した基部に、いったん外しておいたアルミ線＋アルミパイプを刺して形状を確認。かなり実車に近い雰囲気で精密感があるアンテナパーツになりました

▲基本塗装の前にボディに取り付け用の穴を開けておきます。クリアー塗膜の厚みを考慮して少し緩いくらいにしておかないと、最後にはまらなくなって苦労するので注意しましょう

その他小パーツの製作

外装パーツのなかで残っている、ミラーやライト、フューエルキャップなどを製作していきましょう。ミラーは小さいパーツながら工作精度が丸見えになってしまう箇所です。整形をきちんと行なうだけでなく、左右の取り付け位置にも細心の注意を払っておきます。ミラー面はキット付属のメタルインレットを使用すれば簡単にできます。また、フロントのライト類はカバーの接着に注意しましょう。

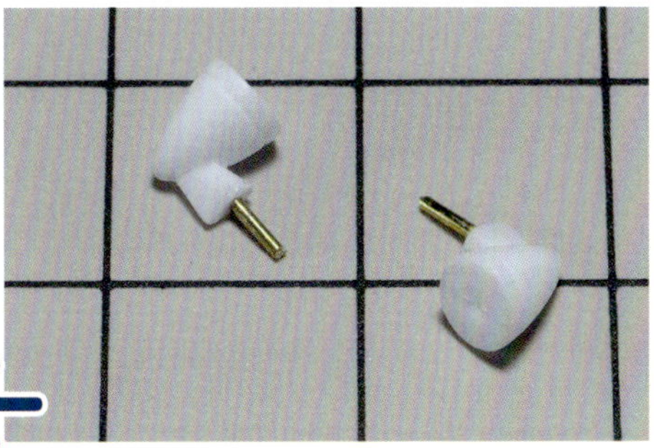

▲ミラーはイモ付けだと位置が決めにくいので、穴を開けて真ちゅう線をさしておきます。ぐるっとパーティングラインがありますので、とくにきれいに整形しておくようにします

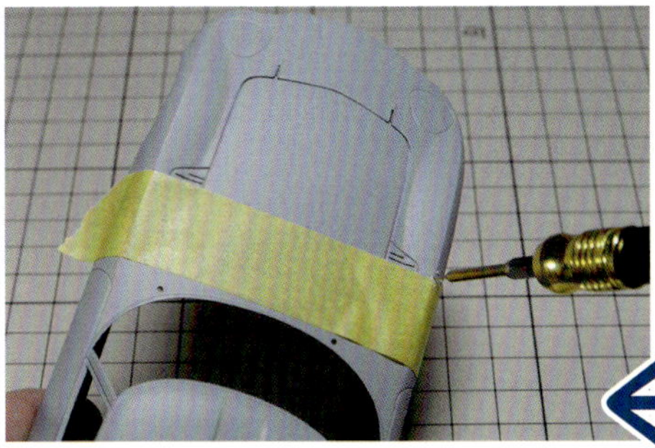

▲ボディのミラーを取り付ける位置に穴を開けますが、左右の位置が揃うようにテープを貼ってガイドにしています。ミラー位置が曲がっていたりずれていると車の表情を崩すので要注意

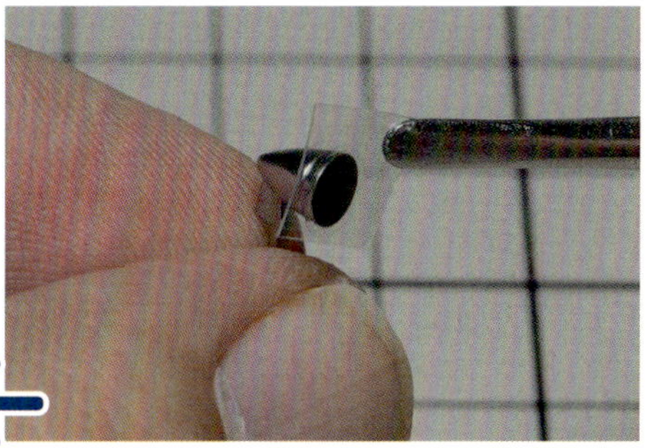

▲ツヤありの黒→メッキシルバーNEXTの順でエアブラシで塗装したら、ミラー面はメタルインレットを貼って再現します。まず台紙を剥がして透明なシートごとパーツに合わせ、こすって貼ります

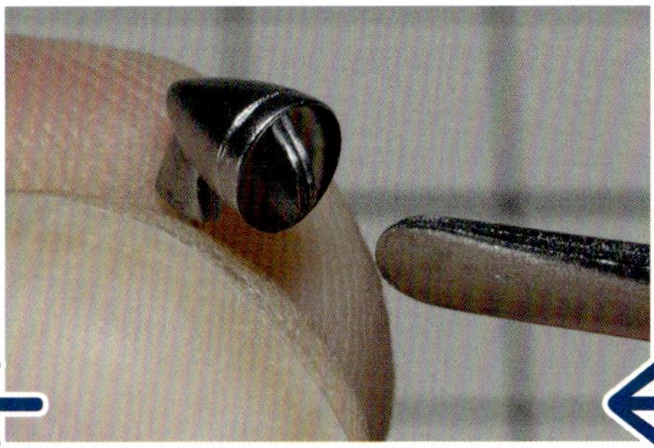

▲貼れたら透明シートを剥がしてできあがり。位置のずれにさえ気をつければ簡単に貼り付けることができます。鏡のようにピンセットの先がきれいに映っているのがわかりますね

▲キットのフューエルキャップパーツはやや小振りな感じです。キャラクターモデルでよく使われるプラ製アフターパーツのなかから大きさが近いものを選び、厚さなどを加工して使いました

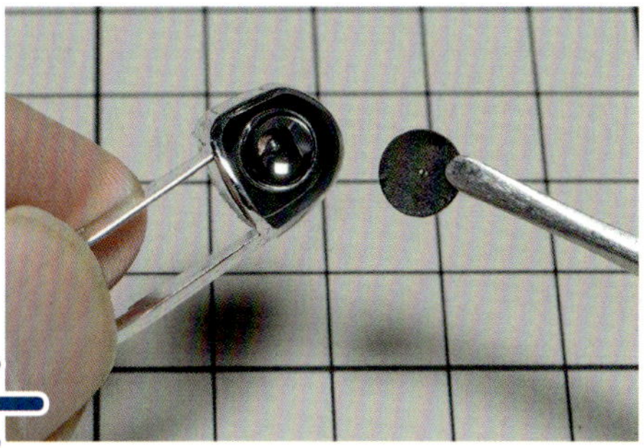

▲フロントのフォグランプ周辺を作ります。まずライト部をマスキングして周囲をツヤ消し黒で塗装。ライト部分にメッキ質感を残すことで、実車のライトっぽく見せることができます

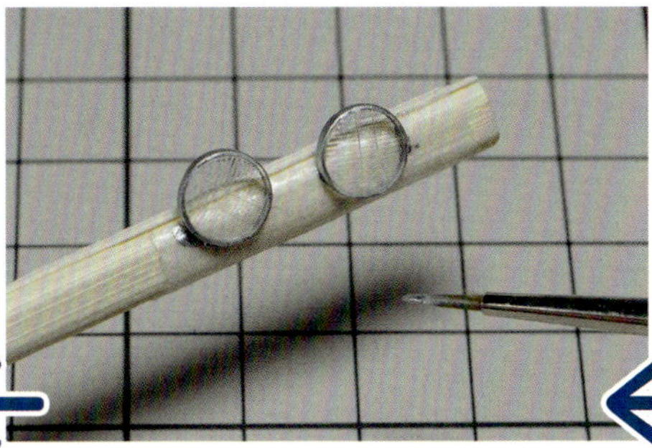

▲ライトレンズのリムを筆塗りで塗り分け。実車がそうなっているからと言うのもありますが、こうやってリム部を塗っておくと、接着部分が外側に見えなくなって雰囲気がよくなります

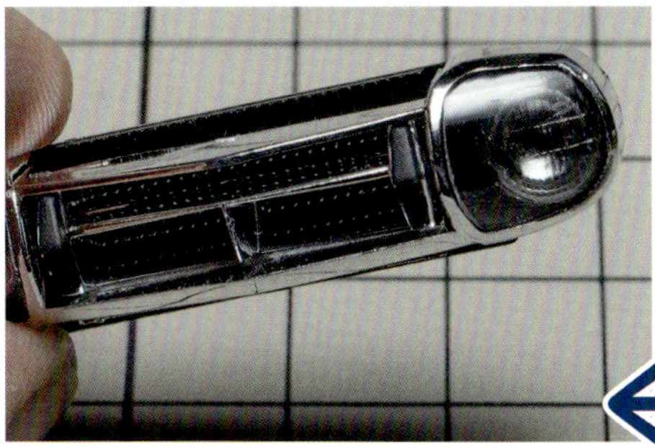

▲ライトレンズを中に接着してから外側のカバーを接着しました。クリアーパーツの接着には2液式エポキシ系接着剤を使用しています。はみ出さないよう、接着剤は極少量にします

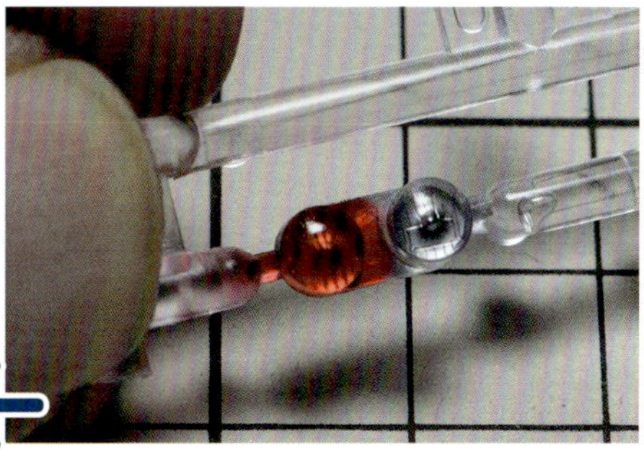

▲テールライトはクリアーパーツなので、裏側をシルバーに塗ります。こうしておくと、光が当たったときに奥がキラッと光って本物のライトっぽく見せることができます

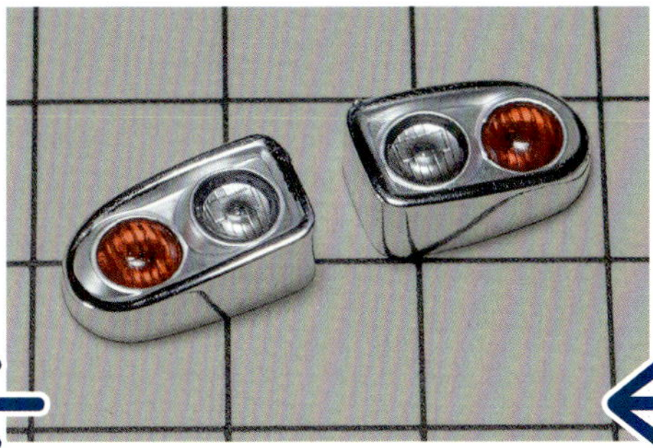

▲塗り分けたテールライトのクリアーパーツをメッキパーツにはめたところ。ここははめただけでで接着はしていません。メッキパーツは、実車を参考にマスキングをして内側をツヤ消しに塗り分け

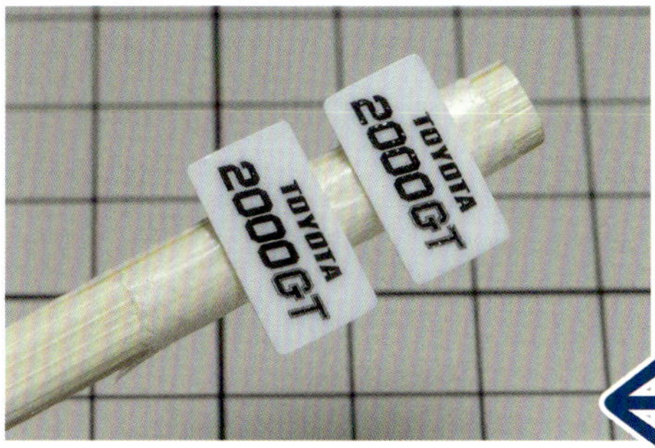

▲ナンバーもメッキパーツで付属していますが、いっそのことプラ板で自作してしまいました。ふたつ作りましたが、フロントはノーズのシルエットを崩すのであえてリアだけ装着することにします

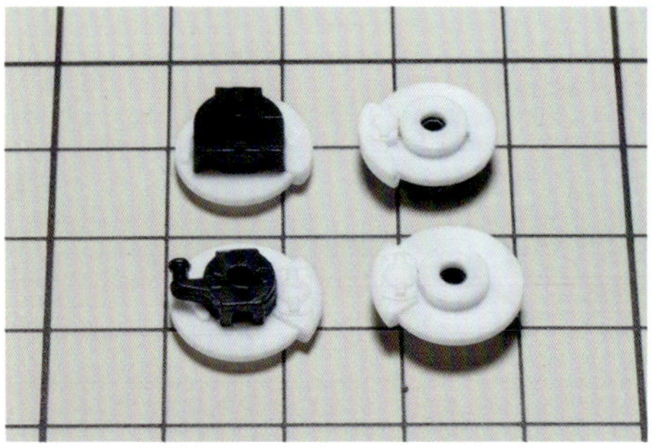

▲国産スポーツカー初の4輪ディスクブレーキ構造もきちんと再現されています。組み立てるときは、小さなポリキャップをなかにに入れ忘れないように注意しましょう

シャシー／足周りの製作

最終組立て

ボディ細部塗り分け ― クリアー塗装／磨き ― ボディ基本塗装 ― サーフェイサー塗装 ― ボディ整形

シャシー／内装／小パーツの製作
・ホイール・バンパー・マフラー・アンテナ・ミラー
・コンソール・シート・ライト・ワイパー ほか

シャシーと足周りは、完成後はあまり見えないのとキットの再現度が高いのでストレートに製作します。工作にとくに難しいところはなく、2000GTの特徴的なY字形フレームや、ダブルウィッシュボーンサスペンションの構造を体感することができ、普通に組み立てれば車高もビシッと出てくれます。

▲前後のサスペンションは乾くのが遅めの高粘度プラ用接着剤で組み立て、前後を組み立てたところでホイールをつけ4輪接地して車高が出るかを確認。とくに調整しなくてもばっちりでした

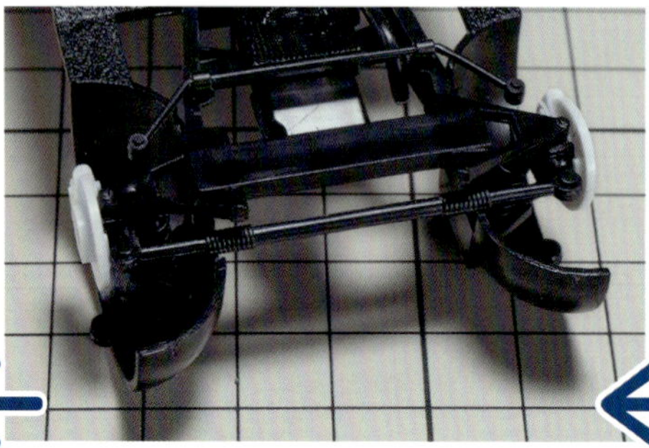

▲フロントサスペンションを組み立てたところ。フロントはAアームが下側にきます。前輪は可動するような構造になっているので、接着しなければ完成後も動かすことができます

▲リアのサスペンションを組み立てました。リアはAアームが上側にくるようになっているのもちゃんと再現されています。工作はパーツを整形しながら指定の順に接着するだけです

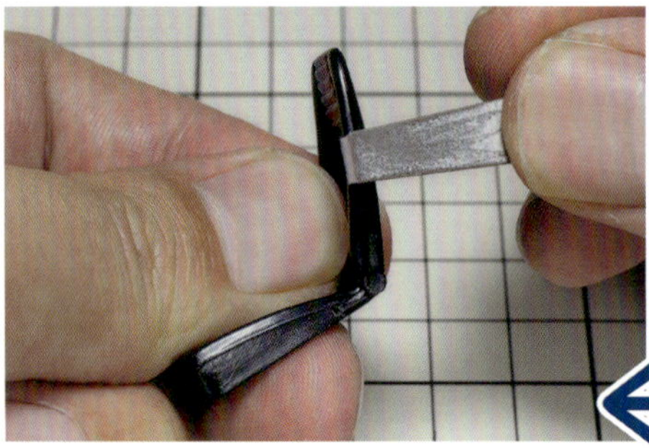

▲シートはサイドにパーティングラインがあります。段差が結構大きかったのでしっかりヤスってきれいに整えていますが、完成後はそれほど目立たないので、ほどほどでもいいかもしれません

▲整形した排気管を取り付けてシャシーはできあがり。マフラーとホイールはこの段階では取り付けず、別途塗装して最後の組み立てのときに組み付けるようにします

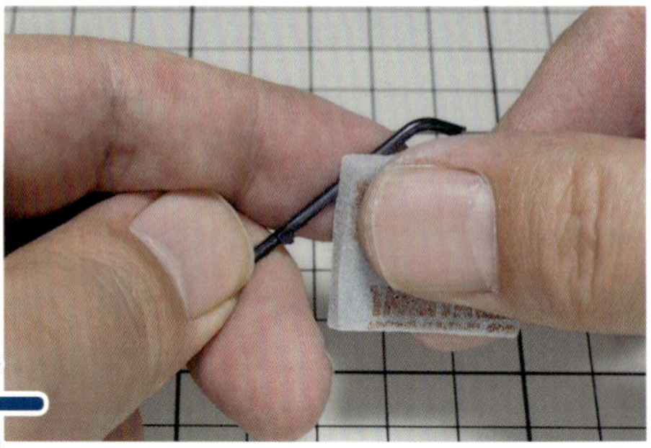

▲排気管を整形します。このような筒状のパーツは、ゲート部とパーティングラインを600番のあてヤスリで軽く削ったあとは、600番相当のスポンジヤスリを巻きつけてきれいに整えましょう

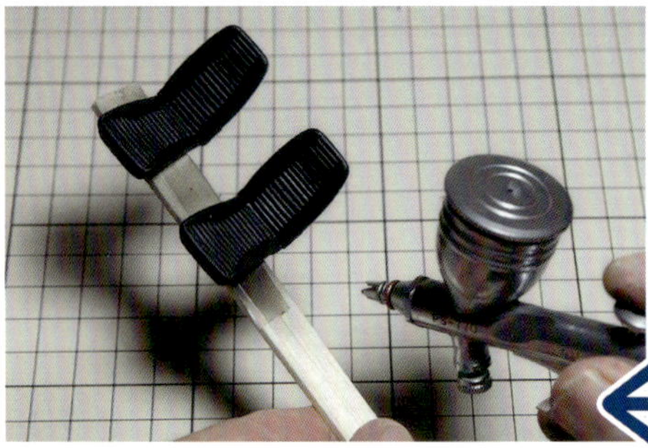

▲シートは質感の差を出すためにツヤを消し気味にします。また、シートが車内でほどほどに目立つよう、シャシーよりも少しだけ白っぽいグレーで塗装するようにしています

▲セミグロスブロックに白を少々入れた濃いグレーを全体にエアブラシで塗装します。元々パーツが黒いところに濃いグレーなので、表面の質感を整える程度でさっと吹いて終わりにします

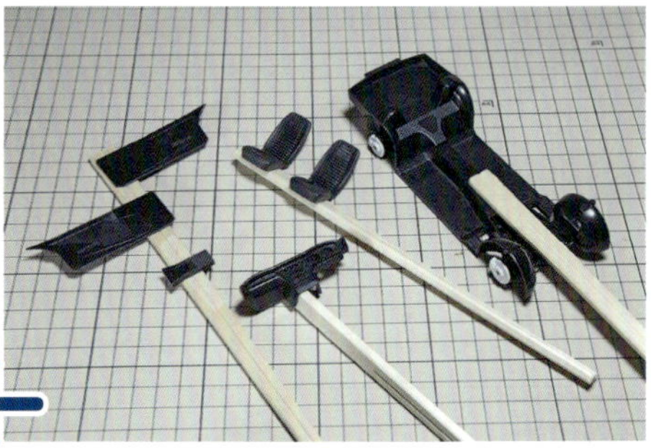

▲シャシー、シート、インストルメントパネル、ドア内張は黒く塗るので持ち手をつけて塗装の準備をします。全体を黒く塗るだけなのでサーフェイサー吹きは割愛しています

インストルメントパネルの製作とディテールアップ

箱車の場合、ドアを開けて製作しない限りインストルメントパネルはあまりよく見えないので、とくにディテールアップをしなくても大差ないのですが、2000GTは内装も凝っているところが魅力のひとつですので、デカールを貼りきちんと塗り分けて製作するのとともに、簡単にディテールアップしてみることにしましょう。工作ポイントはメーターの枠飾り。結構簡単にできて応用範囲も広いです。

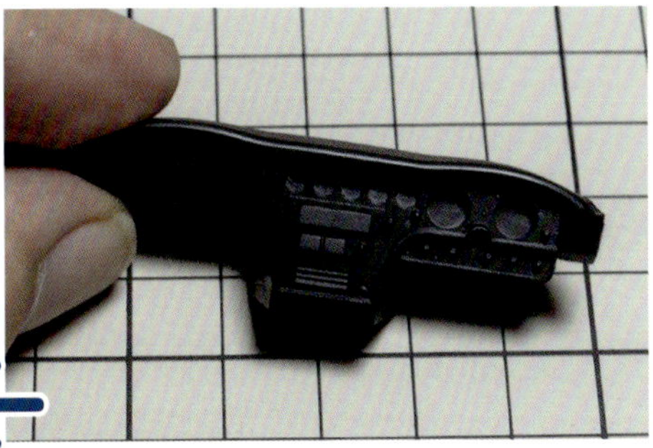

▲キットのインストルメントパネルのパーツは、2000GT前期型のパネル形状を的確に再現している。まずは全体にセミグロスブラックを塗り、今回はデカールで木目パネルを再現します

▲デカールは貼るところだけをハサミで切り出して水に浸けます。水にさっとくぐらせたらキムワイプの上などに置いて、デカールが台紙から動くようになるのを待ちましょう

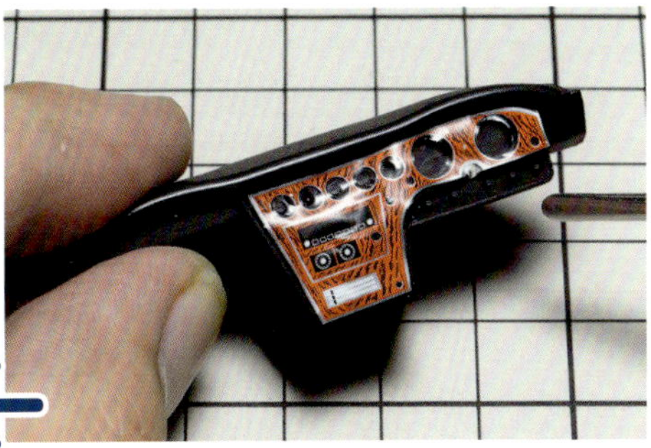

▲デカールが動くようになったらデカールをパーツにのせます。パーツには凸凹があってそのままではなじまないので、ここからデカールをパーツ形状に合わせていきます

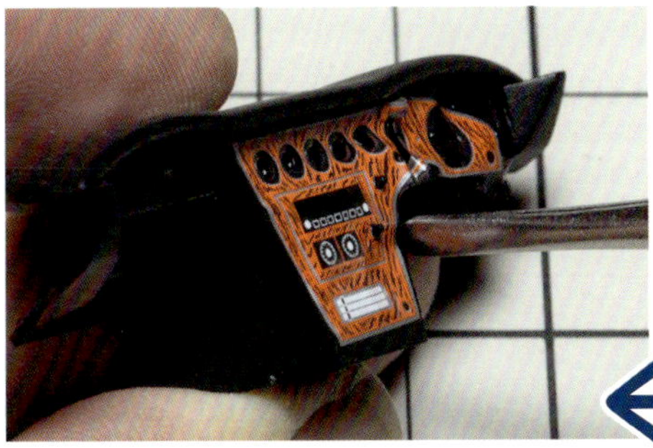

▲ツマミなどの凸モールドのところはデカールに穴が開いているので、そこにモールドを収めていきます。ムリに引っ張るとデカールが破れるので、少しずつ慎重に合わせていきましょう

軟化剤はデカールの硬さにより選んで使おう

▲デカール軟化剤はデカールの質や貼る箇所の形状により使い分けます。Mr.マークセッター→Mr.マークソフター→マークフィット（ハードタイプ）の順で溶かす力が強くなるので適宜使い分けますが、溶かす力が強すぎる場合は水で薄めて軟化の度合いを調整することもできます

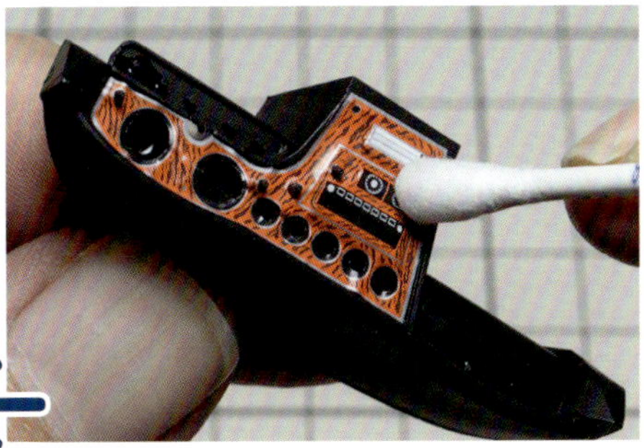

▲ツマミが所定の位置に納まったら、Mr.マークセッターを塗って少し待ち、デカールが軟らかくなってきたところで、モールドに少しずつ押しつけてなじませていくようにします

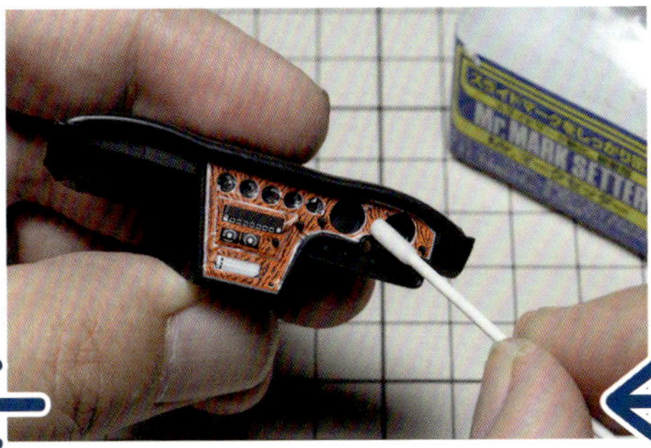

▲一気に馴染ませようとするとモールドの角のところで破れますので、軟化剤を使いながら少しずつ作業します。パーツが小さく入り組んでいるので、模型用の先が細い綿棒があると便利でした

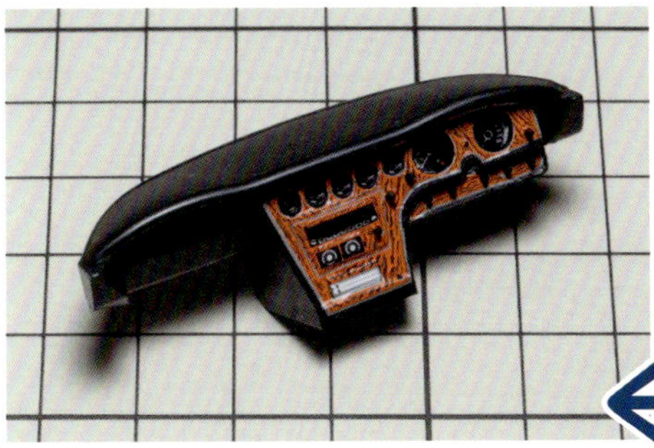

▲メーターパネルのフチが少しよれていますが、ここはあとでディテールアップすると見えなくなるので気にしません。忘れないようにメーターのデカールも貼っておきます

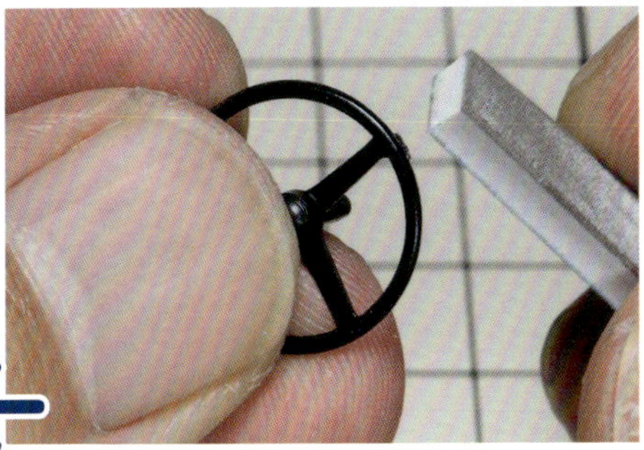

▲ステアリングを整形します。ステアリングパーツは外周にぐるっとパーティングラインがあるので、ゲート部をあてヤスリで大まかに整えたあと、スポンジヤスリで外周部をきれいに整形します

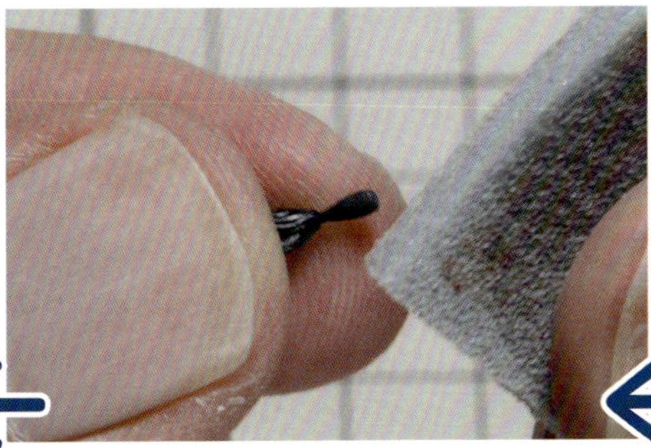

▲こまかいところですが、シフトレバーもきれいに整形しておきましょう。このパーツもぐるりとパーティングラインがあるので、あてヤスリとスポンジヤスリを併用して少しずつ形を整えます

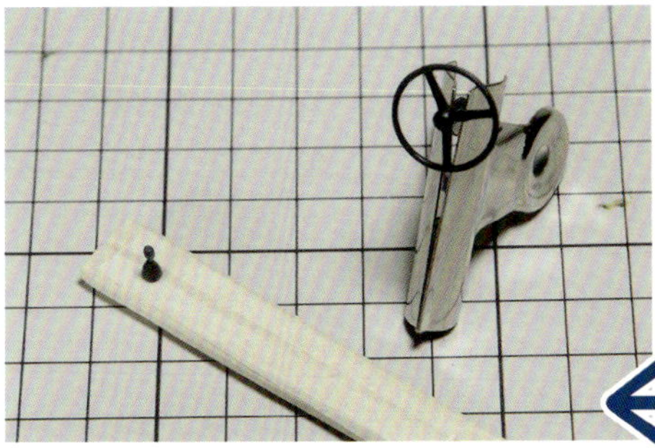

▲ステアリングとシフトレバーを塗装します。ここもなるべくシャープに仕上げたいので、サーフェイサー吹きは省略します。シフトレバーは小さいので塗装中に飛ばしてなくさないように注意

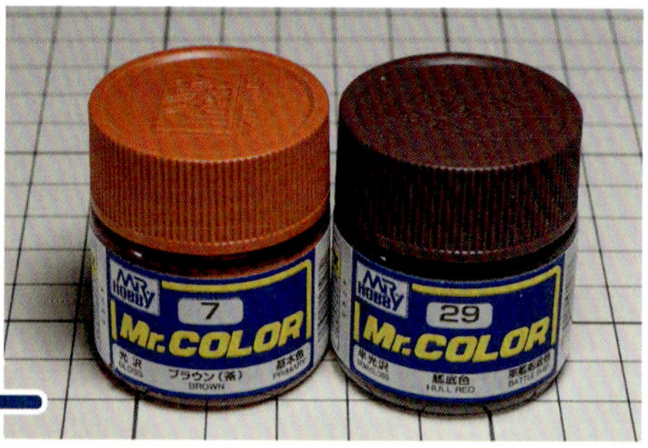

▲ステアリングとシフトノブは木目を塗装で再現してみましょう。使用する色は濃いめと明るめの茶色2色。今回はブラウンと艦底色を使いましたが、ほかの色でもよいでしょう

▲まずは濃いほうの茶色を全体にエアブラシで塗装します。この濃いほうの茶色が、最終的に木目の黒っぽいスジのところの色になります。ステアリングの中央部はあとで塗り分けます

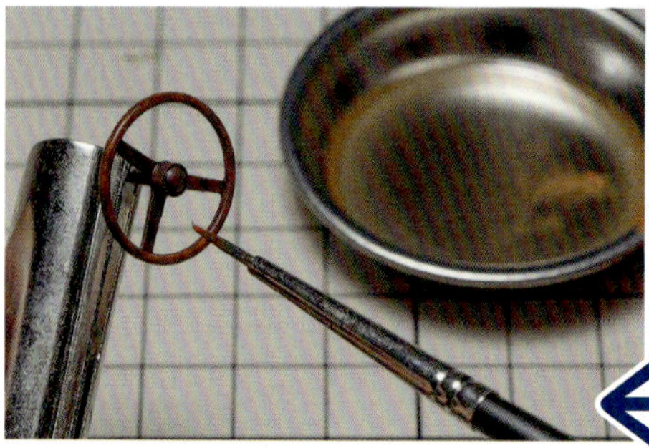

▲明るいほうの茶色を筆塗りしますが、塗料をかなり薄めに溶いて、全体にバシャバシャと塗りつけるようにします。こうすることで自然なムラを出して木目っぽくしていきます

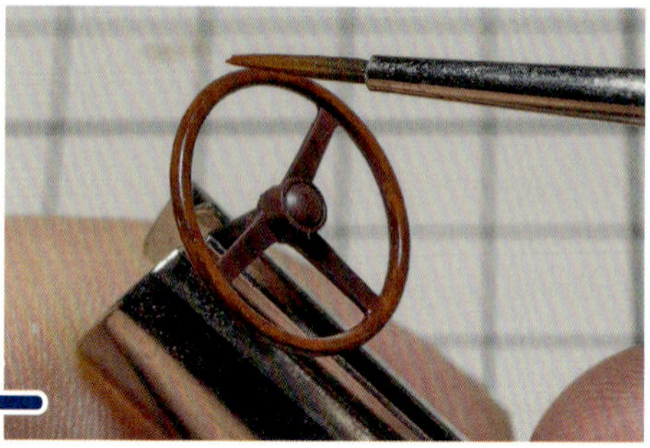

▲不自然なところや明るい色がのりすぎているところに、今度は濃い茶色をスジ状に塗っていきます。なるべくランダムな感じになるようにすると木目っぽい雰囲気が出ます

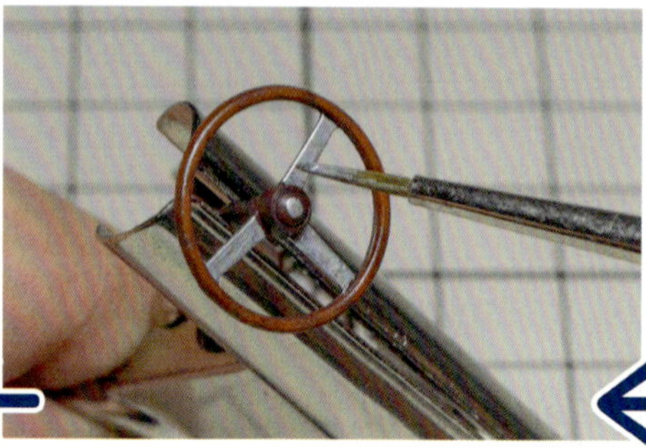

▲木目の再現ができたら、ステアリングのアームを塗り分けます。もちろん金属色はエアブラシで塗ったほうがきれいに仕上がりますが、筆塗りでも薄く塗り重ねればきれいに塗れます

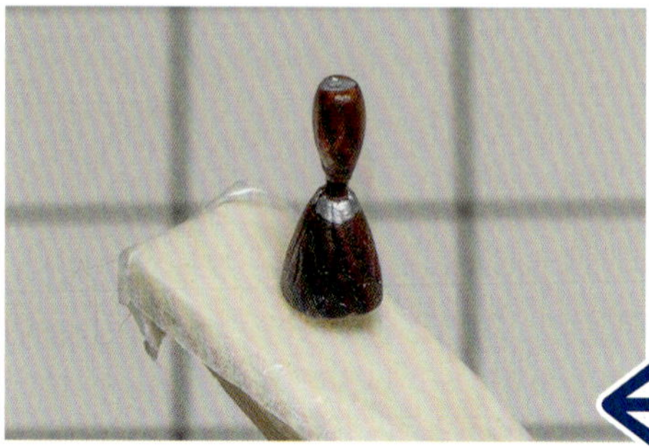

▲シフトノブもステアリングと同じ手順で木目を再現し、トップとレバーのリング状のところを筆塗りで塗り分けました。ちょっとした塗り分けをするだけで、一気にシフトレバーっぽく見えてきます

旧車のパネルによく見られるメーターの飾りを再現してみよう

旧車のインストルメントパネルは、メーターやパネルのフチがモールで飾られていることがよくあります。この飾りはデカールの印刷でも再現されていたりしますが、金属素材を使ってディテールアップすると立体感と質感が増してより実車に近い雰囲気が出せます。

とくにおすすめのディテールアップポイントは、メーターのフチのところにある丸い飾り。カーモデルでは定番のディテールアップ工作なのですが、丸めた金属線を貼り付けるだけで、一気に雰囲気がよくなります。

もうひとつ簡単で見映えがするのがツマミ／スイッチ類の塗り分けや金属パーツへの置き換え。ツマミの先を実車のとおりに塗り分けていくと、よりツマミらしく見えます。また、キットパーツは成型上の都合でツマミが円筒状なので、くびれがある金属挽き物製パーツに置き換えたりするとさらにリアルにできます。

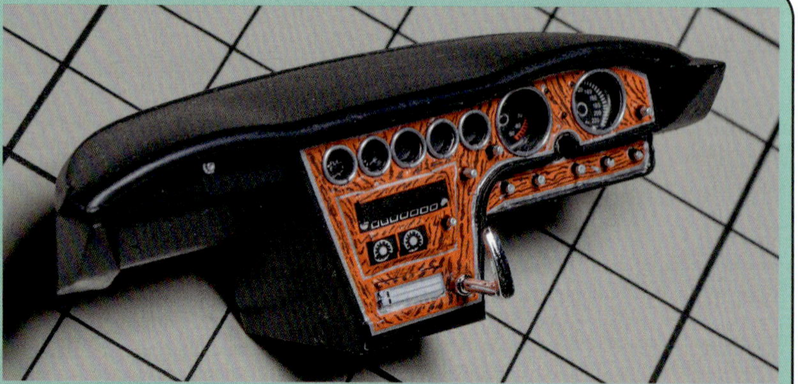

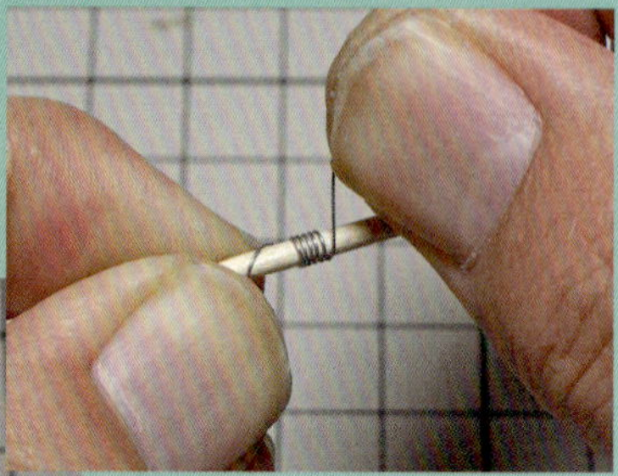

▲硬い金属線だときれいに巻きにくいので、今回はアルミ線を使用。輝きは洋白線より少し落ちるが加工性が段違いに良い。まず、メーターの径より少しだけ細い棒（今回はつまようじ）にアルミ線を隙間なく巻き付ける

▼きれいに巻けたら棒を取り外し、穴の中に刃が薄いニッパーの刃先を入れて一気に切る。巻いた形をなるべく崩さないように刃を入れて切るのがポイント

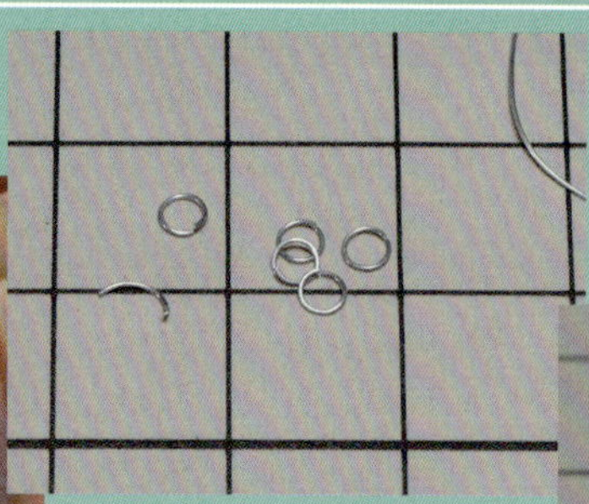

▲切った後はこのように輪っか状になる。バネ状に巻いていたので合わせ部分が少し段違いになるので、ピンセットの柄を押しつけたりつまんで少し曲げて、両端がピッタリ揃うように調整する

▼できた輪はエポキシ系接着剤でパネルに接着。取れなければいいので、いちばん目立たない上側に少量接着剤を点付けして固定する

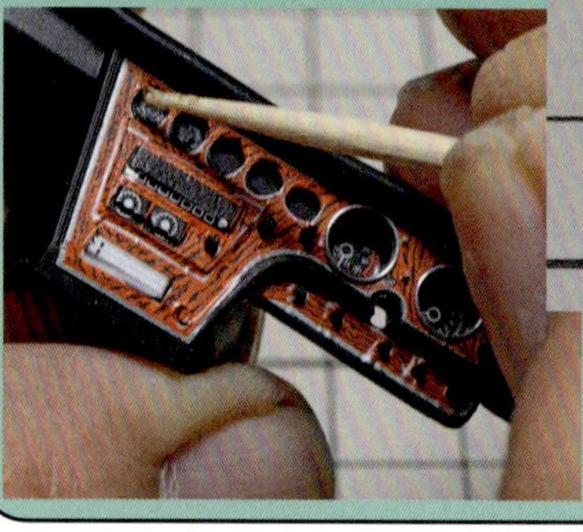

シャシー／車内完成

▲シャシーとインテリアが完成！　実車の足周りや内装の特徴がしっかりと再現されており、作っていてとても気持ちがよいキットです

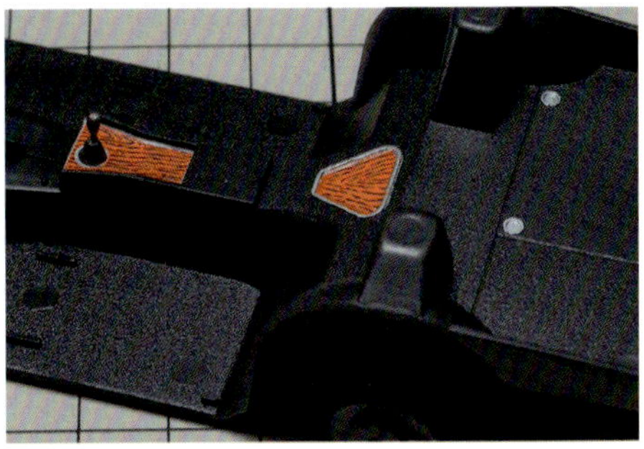

▲シート後方の木目パネルもデカールで再現します。モールドとデカールがあまりぴったり合わせられなかったので、筆塗りでリタッチしてはみ出した部分をめだたないようにしています

▲ダッシュボード／インストルメントパネル、ステアリング、シフトノブなども取り付けました。シートのパーツはシートベルトを自作で追加して最後に収めるようにします

旧車のシートベルトは自作でもわりと簡単に再現できます

カーモデルの運転席周りのディテールアップでよく行なわれるのが、シートベルトの再現。キットによってはシートパーツにシートベルトがモールドされているものもあり、塗り分けるだけで仕上げるのもよいのですが、ちゃんと別体のベルト状の素材でディテールアップするとシートの見映えがとてもよくなります。

レーシングカーのシートベルトは5点式だったりして、金具のパーツをどこからか用意しないと良い感じにディテールアップしにくいですが、市販車の2点式や3点式シートベルトの場合は、金具は無視してベルトを追加するだけでも充分それらしく見せることができます。

ベルト用の素材は、カーモデル専用のアフターパーツも市販されていますが、身近にあるもので代用して簡単にそれらしくすることもできます。今回紹介しているのはそのなかでももっともお手軽にシートベルトを再現できる方法。マスキングテープをマッキーで黒く塗れば、ベルトっぽいツヤの質感が出せ、そのままシートパーツに貼ることができます。

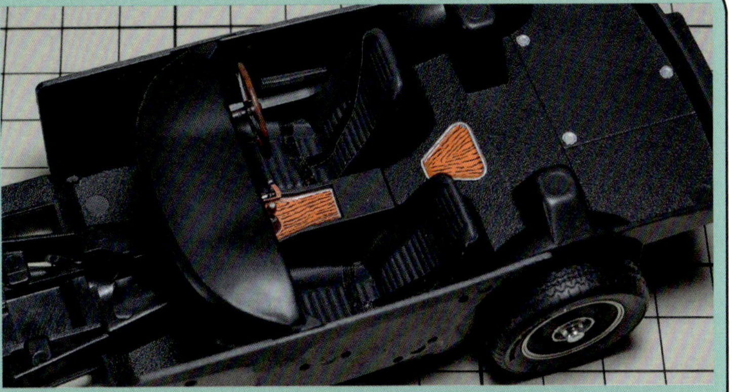

▼剥がした帯状のテープをそれらしく貼ってシートベルトのできあがり。薄さや光沢感が思いのほかリアルにできる。端は裏側に隠しておこう

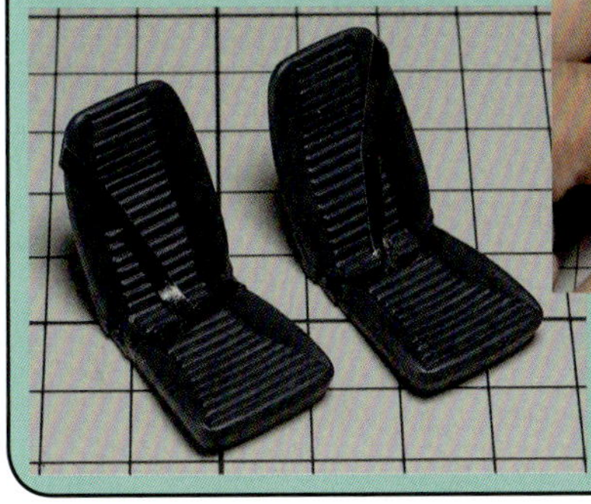

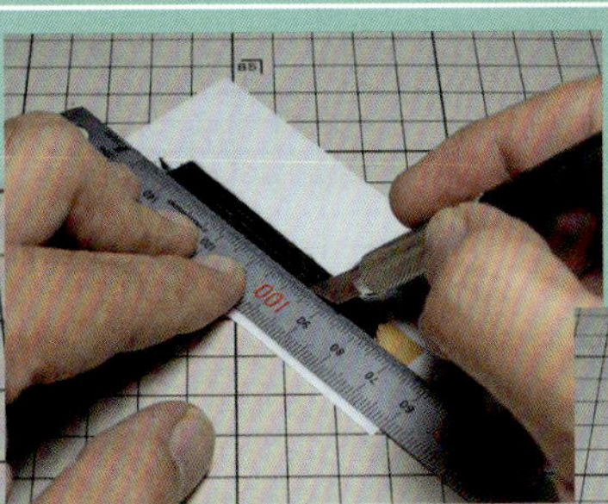

▲定規で4～5㎜幅程度の帯状に切ってそれをベルトとする。足りなくなったときはまた貼って塗ればいいだけなので、現物合わせで気楽に作ってみよう

▼マッキーなどの油性マジックペンは、ちょっとしたところを黒く塗りたいときに意外と重宝する便利な道具。プラ板に貼ったマスキングテープを太いほうのペン先で塗りつぶす。多少のムラはむしろリアルな感じになるので気にしない

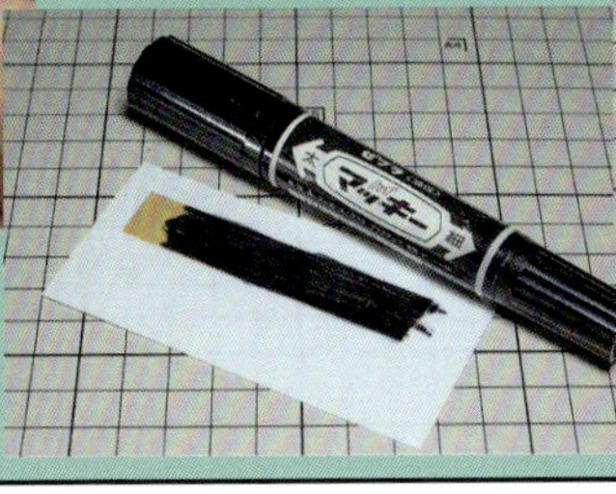

▲ベルトの材料はマスキングテープ。なんとなく手元にあった茶色を使っているが、よくある黄色いテープでも問題なし。そのままだと色を塗りにくいので、適当に切ったプラ板に10㎝程度の長さのテープを貼る

ツルピカに仕上げるためのクリアー磨きのコツ

アナタはコンパウンドをちゃんと使いこなせているでしょうか？　コンパウンドの使い方次第で仕上がりとかかる手間が大きく変わってきます。

むしろ重要なのは磨き布!!

塗膜を磨くとき、ついコンパウンド選びのほうにばかり目がいきやすいですが、じつはコンパウンドの選択以上にとても重要なのがポリッシングクロス（磨き布）の選択だったりします。

クロスの繊維が粗かったり硬かったり不均一だったりすると、コンパウンドで磨くとき部分的に深い磨き傷ができやすくなります。磨き傷を消すために磨いているのに、磨くことで傷を増やしてしまっては本末転倒。柔らかく繊維が均一で、しかも繊維が脱落しにくいクロスを選ぶことで、よりきれいに磨くことができるようになります。間違ってもティッシュペーパーなどでは磨かず、模型店で扱われている磨き専用のクロスを使うようにしましょう。

コンパウンドはどれを使う？

コンパウンドは各社から販売されていて、どれを使うかは好みでよいのですが、必ず目のこまかさが違うものを3種ほどを順に使い分けるようにします。紙ヤスリも同じですが、いきなり目がこまかいコンパウンドで磨いても傷はきれいに消えません。模型店で入手しやすいGSIクレオス、フィニッシャーズ、スジボリ堂のコンパウンドなどは、順に使い分けて磨いていけるように3種ずつラインナップされているので使いやすいでしょう。

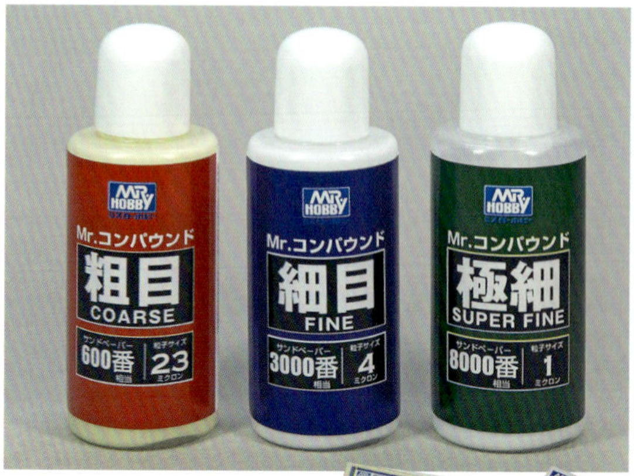

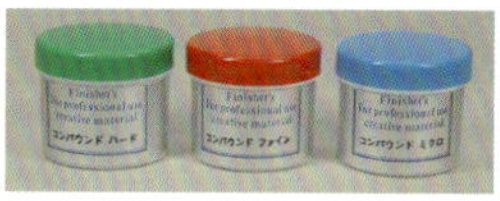

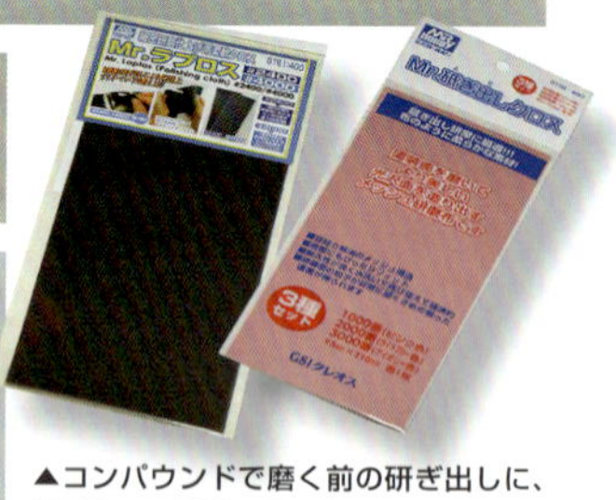

▲コンパウンドで磨く前の研ぎ出しに、目が均一で塗膜に深い磨き傷がつきにくいMr.研ぎ出しクロスやMr.ラプロスを使っておくと、コンパウンドの磨きを早くきれいに済ませられるようになる

コンパウンドごとに磨き布を分けて使う

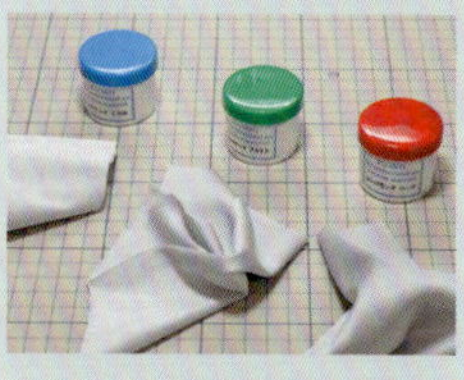

●磨き用クロスは大きいので切って使おう。その際コンパウンドごとに違う磨き布を使うようにする。これはコンパウンドが混ざらないようにするため。クロスを共用するとコンパウンドが混ざってしまって、段階的に使い分けて磨いていく意味がなくなる

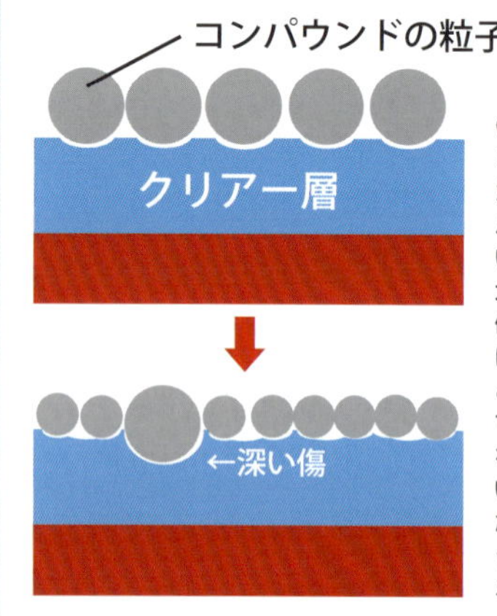

●大きな粒子のコンパウンドが残ったままの状態だと、細かい粒子のコンパウンドに換えて磨いているつもりでも、残った大きな粒子で表面に深い傷ができ続ける。クロスは5cm角程度に切って使い、どのコンパウンドを使っているかわかるように印をつけて使い分けてもよいが、段階ごとに使用したクロスを廃棄してしまったほうが手っ取り早くミスも起きない

コンパウンドを変えるごとに必ず洗おう

「コンパウンドでていねいに磨いていってもなかなか傷が消えず、いつまでたってもピカピカにならない」という方は、コンパウンドの選択ではなく使い方を見直してみましょう。

よくあるダメなパターンは、コンパウンドの目をこまかいものに換えるときに、クロスをそのまま使っていたり、パーツ表面に残ったコンパウンドを除去していない、というもの。それだと先に使っていた粗い目のコンパウンドが残った状態で磨き続けることになり、小傷が消えた透明に見える状態になってくれません。クロスを使い分けるのはもちろんなのですが、スジ彫りなどに残ったコンパウンドにも要注意。コンパウンドをこまかいものに換えるときは、めんどうでも一回ずつ水と洗剤で洗浄し、パーツ表面に残留しているコンパウンドを取り除くようにするのがきれいに磨くための早道です。

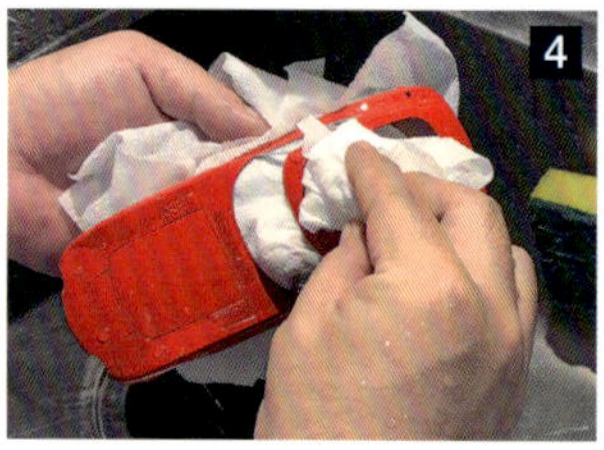

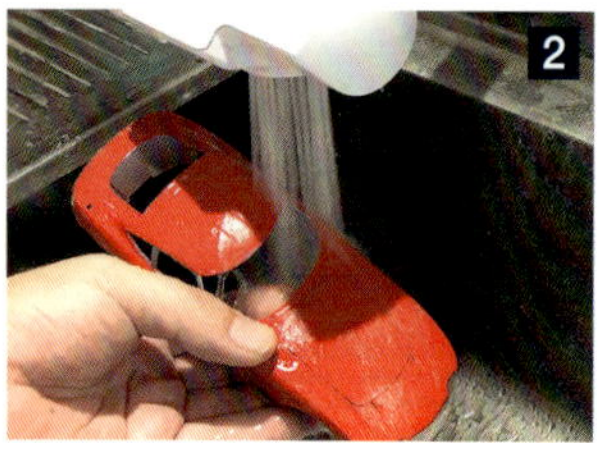

1 台所用中性洗剤を塗り、平筆で泡立てていく。中性洗剤を使うとパーツがとても滑りやすくなるので、誤って落として傷を付けたりしないように注意しよう。筆は毛が細く適度にコシがあるほうがスジ彫りなどに詰まったコンパウンドをかき出しやすい。ここでは使い古しの筆の毛先を短く切ったものを使用
2 食器を洗うとき同様、表面のヌルヌルがなくなるまで水でよく洗い流す
3 よく見て、スジ彫り内にコンパウンドがまだつまっているところをみつけ、水で流しながら筆できれいにかき出すようにする
4 きれいになったらキッチンペーパーかキムワイプのような粉が出ないウェスで水分を取る。次のコンパウンドでの磨きに進む場合は完全に乾かさなくても問題ないが、塗れているときは透明に見えても水分が乾くとコンパウンドがつまっているところが白く見えてくる。いったん水分を取ってチェックすることでコンパウンドが残留していないかがわかる

粗目の使い方がポイント

コンパウンドで磨くときは、3段階くらいの目のこまかさが違うコンパウンドで、荒い方からこまかいほうへと順に磨いていきますが、最終的に速くきれいに仕上げたいなら、粗目の使い方がポイントになってきます。はじめに粗目でしっかり大きな凸凹を削っておくことにより、その後細目に進んでいったときに速く傷が消えてくれます。

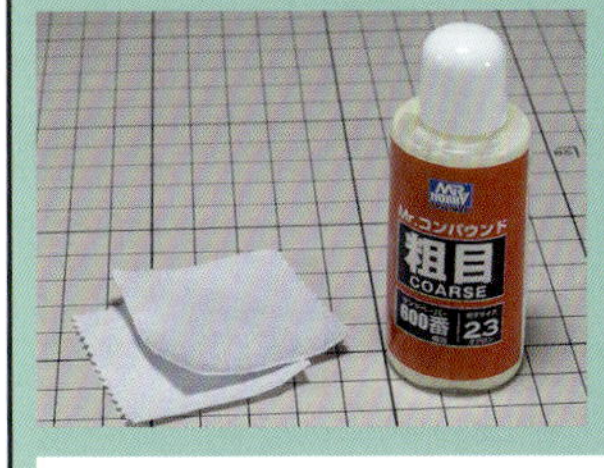

◀粗目のコンパウンドをしっかりとかけると塗膜表面がすりガラスのように曇って心配になるかもしれないが、気にせず表面の凸凹や深めの傷を磨いて消しておくようにする

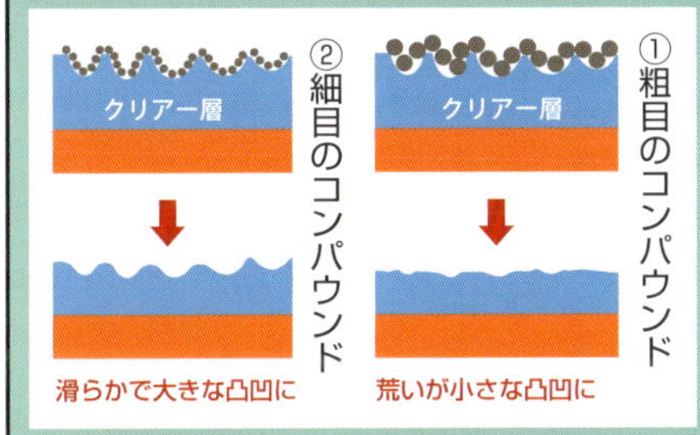

▲いきなり細目のコンパウンドで磨いても、表面の小さな凸凹が滑らかに均されるだけで大きな凸凹は削れない。まずは粗目で大きな凸凹をしっかり削るようにしよう

クリアーを磨いて仕上げる

きれいにクリアーでコーティングできたら、コンパウンドで磨くことにより、さらにきれいでしっとりとした深みのあるツヤをだすことができます。また、コンパウンドで仕上げると、塗装中に塗料の飛沫が飛んでしまったというような失敗ポイントもきれいにリカバリーできます。コンパウンドでの磨き仕上げは手間がかかりますが、ぜひ愛情をもってツルピカに磨いて仕上げてみましょう。

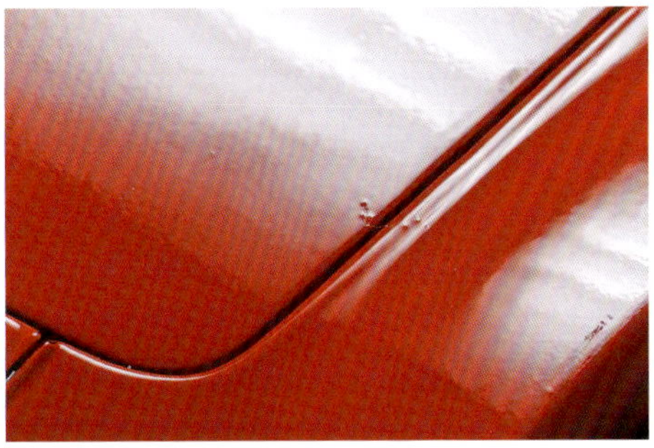

▲乾かしたクリアーの表面をよく見ると、塗装中にハンドピースのノズルから飛んだ飛沫を発見しました。このままでは見映えが悪いので、磨いてリカバリーしてみましょう

▲2000番相当のスポンジヤスリで、大きい凸凹ができているところを削って平らにします。ヤスリや研磨材は円を描くように動かすと直線状の深い溝ができにくくなります

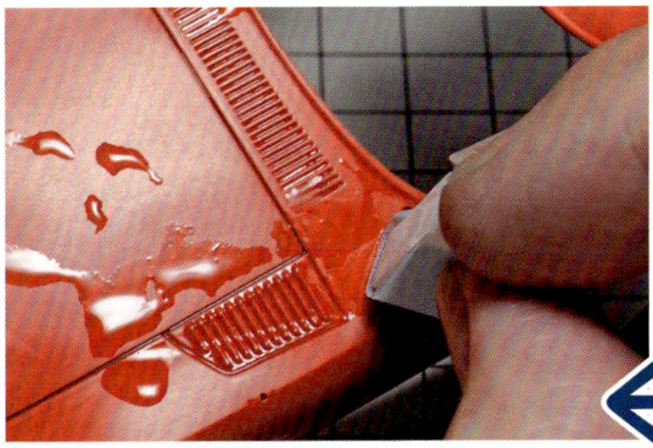

▲Mr.ラプロスの4000〜6000番を消しゴムにあてて水研ぎします。ほとんど削れている感じはありませんが、ちゃんと磨けていますので大丈夫。Mr.ラプロスは小傷が残りにくくて便利です

▲6000番まで磨いたところでこのような半ツヤ状態になりました。ここで大きな傷やザラ付きがないかもう一度確認し、大丈夫そうならコンパウンド磨きに突入していきましょう

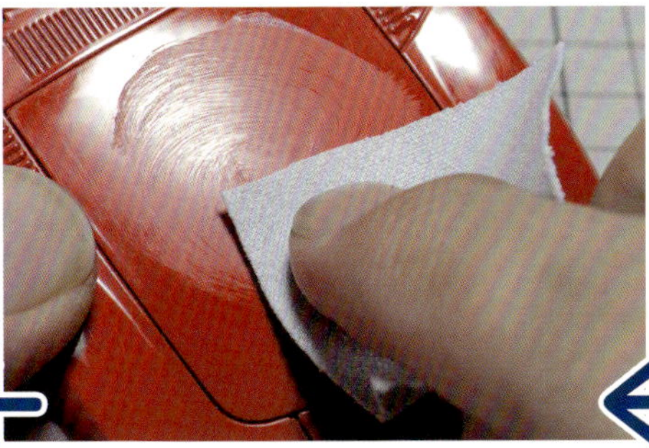

▲まずは粗目のコンパウンドでしっかり磨きますが、エッジや凸ディテール部は触らないようにしておきます。小さく切ったクロスにコンパウンドをつけ、円を描くようにていねいに磨いていきます

▲途中でようすを見るために一回洗浄してみたところ。ツヤ感はありますがまだ大きめの傷がありますので、さらに粗目のコンパウンドで磨いて傷をなくしていくようにします

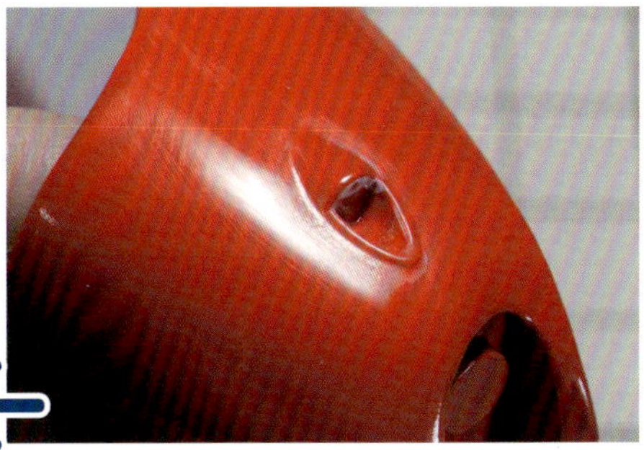

▲凸部の周辺や凹んだところは磨かれにくいので、意識的に磨くようにしましょう。こういうところがきれいに磨かれていると、完成後にスケール感と精密感が増して見えます

▲粗目を終えたら一回洗浄して細目に移行。クロスは新しいものを使います。かなりツヤがでてきましたがまだうねりと小傷があります。焦ってもしょうがないのでじっくりと磨いていきましょう

▲もう一度洗浄して極細目に移行します。下地からツヤありをキープし続け、粗目コンパウンドでしっかり磨いておけば、極細目にしたときに一気にツヤの透明感が出てくるはずです

ボディパーツの細部の塗り分け

磨いて仕上げたボディパーツの車内側や窓枠などを色分けしていきます。旧車は窓枠がメッキの場合が多く、ここを塗装で塗り分けて仕上げるか金属地シートなどを貼るかは悩ましいところです。今回はやり直しができてより金属質感を出しやすい金属地シートを使ってメッキの質感を再現してみました。

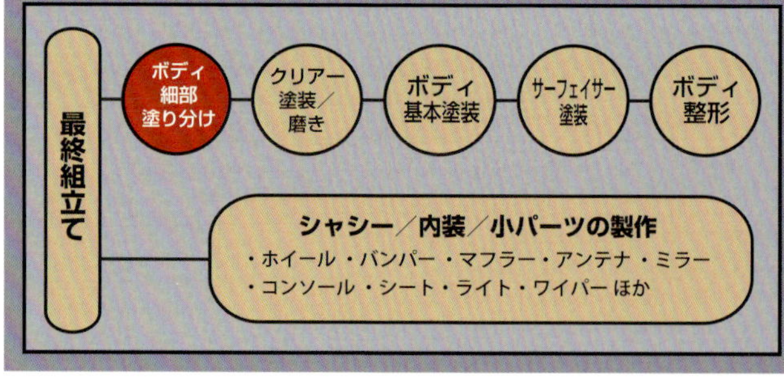

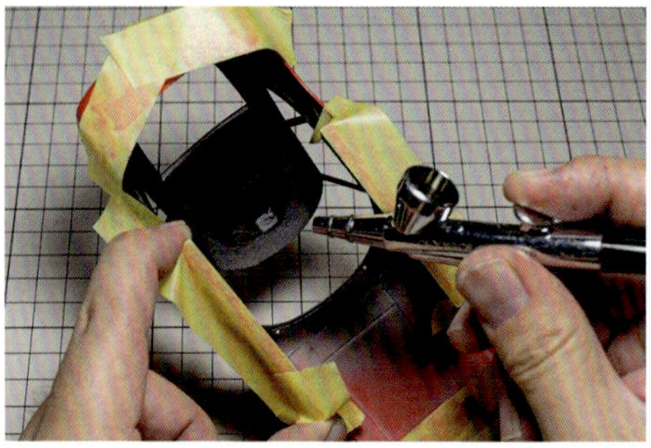
▲表側に塗料が付着しても簡単に拭き取れるように、車内はアクリル系塗料で塗装しました。塗料がかかりやすそうなところだけ簡易的にマスキングして、エアブラシでツヤ消しブラックを吹きます

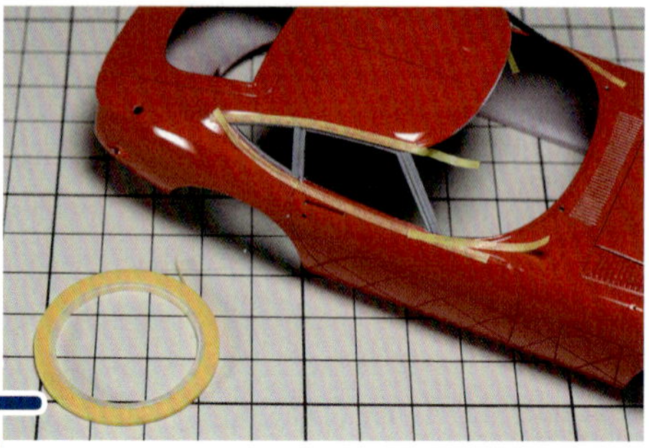
▲窓枠の黒いところを塗り分けます。細切りマスキングテープで塗り分け境界線のところをマスキングしてから、周囲を幅広のマスキングテープで覆っていくようにします

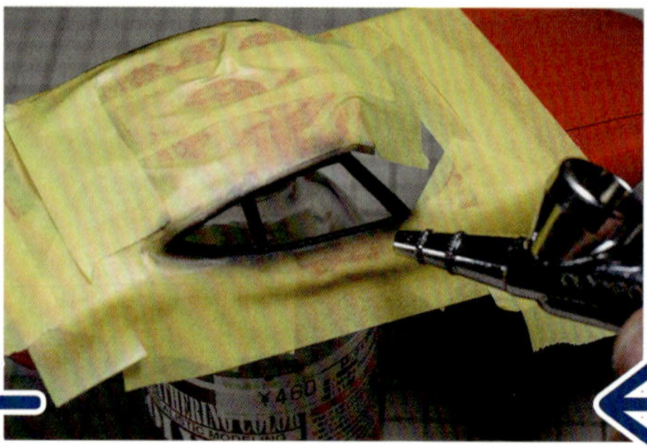
▲ラッカー系塗料のセミグロスブラックで塗ります。クリアーを吹いて磨いた赤いところに塗料がもれないよう、マスキングテープの隙間はきちんと密着させておきます

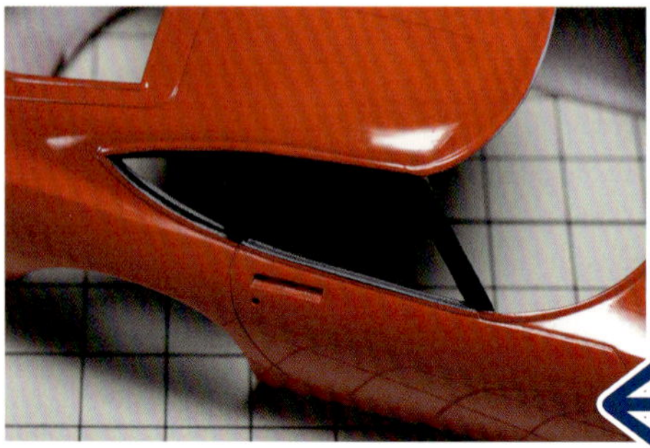
▲塗り分けができました。窓枠部分はクリアーを塗るときマスキングしておいたのでシャープなモールドです。赤いところに黒の塗料が飛び散ってしまったらコンパウンドで磨いて除去します

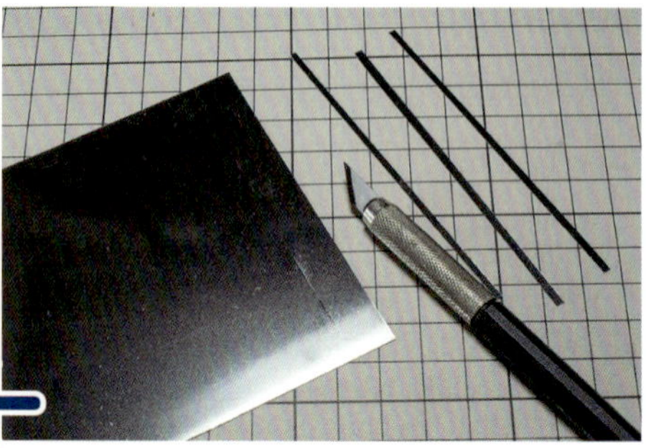
▲メッキの窓枠は、ハセガワののり付き金属地シート ミラーフィニッシュを貼って再現します。よく切れる刃のナイフで、幅が平行な細切りを何種類かの幅で適当に切り出します

▲フチがそのまま見える側から貼っていきます。窓枠のきれいな曲線にピッタリ沿わせるためには、端の位置を決めてから少し引っ張るようにしてに軽く力をかけながら貼っていくとよいです

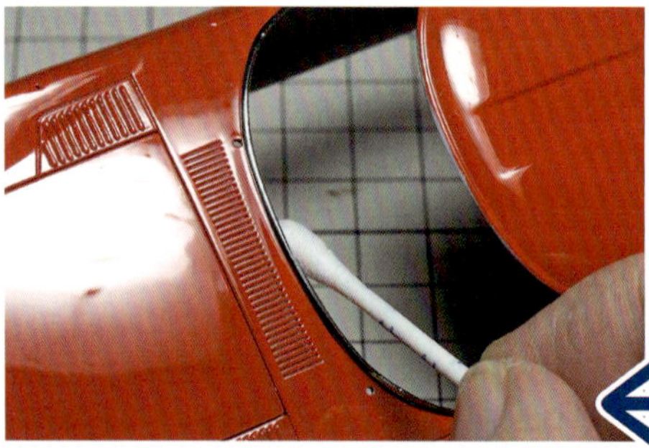
▲上側は裏側に巻き込み綿棒で密着させます。このシートは伸びるので曲線／曲面にも馴染みますが、引っ張りすぎるとヨレヨレになるので、失敗したら剥がしてやり直すようにしましょう

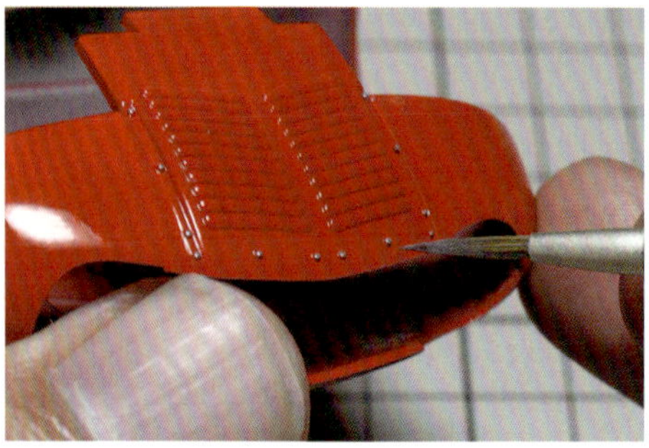
▲ノーズ下側のボルトを筆塗りで塗り分けます。メッキシルバーNEXTを使い、筆先に少々多めにとった塗料を凸モールドにちょんとのせ、表面張力で丸くするイメージです

カーモデルにスミ入れはする？ しない？

実車のパネルの境目部分は、奥まったところに影が落ちてライン状に黒っぽく見えているわけで、パネルラインの奥が実際に黒くなっているわけではありませんが、1／24のプラモデルではパネルのスジ彫りをそれほど深くできなかったりするので、スミ入れをしておくと奥行き感やドアの別体感を強調することができます。

ただ、注意したいのは真っ黒でスミ入れするとウソっぽくなってしまうということ。茶色を軽く流し込むくらいのほうが自然な影色に見えます。とくにボディが白やシルバーのような明るい色の場合は、スミ色もかなり明るめにしておきましょう。

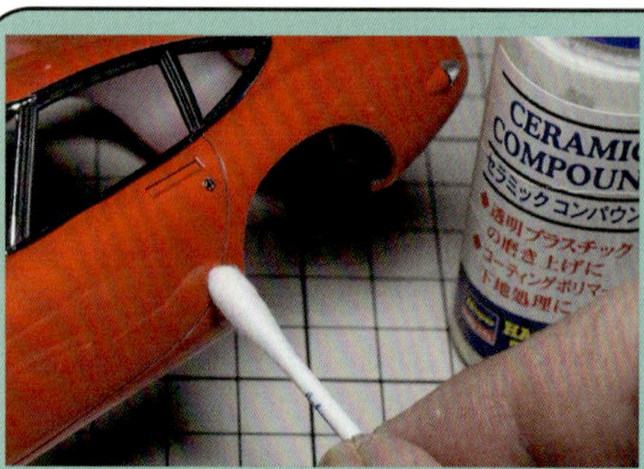
▲スミ入れはパネル部分だけに色を流すようにして、拭き取りはコンパウンドで行なうときれいに仕上げやすい。スジ彫りに詰まったコンパウンドはきれいに除去しておくようにしよう

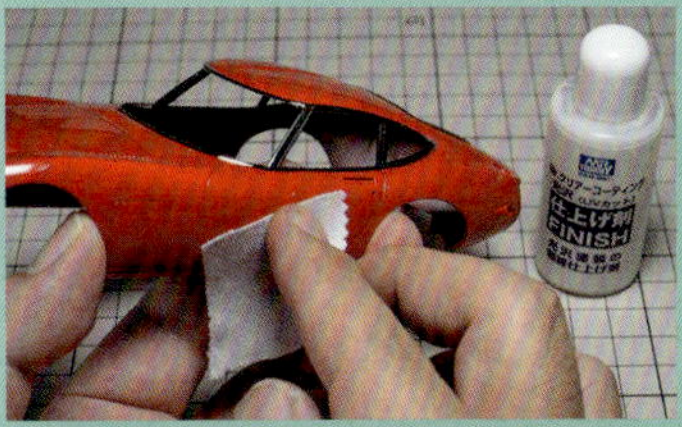

仕上げ剤で小傷を消してもっとツルピカに！

ハセガワやGSIクレオスから販売されている仕上げ剤を最後に塗ると、ポリマーやガラス繊維などがクリアーの微細な凸凹を埋めてくれて、非常にきれいなツヤが出ます。ただし塗ったあとは非常に滑りやすいので、最終組み立てでボディーをつるっと落として泣かないように注意しましょう

最終組み立て

ボディ整形 → サーフェイサー塗装 → ボディ基本塗装 → クリアー塗装／磨き → ボディ細部塗り分け → 最終組立て

シャシー／内装／小パーツの製作 → 最終組立て

・ホイール ・バンパー ・マフラー・アンテナ ・ミラー
・コンソール ・シート ・ライト ・ワイパー ほか

すべてのパーツの組み立て／整形と塗装を終えたら、ついに最終組立です！　ここまでくるともう完成も間近に見えてきているので気持ちがはやりますが、カーモデルの製作でクリティカルな失敗が多いのがこの最終組み立ての工程。ここまで丹精込めて仕上げてきたボディパーツはとくに慎重に扱いましょう。

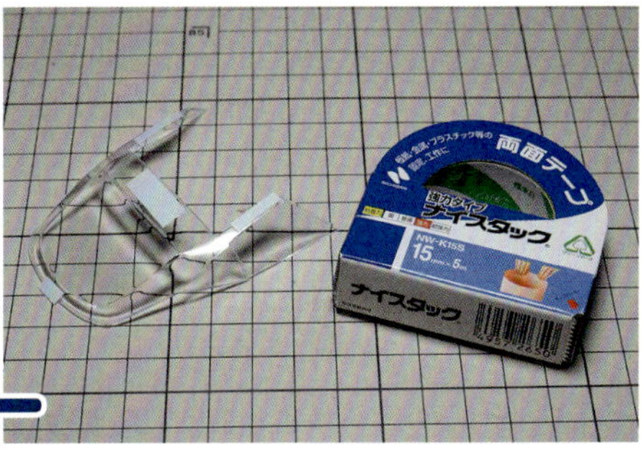

▲ウインドウのクリアーパーツは両面テープで貼り付けてしまいます。接着剤を使うからはみ出しができて汚くなるわけで、接着剤でなくても済むところは積極的に接着剤を避けましょう

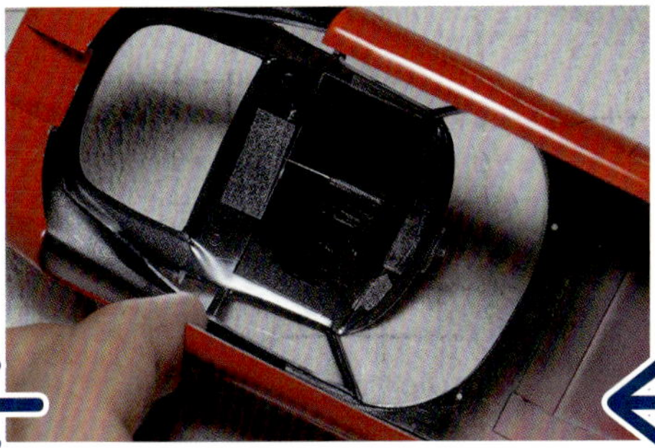

▲あとで剥がれてこないように強めの両面テープを使います。裏側から位置を合わせて、ボディとクリアーパーツの間に隙間ができないところでしっかりと密着させるようにします

▲スポーツカーに多いフロントウインドウにバックミラーが直に付いているパターン。接着で取り付けようとすると汚くなりやすいですが、1.5㎜角くらいの両面テープで貼ればきれいにできます

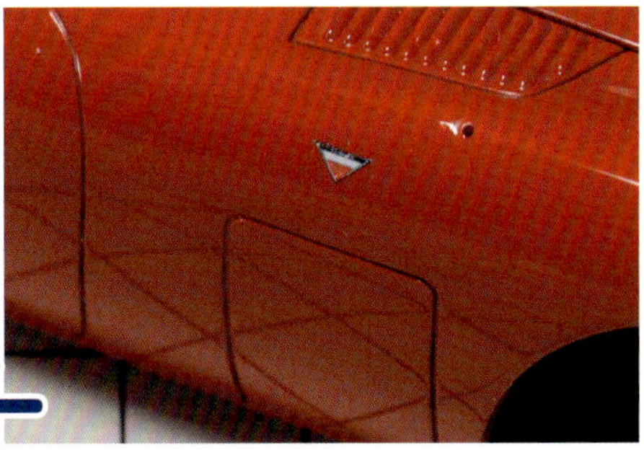

▲エンブレムはメタルインレットの上にデカールを貼ればこのとおり。工作は簡単ですがリアルな質感のエンブレムになります。左右で位置がずれないように気をつけましょう

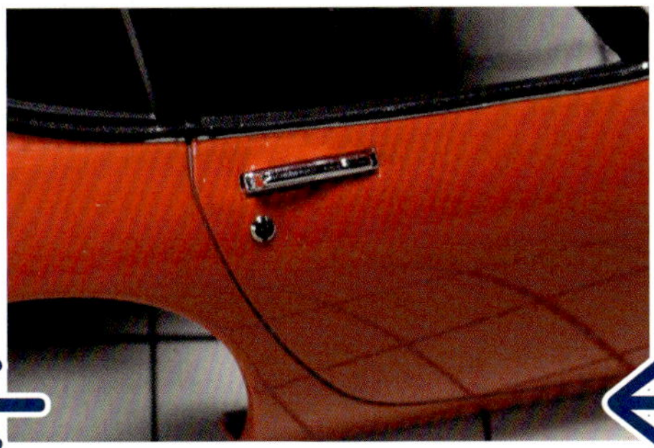

▲ドアノブはキットのメッキパーツをそのまま使用しています。その下にあるキーホールは金属挽き物パーツ。ただのマイナスモールドで実際にキーの穴は開いていませんがそれらしく見えます

▲アンテナ、フューエルキャップ、バンパー、テールライトなどを組み付けていきます。接着が必要なところはエポキシ系接着剤を使用しますがすり合わせがばっちりならハメるだけで固定できます

▲フロントサイドのバンパーとコンビネーションランプは、周囲のゴム部分を筆塗りで塗り分け、細切りの両面テープで貼り付けています。ランプは裏側をシルバー塗っておきましょう

▲ケースに固定できるようにシャシーにネジ受けを増設。ちゃんとナットを埋め込んでもよいのですが、適当な穴径のプラサポで代用します。がっちり接着し、木ネジでネジ溝を彫りました

▲ついに完成です！　カーモデルは塗装の乾燥待ちも含めるとスタートから完成まで結構な時間がかかりますが、きちんと工作を積み重ねていくことでクオリティーの高い完成品を手にできます

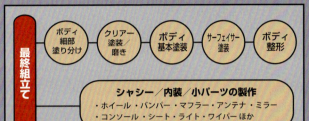

HASEGAWA 1/24 TOYOTA 2000GT

プラモデルをハンドメイドするから可能となる ディテールと質感の高い再現度

というわけで完成しました、ハセガワ1/24トヨタ2000GT。ツルピカの艶めかしくも美しいボディ、金属やメッキの質感を活かしたエクステリア、スポーツカーらしいスパルタンなフレームとインテリアといった実車の旧車らしい魅力を、極力模型で再現しようとしてみましたがいかがだったでしょうか？　カーモデルを良い感じに仕上げるのは、正直そんなに簡単ではありません。ちょっとした失敗でも他ジャンルの完成品とは比べものにならないくらい目立ってしまうこともよくありますし、クリアー塗装／磨きや組立にはとても神経を使います。しかし、カーモデルならではな数々のテクニックをマスターしていくことで、完成品のクオリティーは着実にアップしていくはずです。

そして貴方はきっと、あるレベルを超えたところで、量産完成品では味わうことのできないハンドメイド完成品ならではのめくるめく世界を目の当たりにすることになるはずです。

実車に思い入れがあればあるほどに手を入れて高いクオリティーで製作したくなる、それがプラモデルです。プラモデルを自ら製作するからこそ到達できる「魅惑の旧車模型世界」。本書がその良い入り口となってくれることを切に望んで……締めくくらせていただきます。

（森 慎二／マルチジャンルモデラー）

トヨタ 2000GT (前期型) “1967”
ハセガワ 1/24
インジェクションプラスチックキット
'93年発売　税込2700円
製作／**森 慎二**

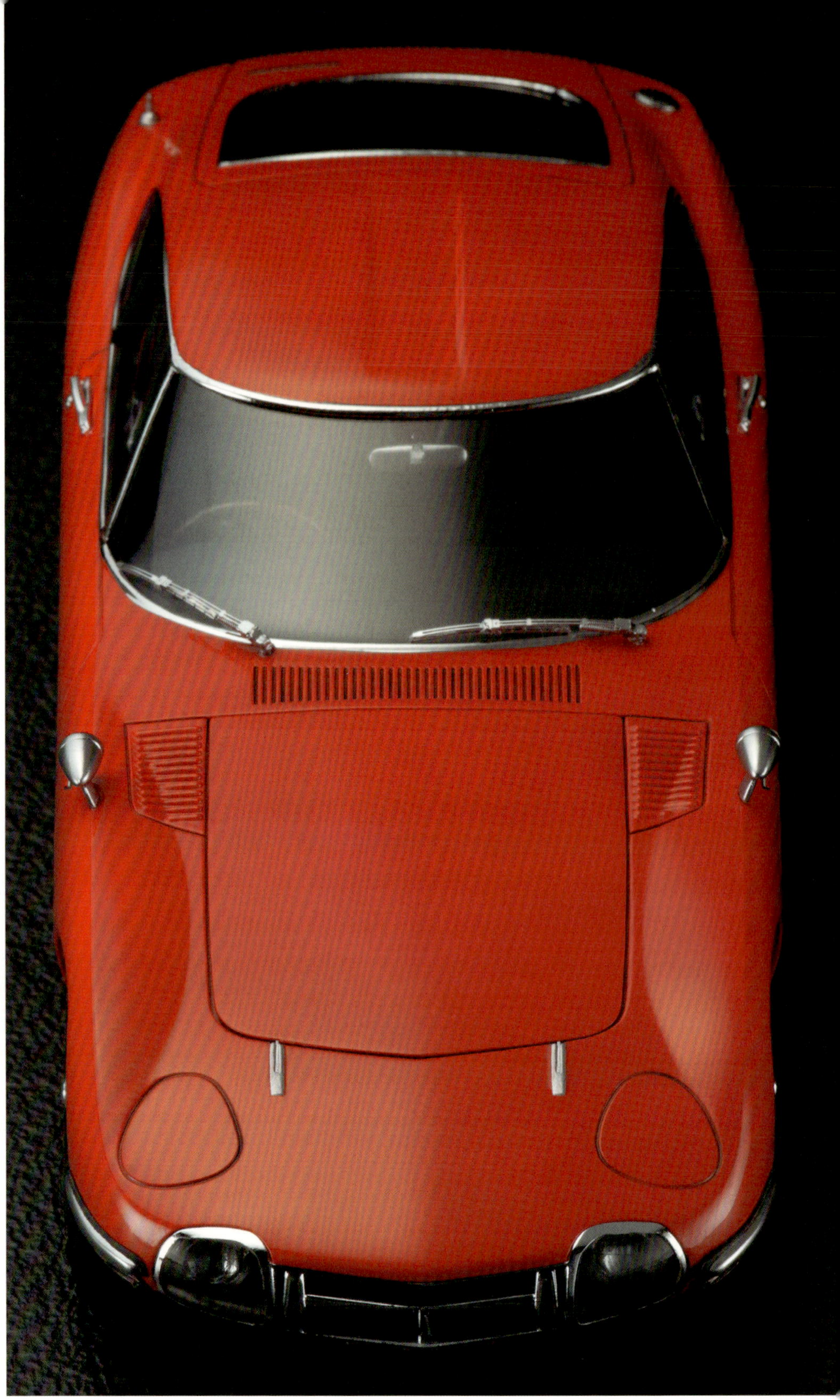

ASTIC KIT TOYOTA 2000GT

ハセガワ1/24カーモデルキットならではの端正でありつつ的確なフォルム再現を楽しむ。

HASEGAWA 1/24 INJECTION

ニッサン スカイライン 2000GT-R ハードトップ
タミヤ　1/24
インジェクションプラスチックキット
発売中　税込2700円
製作・文／**三木修二**

「46連勝」伝説からGT-R神話へ 硬派に吠える“ハコスカ”

NISSAN SKYLINE 2000GT-R HARDTOP

TAMIYA 1/24

通称「ハコスカ」と呼ばれる３代目スカイライン（GC10型）が登場したのは1968年。その4ドア・セダンに、R380に搭載されていたGR8型エンジンを元に量産化したS20型エンジンを積み「レースのために生み出されたスカイライン」、それがこのGT-Rだ。排気量1989ccで160馬力……というのは市販仕様、チューニング次第では200馬力を軽く超えるパワーを秘め、当時のワークスチームのレース使用車は250馬力オーバーだったという。そしてGT-Rは、デビュー戦以降46連勝、通算58戦52勝6敗という成績を収め伝説となった。作例は、タミヤから'97に発売された決定版キットを元に、ドアのオープン改造やエンジンのディテールアップで、"伝説の名車"を徹底的に作り込んでいる。

●GT-Rの命とも言えるS20型エンジンは、さかつうの「1/24 スカイライン 2000GT-R用 ドレスアップキット 」（現在絶版）を使いつつ徹底的にディテールアップ。金属地、塗装の質感、パイピング材の選択にこまかく気を配ることで、模型的な密度感と機械としてのリアリティーを出している

●作例は1997年末にタミヤから発売されたスカイライン2000GT-Rのプラモデルを元に製作。ボンネットは別パーツになっており、S20型エンジンもこのクラスのキットとしては比較的多めのパーツ数で実車エンジン形状を再現している。パイピングを施すだけでもかなり見映えがするのでディテールアップにぜひ腕をふるっていただきたい。ボディパーツの各エッジはタミヤらしいシャープな味付けで、"ハコスカ"のニックネームの由来となった「箱っぽさ」がより強調されている印象だ。メッキパーツのほかに、メタルインレットもセットされ、金属部分をリアルな質感で再現することが可能
●キットはボンネットのみ開閉可能だが、作例ではボンネット以外に左右のドアとトランクまで可動するように改造。エンジンも作り込んでいる

NISSAN SKYLINE 2000GT-R HARDTOP

エンジン再現キットをさらにフル開閉に改造 S20エンジンにも徹底ディテールアップを施す

ハコスカが登場した1960年代後半、私はまだ中学生だったので、この車に興味を抱いたのはそれから数年後でした。そして、なんとも男らしいその姿は、私にとっての「永遠の憧れ」になったわけです。

今回は、その「憧れのハコスカ」の模型を少しでも実車に近づけたい、との思いで製作しています。まず第一に忠実に再現したかったのは塗装でした。ハコスカといえばシルバー。シルバーとひと口にいってもとても奥深いもので、資料本を物色したものの、レストア後の塗装は単調なものが多く私のイメージとは違うので、作例ではイメージの再現を狙ってみました。また、「走り屋御用達」車としてのたくましい力強さの演出、そして、なんとしてもフル開閉モデルにしたいということで製作を進めていきます。

◆ドア、トランクの切り離し

タミヤのキットは、さすがにすばらしいフォルムで申しぶんないのですが、フルオープン改造となると、パーツの肉厚が厚くボディ裏側をカッター等で薄く削り込む必要があります。切り離しにはPカッターやデザインナイフ、エッチングソーを使用したのですが、各工具の厚みのぶんすき間ができてしまいますので、0.3㎜のプラ板で補いつつ、塗装の厚みぶんも考慮して、すき間が均一になるよう何度もすり合わせをします。

◆エンジン及びエンジンルーム

ボンネットを開けると現れるDOHC直列6気筒のS20型エンジンは最大の見せどころです。六角ナット、ソレックスキャブレター、エアファンネル等が入っている、さかつうの「スカイライン2000GT-Rドレスアップキット」を使用しました。このセットにはヘッドカバーのNISSANと2000の文字がエッチングパーツで入っており、塗装後に文字部分だけを剥がすことでシャープに仕上げることができます。キャブレター用のリング等も入っておりたいへん重宝しました。

◆ドアの改造

開閉可能にしたため、本来見えない箇所の工作が必要になります。ボディ本体から切り離したドアとインテリア内張りの改造は、サイドウインドウのガラスの厚みぶんのすき間を確保し、その内側にプラ板にのり付きアルミ箔を貼ってメッキモールを表現しました。内張りはキットパーツを使ったのですが、ドアを開けた状態で見える内側の構造は複雑で、形状の異なる3枚のプラ板を貼り合わせて作りました。最後にドアヒンジを固定し、内張りがキットインテリア(後部座席の内張り等)の位置に合うようドアの厚みを調整します。

◆インテリアの改造

インストルメントパネルは、両サイドにある外気吹き出し口をエッチングパーツに置き換え、メーター部分はくり抜いて裏からクリアーのアクリル板を張り付けます。デカールは別のプラ板に貼り、それをアクリル板に貼り合わせて作りました。

座席は多少のシワを表現するためデザインナイフで削り込んでいます。天井はボディパーツの天井裏側にサランラップを敷き、パテを押し付けて型取りしたものを加工して作りました。インテリアの塗装は全体的にモデラーズのインテリアブラックを使っています。

◆塗装について

ボディカラーは、GSIクレオス Mrカラーのシルバーに、グリーン/ブラック/ガンメタリックを少量ずつ混ぜて調合し塗装しました。塗装手順としては……

①塗装面全体を1000番のサンドペーパーで表面のツヤがなくなる程度にする。
②サーフェイサーを吹いて乾燥後、表面にキズなどがないか確認する。さらにコンパウンドでピカピカに磨いておく。
③調合したボディカラーのシルバーをを3～4回に分けて塗り重ねていく。
④ボディカラーとクリアーを1対1の割合で混ぜたものを重ねて吹く。
⑤そのままのクリアーを2回重ねて吹く。
⑥クリアーとリターダーを1対1の割合で混ぜたものを吹き重ねてツヤを整える。

なお、各塗装工程ごとにコンパウンドで磨いてピカピカにしています。■

SKYLINE 2000GT-R
GT-R

5 SPEED
SKYLINE 2000GT-R
GT R

NISSAN SKYLINE 2000GT-R HARDTOP

●フロントグリルはメッシュ部分を切り取り、「GT-R」の文字部分だけを活かして使うようにし、それ以外は金属製メッシュに置き換えている

●エンジンルームは実車の資料写真を見ながらディテールアップして製作。オイルゲージ等のパーツは自作。また、バッテリーには配線／固定金具／断熱板等を追加。ファイアウォール、ファン、ファンベルトは、キットパーツでも再現されているが、そままではぶ厚いため、パーツを薄く削り込んでいる。ボンネット及びボンネットヒンジはキットパーツのものを活かしているが、薄く削るなど手を入れ実車形状に近づけた

●ボンネット以外は一体成型のボディパーツからドア部を切り離して開閉できるように改造している。当然キットのままでは再現されないドア断面の複雑な構造の自作再現にも注目。もちろん、ドア開閉化に伴い、インテリアも作り込んでいる

●トランクもボディーパーツから切り離しヒンジを自作して開閉を再現。燃料タンクはもちろん、内側の補強などまで実車に忠実に再現している

●タイヤ／ホイールは、「走り屋御用達」な男らしいハコスカとして仕上げるため、キットのままではインパクトに欠けると言う判断で、他のキットから流用している

スカイライン 2000GT-R 実車 PHOTO 集

●昭和45年式日産スカイライン2000GT-R（PGC10 4ドア）。ワタナベホイールを装着した以外ほぼオリジナルの仕様となっている
●前フェンダーのエンブレムは鉄製。無塗装の部分は経年変化で少しくすんだ色になっている
●リアのガーニッシュ（装飾パーツ）は、ツヤ消しの黒で梨地処理されている
●窓枠はツヤ消し黒のゴム製窓枠に銀メッキのモールがはめ込まれている
●昭和44年式で銀メッキ塗装のフェンダーミラーは昭和45年式ではツヤ消しの黒に
●サイドマーカーはフチに銀メッキの枠付き
●ボンネットは軽量化のためにFRP化している車もあるのでツヤをコントロールしよう
●バンパーは鉄に銀メッキが施されている
●シート、ドア内張など内装の多くは革張り
●計器板はFRPに木目調のシートを貼ったもの。シフトレバーは銀メッキでシフトノブは木製

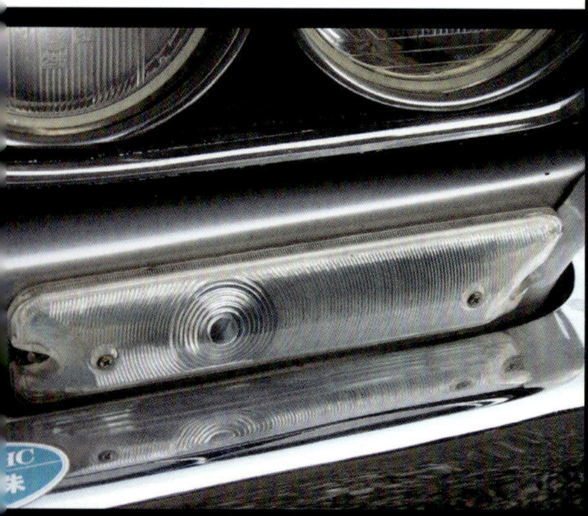

NISSAN

Model Graphix

SKYLINE
Model Graphix
GT-R

SKYLINE

タミヤ 1/24“ハコスカ”を みるみるうちにリアルに仕上げる講座

旧車のプラモデルを製作するときのポイントは、なんといっても各部の素材の質感の違いを的確に表現すること。大きな改造工作をしなくてもそれだけで確実にワンランク上の完成品を手に入れることができるはずです。ここでは質感表現を中心にした製作テクニックを解説！

大切なのは質感。ポイントごとに製作テクニックをマスターしよう！

金属のところを的確に再現すべし！

ひと口に金属地といっても、金属の種類やメッキがされているかどうかで色や質感は大きく変わってくる。まずはメッキ部分をうまく再現するための素材とテクニックを紹介しよう。

メッキシルバーはスゴイぞ！

旧車はバンパーや窓枠など、いろいろなところにメッキが施されていますが、このような部分をいかにメッキらしく表現するかで完成後の見映えが大きく変わります。

キットのパーツはメッキが施されているものもありますが、ゲートやパーティングラインが表側にあって目立つこともあります。また、窓枠などはほとんどの場合車体と一体成型なので、色分けがされていません。そんなときは塗装でメッキを再現することになりますが、そこでオススメするのがGSIクレオスから発売されているメッキ塗料。この塗料なら、塗装でメッキパーツ同様（下地をキレイに処理すれば場合によってはそれ以上）にピカピカのクロームが再現できます。一度試してみることをオススメします。

▲メッキシルバー（現行品はメッキシルバーNEXT）はエアブラシで吹く。下地をツルツルに磨いておくようにしてあまり一気に厚吹きせず塗り重ねるときれいな金属光沢になる。下地は黒にしておくと色に深みが出せる

糊付き金属箔を使ってもいいぞ

メッキ塗料が発売されるまでメッキ表現の定番だったのが糊付き金属地シートを貼るという方法。シワに注意してていねいに貼るだけで金属質感を再現することができる。塗装と異なり失敗したら剥がして貼り直せばいいので安心だ。

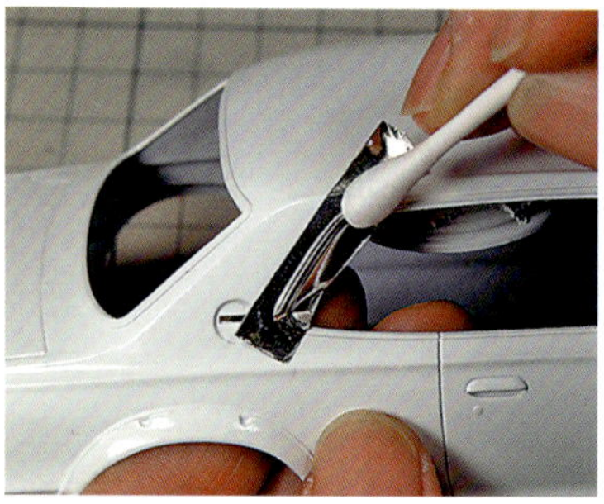

▲大きめに切り出したシートをパーツに貼り、綿棒などで気泡が残らないように密着させる。一気に貼ろうとせずいくつかに分けて貼っていく

▲最後に先の尖ったもので、端の部分に浮いているところがないように押さえていく。密着させないとあとで剥がれやすくなる

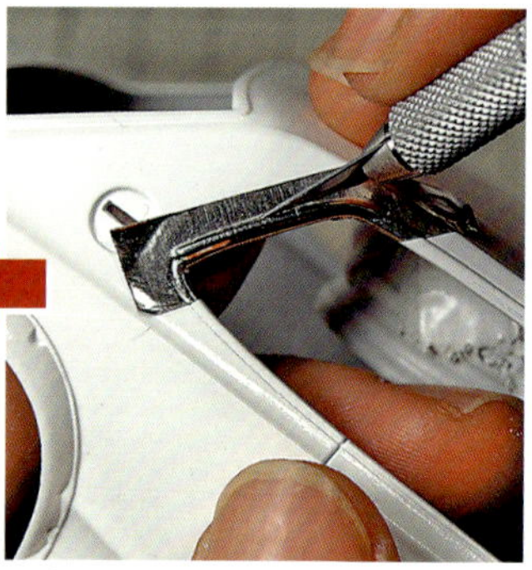

▲密着させたら余分な部分をナイフで切り取る。良く切れる新しい刃に換えたナイフでスジ彫りに沿って何回かなぞれば切れる

メッキパーツはこう扱おう

キットにメッキパーツが入っている場合はもちろんそれをそのまま使ってもよく、そのほうが実車の質感に近い場合もよくある。なお、メッキパーツのメッキを剥がしたいときは台所用漂白剤（「キッチンハイター」など）や模型用メッキ剥がし液に浸けておけば、簡単に剥がすことができる。

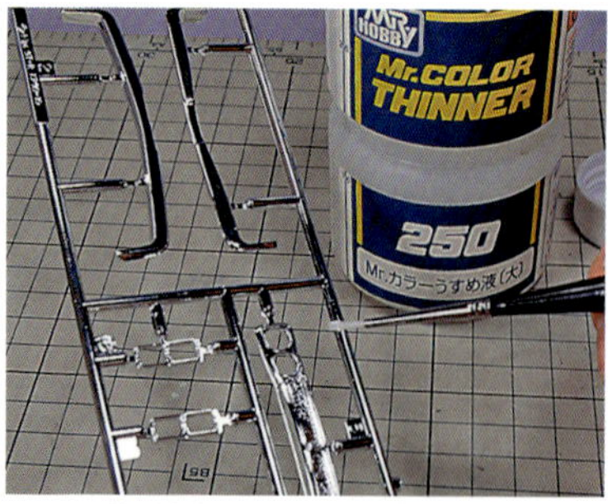

▲まずは使う塗料のうすめ液をランナーに塗って剥げないかチェックしよう。ほとんどのメッキパーツはラッカー系塗料を塗っても大丈夫なはずだ

▲エンブレムなどのこまかいところも同様に塗装する。はみ出しが心配なら細部はエナメル系塗料で塗ればやり直しがきく

▲まずは大まかに塗っておいて、その後うすめ液ではみ出た部分を拭き取りとるようにすると簡単かつキレイに仕上がる

シートはけっこう目立つポイント

シートは完成後もけっこう目立つポイント。箱車のキットでは、パーツ構成の都合上シートが1パーツで成型されていることが多く、再現度もいまひとつなのでディテールアップしよう！

シートのディテールアップのポイントですが、まずは肉抜き埋め。プラスチック製のパーツはヒケを防止するために裏側に肉抜きがある場合があって意外と目立つので、パテなどで埋めます。また、ヘッドレストが一体になっていることが多いので、切り離して支柱を自作し上げた状態にすると、インテリアのよいアクセントになるでしょう。

▲押しピン跡だけの場合は瞬間接着剤で埋めてしまうと簡単。大きな肉抜きはパテを使って埋めるようにする

▲瞬間接着剤が固まったら紙ヤスリで整形します。同時にサイドにあるパーティングラインもきれいに削っておこう

▲削って整形するので少々多めにパテを盛る。ポリエステルパテやエポキシパテなどあまりヒケないものがよい

▲パテが硬化したら金ヤスリやモーターツールなどで大まかに形を整え、その後400～600番の紙ヤスリで整形

▲ヘッドレストの加工。まずは、エングレーバーやPカッターなどで何度もなぞるようにしてヘッドレスト部分を切り離す

▲ヘッドレストを切り離すとそれぞれに欠けた部分ができるのでパテで欠けた部分を足すようにする

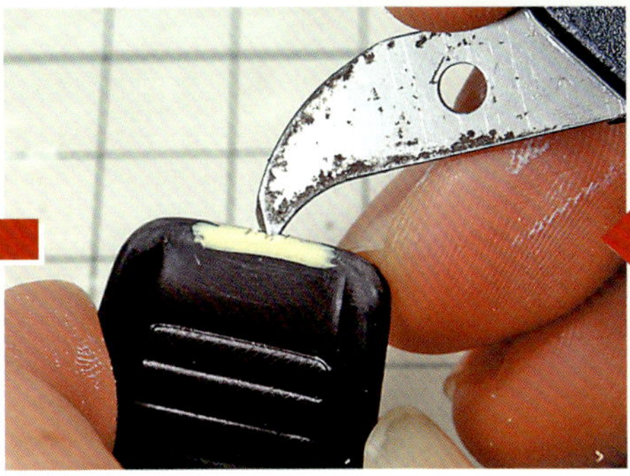

▲先に開けたふたつのあなの間をエングレーバーなどで繋ぐ。一気に繋げようとせず何回かなぞるようにしよう

▲穴が繋がったらナイフで穴が四角くなるように整形してシートパーツの加工終了。できあがるとだいたいこんな感じになる

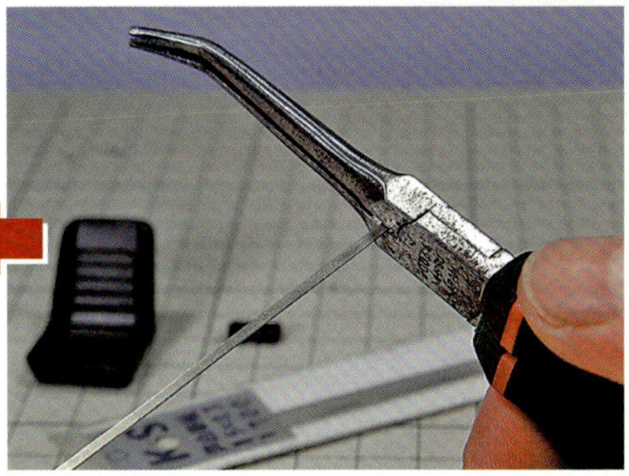

▲支柱には、市販されている幅3㎜程度の短冊状の洋白板を使う。まずは金属用ニッパーやペンチで適当な長さに切る

▲クリアーボンドやエポキシ系接着剤を使って支柱とヘッドレストを接着。はみ出ると目立つのではみ出ないように注意

▲ちなみに、エポキシ系接着剤はエナメル系うすめ液ではみ出しを拭き取ったり、薄めて流し込んだりすることもできるぞ

木目（調）のところは筆塗りで再現

旧車のダッシュボードやメーター周りは木目（調）になっていることが多い。アクセントとしてぜひ木目を再現してみよう。木製ハンドルなども同じ方法で再現することができちゃうぞ

旧車はインテリアの一部がウッドパネルや木目調のパネルになっていることが多い。このような部分はただ茶色に塗るだけではちょっとさびしいので、ぜひ木目を再現してみよう。題材にしているスカイライン2000GT-Rのころの日本の旧車では、メーターパネルなどは木目調の樹脂製パネルでシフトノブなどは本当の木製だったりするが、木のところは暗め、木目調のところは明るめにするなど、木目のパターンというよりは色味に塩梅をつけてみるのもおすすめだ。

▲とくに2000GT-Rの場合、シフトノブ周りの質感をしっかりと再現するとインテリアが格段に引き締まる。ここで紹介する方法で木目調を再現してみよう

▲木目にしたいところ以外をマスキングして、土地色、ダークイエロー、黄橙色を混ぜた色を下地色として筆でべた塗りする

▲下地色に白や土地色を足して色味を変えた色を細めの筆でスジが残るように筆塗り。このスジが木目っぽくなるのだ

▲うまく木目っぽくスジが残ったら、塗料を一度乾かす。乾いたらクリアーに少々クリアーオレンジを混ぜた色で光沢を出す

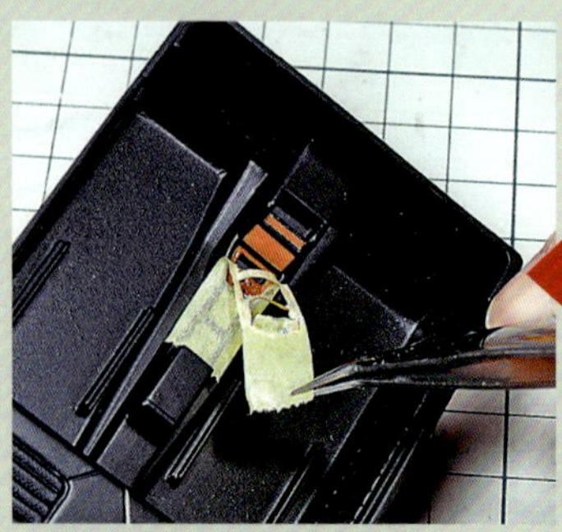

▲最後にマスキングテープを剥がせば木目塗装できあがり。ちなみに、木目はスジの向きに気を付けるようにするといいぞ

革の質感はどう再現する？

旧車のシートなどのインテリアは革張りであることが多い。単に実車どおりの色で塗るだけでなく、ツヤの具合をうまくコントロールすれば革の質感を再現することができるのだ。

ポイントは表面のツヤ！

シートなどインテリアの革張りの質感を再現できると、インテリアのリアリティーがグッと増します。革の質感の再現には糊付きの革シートを貼るという方法もありますが、どうしても厚ぼったくなりがちなうえ、複雑な形のシートパーツに貼るのはなかなか難しいので、今回は塗装での再現を推奨します。

塗装で再現する場合、1／24なら革らしく半ツヤになるようにするだけでそれらしくなります。塗料は製品ごとにもともとのツヤの状態が異なりますが、エアブラシの吹き方次第（たとえば、相対的に近くから吹くとツヤあり、離して吹くとツヤ消しになる傾向がある）でもツヤの状態が変わえることができます。どのツヤが正解と一概には言えないので、いろいろと半ツヤを試してみましょう。

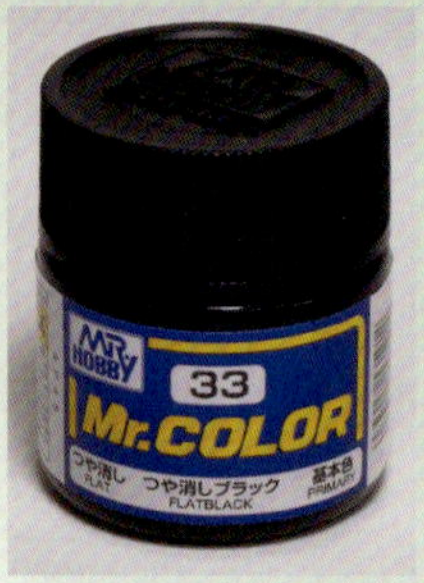

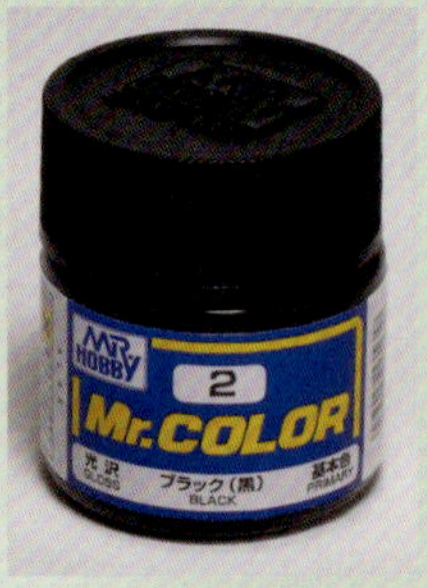

▲黒の塗料はツヤを使い分けることでいろいろな素材を表現できる。皮の質感の再現ではツヤあり半ツヤを使い分けたり適宜混ぜたりするとよい。また、真っ黒のままではなく白を少量足すことでスケール感や質感の変化も出せる

黒いところは基本的に真っ黒に塗っちゃダメです

スケールモデルを塗るときの基本ですが、実車に塗られている塗料や素材の色をそのまま模型に塗ってしまうとオモチャっぽくなりスケール感を損ないます。ではどうすればよいかというと、実物より少し明るめ＝白っぽい色で塗ると自然な感じになります。

とくに黒いところは塗料の色のままの真っ黒で塗ると、とてもウソっぽくなりますので、少々白を混ぜたグレーで塗るようにするとよいでしょう。なお、塗面はツヤ消しになればなるほど白っぽく明るい色に見える傾向があります。黒はこの傾向が顕著なので、ツヤの状態も合わせてコントロールすることで狙った明るさのグレーにしやすいでしょう。本塗装の前に表面がツルツルなプラ板で試し塗りしてみるとツヤ感が把握しやすいですぞ。

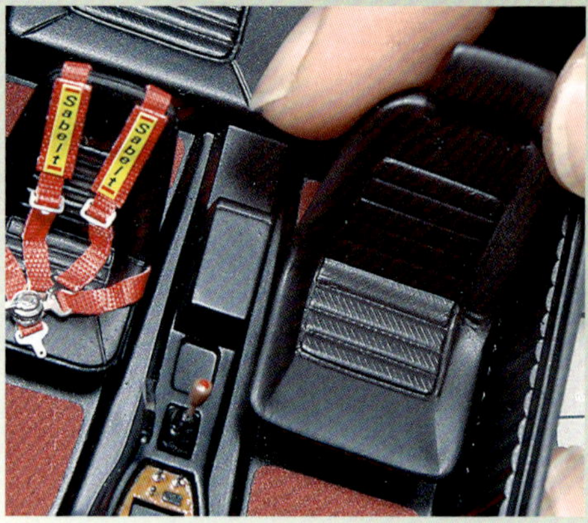

◀だいたいこのくらいの半ツヤで仕上げると革っぽくなる。薄塗りを重ねていくとこういうツヤが出やすいぞ

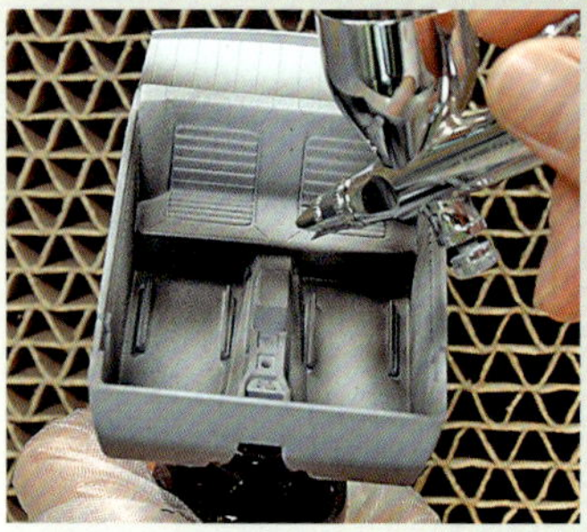

▲缶スプレーでは微妙なツヤをコントロールするのは至難のワザなので、こういった塗装はでエアブラシを推奨。ツヤを確認するため必ず試し吹きをしよう

金属製アフターパーツを使って質感アップ

1/24の箱車キット用としてシフトノブやマフラーなど、さまざまなものが金属製アフターパーツとしてリリースされているのでそれを使おう

金属パーツでドレスアップ!

ポイントとなる箇所を、精度の高い金属挽き物製やエッチング製のアフターパーツでディテールアップすると精密感を一気に高めることができます。こまかい部分のディテールが精密になるとスケール感が出て、同時に全体が引き締まった印象になります。

金属パーツを使用する際は、場所によっては金属パーツ自体の地色を活かすことで、さらにリアリティーが増したり全体の質感に変化をつけることができます。とくにエッチングパーツのエンブレムなどはうまく使うと非常に効果的。ただし、接着のときに接着剤がはみ出ると台なしですので、パーツの良さを最大限活かすような工作を心がけましょう。

◀さかつう、モデルファクトリーヒロ　スタジオ27　トップスタジオ（Top Studio）などから、1／24に使えるアフターパーツが多数リリースされている。市販車カーモデルの場合は特定車種専用パーツは少ないので、～用というのはあまり気にせず使っていこう

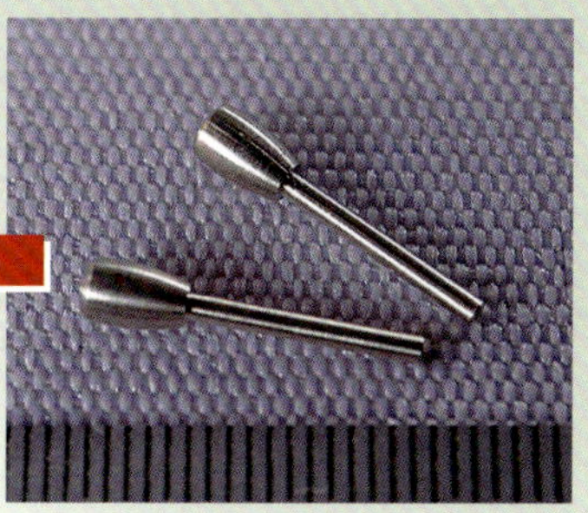

▲さかつう製の金属挽き物製シフトレバー(現在絶版)。金属製挽きもののパーツはパーティングラインやゲートがなく精度が高い

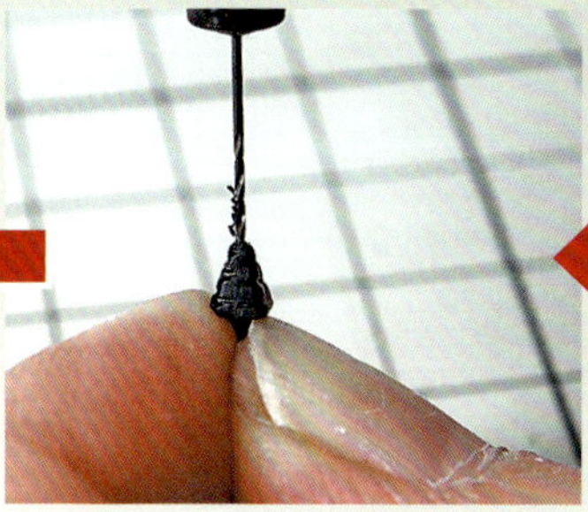

▲参考例としてシフトノブを金属製挽き物パーツにおきかえてみよう。まずはキットパーツのノブを切り取り穴を0.7㎜ドリルで開口

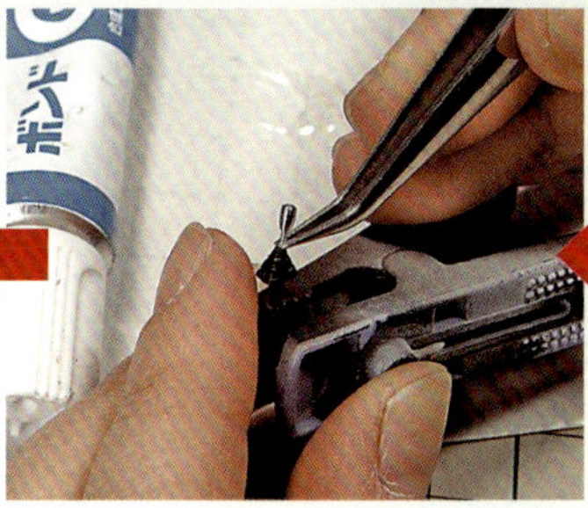

▲穴が開いたら、仮組みして穴の深さを確認し、問題ないようなら接着剤（クリアーボンドかエポキシ系接着剤）を少量付けて接着

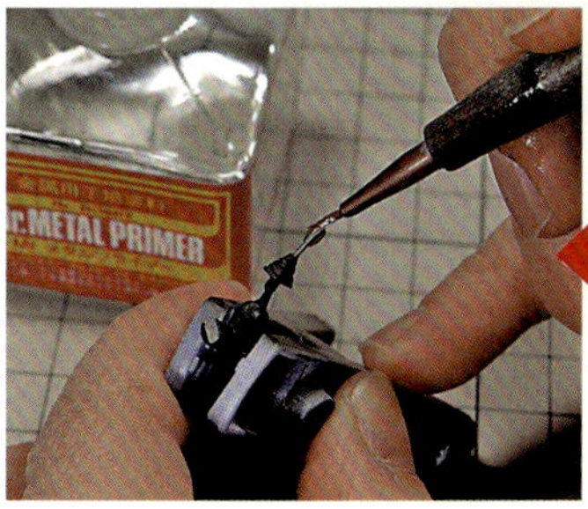

▲金属製パーツは工作が終わったらGSIクレオスのメタルプライマーを塗っておこう。色を塗らないところも塗っておくと錆びない

エッチングパーツをポイントに使うと精密感がグッとアップする

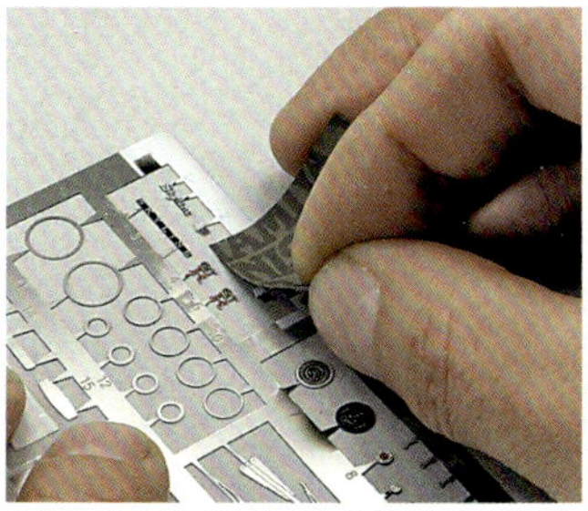

▲スカイラインのエンブレムは凹部にだけ色がついている。凸部を1000番程度のサンドペーパーで軽くヤスると凹部だけに色が残る

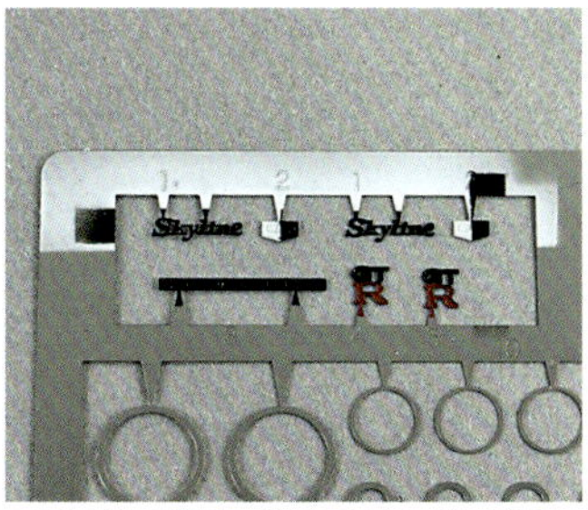

▲エンブレム部は、先にマスキングして凹んだ部分の色をエアブラシで塗装。ランナーに付いたまま塗ると作業しやすい

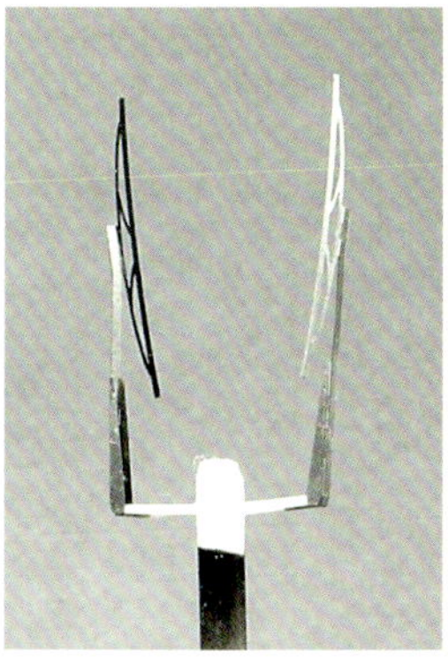

▶根元のランナーを少し残したままにしておくと塗装の持ち手にできる。残した部分は接着するときのダボとしても使え、しっかりと固定できる

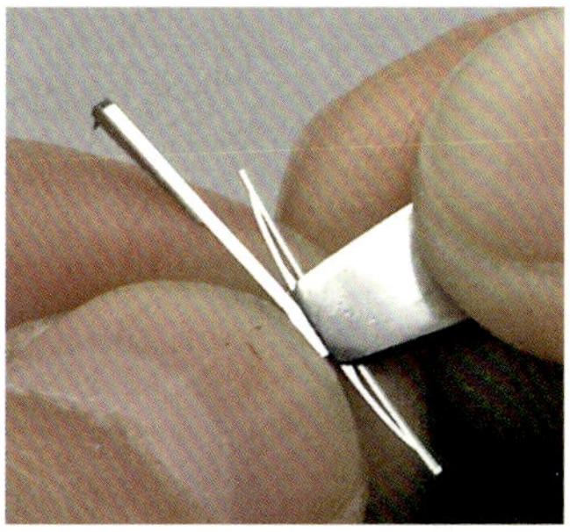

▲ワイパーのエッチングパーツもオススメディテールアップパーツ。先の平らなピンセットやプライヤーでていねいに曲げよう

ホイールは、ボルトとエアバルブにこだわろう!!

①キットパーツのボルトのディテールを薄刃ニッパーやナイフで切り落とし、ボルトパーツの軸の太さに合わせた径の穴を開ける

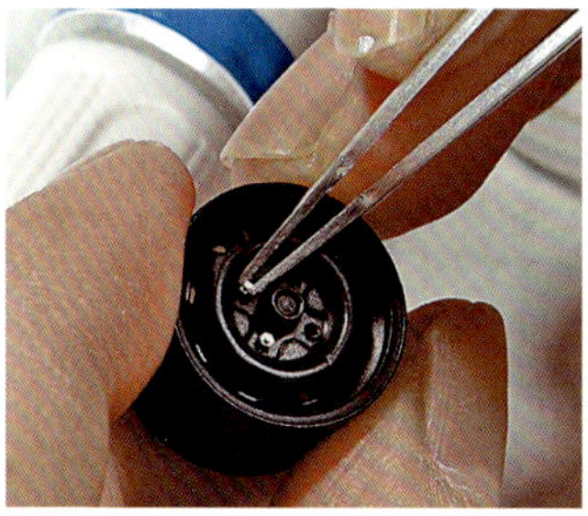

②穴が開いたらボルトを接着剤で接着。ホイールは精度が命なので、ボルトが曲がらないように注意して作業するようにしよう

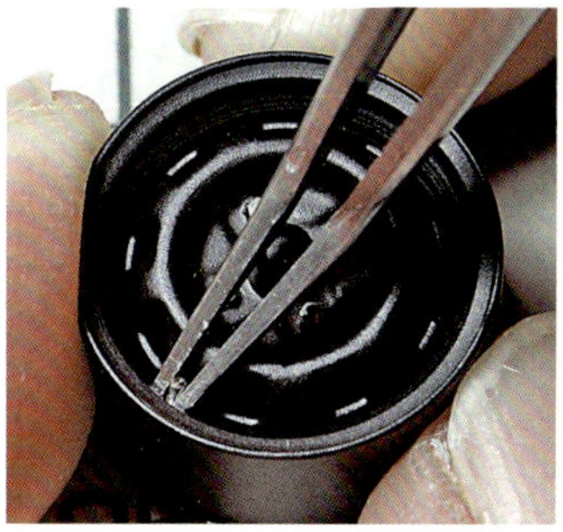

③キットパーツでは省略されているタイヤのエアバルブを追加しよう。こちらもボルト同様に穴を開けてパーツを接着する

④これでできあがり。なお、ボルトは凸部分に軽くスミ入れしておくと、ちゃんとナットにボルトが組合わさっているように見える

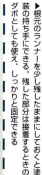

ここまでの応用でコンソール周りを作ってみよう

応用編として、金属パーツへの置き換え、木目(調)塗装などを組み合わせてのコンソール周りをディテールアップしよう。デカールの貼り方も解説するぞ

▲そのほかのディテールアップポイントとしては、サイドブレーキ先端のボタンの追加も効果的。パーツの先に穴を開けて金属線を差し込むだけで簡単に再現できる

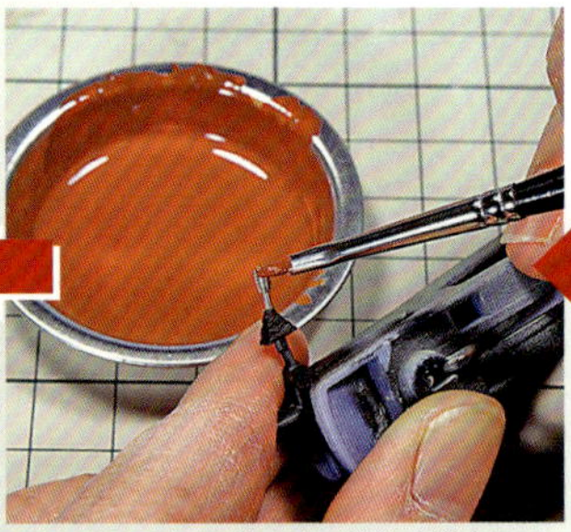

▲シフトレバーの先の木の部分は筆塗りで木目を再現。縦方向にすこしスジが残るようにする。ちなみに、GT-Rのシフトレバーは頭の部分に赤を塗るのを忘れずに

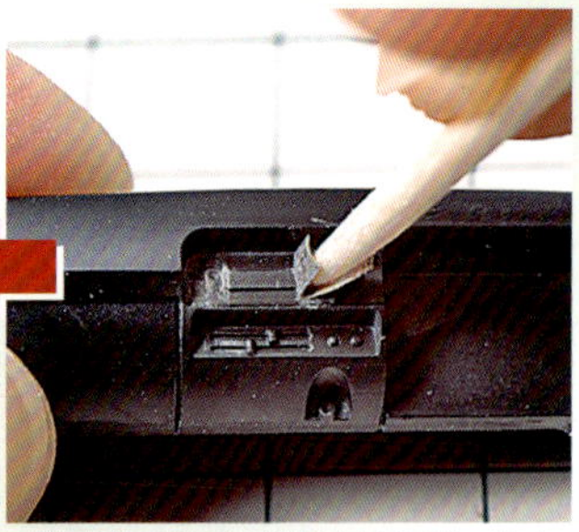

▲金属パーツに置き換えるところは、まずパーツのディテールを削り取る。せまいところは、模型用平刃ノミを使ったり紙ヤスリを貼り付けたようじなどでヤスるとよい

メーターはデカールで再現するのだ

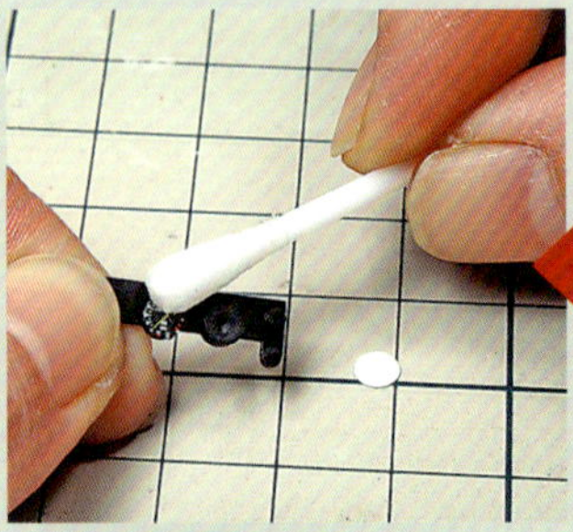

▲デカールが台紙から動くようになったら台紙ごと貼りたいところに持っていき、ずらしてパーツにのせ、綿棒で圧着する

▲デカールを貼る部分にあらかじめGSIクレオスのマークセッターを塗っておく。デカールが硬い場合はマークソフターを使用

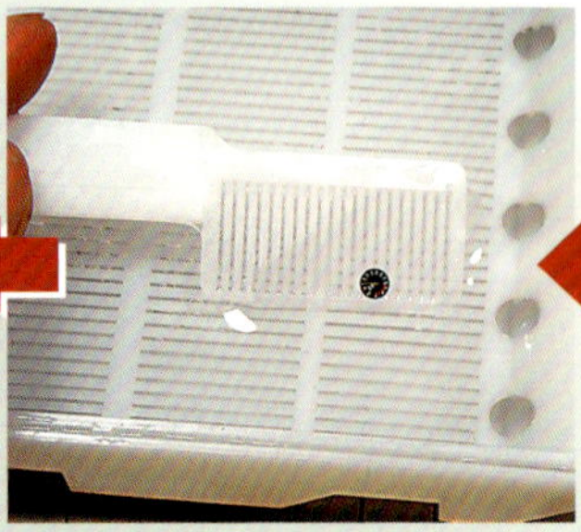

▲浸けっぱなしにすると糊が流れるので、一度浸したら水から上げておく（写真で使っているのはウェーブのデカールトレイ）

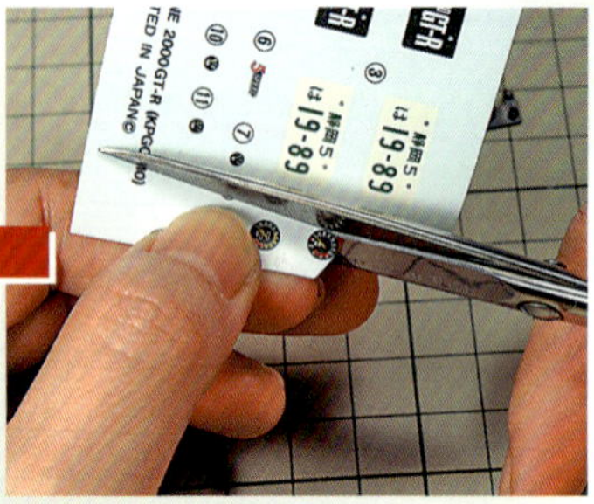

▲デカールは、一気にシートごと水に浸けず、一度に貼れる数枚だけをハサミで小分けに切り出してから水に浸ける

▲ハンドルのメッキ金属地のところはメッキシルバーを筆塗り。これもちょっと多めに塗料をのせてツヤを出すようにする

▲ダッシュボードの取っ手はさかつうのボタンスイッチを使用。形が合えばアフターパーツ本来の用途ではなくてもどんどん使おう

▲メーターのカバーを表現するために水性ホビーカラーのクリアーを筆塗り。ちょっと多めに塗って表面張力でツヤが出るように

▲綿棒はまず全体に転がすようにして気泡を抜いていき、凹の角の所はつつくようにして圧着させる。ていねいに作業しよう

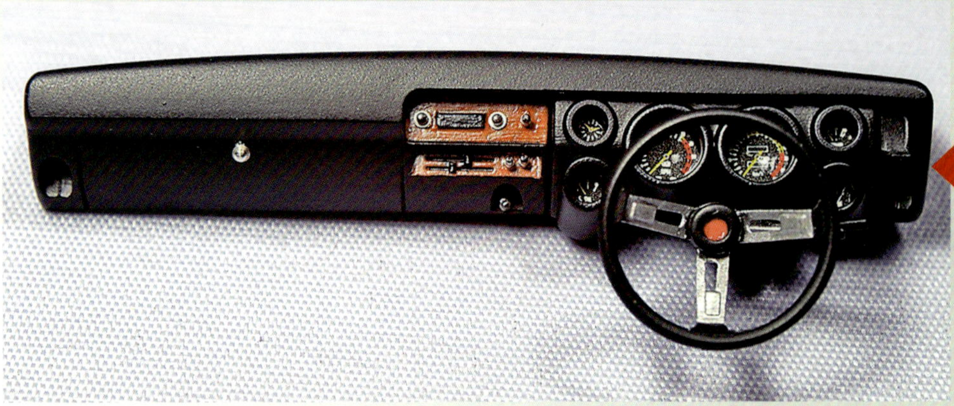

▲デカールを貼っておいたメーター、塗装が終わったハンドルを組み付ければできあがり。車の模型は基本的にすべて塗装が終わってから組み立てるのがセオリー

コンソールパネルのディテールアップ終了!!

窓枠のポイントは色だけじゃない！

箱車のディテールアップポイントとして意外と見過ごされがちなのが窓枠。パーツの抜き方向の都合などでモールドがだるくなっている場合が多いので、手を入れると見ちがえるぞ！

実車の窓枠はボディとは別パーツになっていますので、塗装で質感に変化を付けるだけでなく窓枠部分がちゃんと別パーツに見えるようにするとリアリティーが出せます。

また、プラモデルでは、この2000GT-Rのキットのように実車のディテールが一部省略されているといったことも多々あるので、資料を参考にディテールを追加してみるとさらに実車に近づきます。

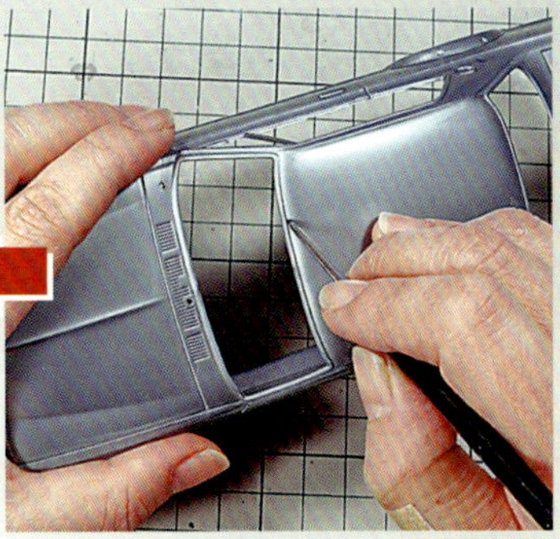

▲窓枠の周りのスジ彫りは浅くなっていることが多いので、深くするのは定番工作。まずはナイフか針で何度かなぞり、アタリを取る

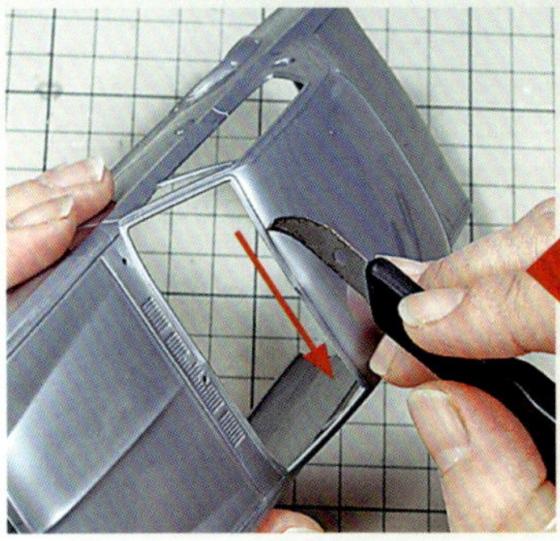

▲その後、エングレーバーやPカッターでスジ彫りを深く彫る。やりすぎると穴が開いたりパーツが切り取れてしまうのでほどほどに

ハコスカの窓枠の留め金部分を再現しよう

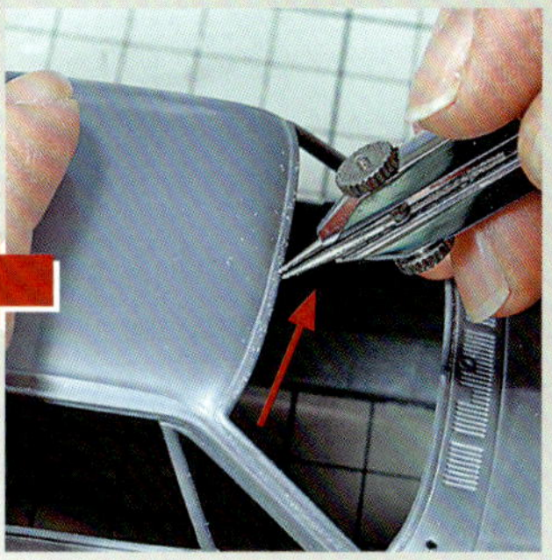

▲ゴム製の窓枠の中央にある飾りモールを再現してみよう。まずは窓枠の中央にデバイダー（両方針のコンパス）でアタリ線を引く

▲アタリのスジ彫りが掘れたらそこをエングレーバーでなぞる。はじめはあまり力を入れず軽くなぞるようにすると逸れにくい

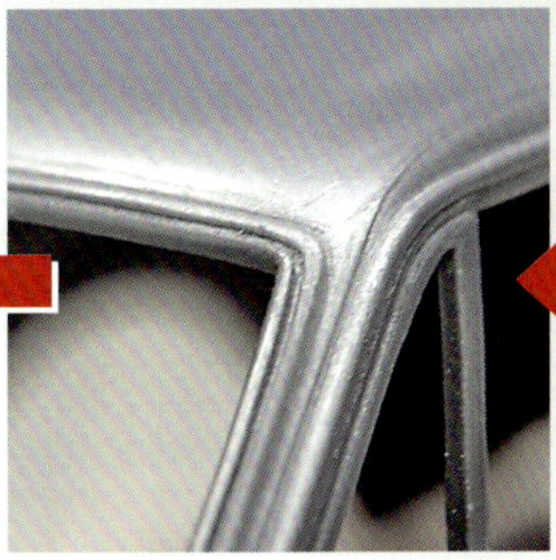

▲ていねいに何度もなぞって彫るとこのようになる。角の部分ははみ出やすいので慎重に作業し同じ深さになるようにしよう

▲ボディ色を塗装したあと、マスキングして窓枠を半ツヤ黒で塗装。変化をつけるためツヤ消しにしてもよいだろう

▲モール部分には0.3㎜程度の太さの洋白線を使う。マスキングテープで押さえながら形が合うように線を曲げていく

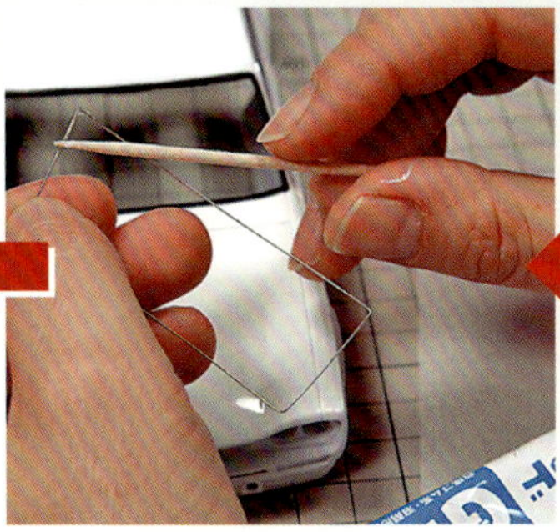

▲仮組みして形がピッタリ合うように曲げられたら接着剤を洋白線に塗る。ピッタリ合わせておかないと接着時に歪んでしまうのだ

▲今回はクリアーボンドを使ったので、はみ出たら乾く前につまようじで接着剤を取り除く。ここもはみ出ると目立つので注意

▲浮いているところがあると興ざめなので、場合によってはマスキングテープなどで接着剤が乾くまで仮留めしておくとよいだろう

フロアマットを自作してみよう

インテリアの色的なアクセントにすることもできるフロアマットの自作法を紹介。とても簡単なのでぜひ試してみてね。自作するときに使うのは、模型製作ではよく使うアレ、です！

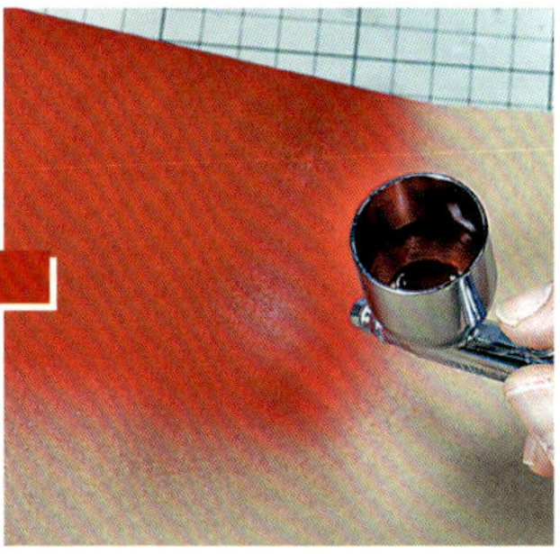

▲使うのは紙ヤスリ。木工用の明るい色で100～200番台のものを使う。まずはエアブラシでツヤ消しの色を塗装

▲マスキングテープをキットのパーツに合わせ針ペンで大きさのアタリを描き、それを色を塗ったサンドペーパーに貼って切り出す

▲切り出したサンドペーパーを両面テープなどで所定の位置に貼り込む。エナメル系塗料のグレーで少し汚してもいいかもしれない

スカイライン丸形4灯テールの始祖、
わずか197台が生産された幻の“ケンメリ”GT-R

先代までのハコスカの面影を全く感じさせないアメリカンなスタイルと
「ケンとメリー」のキャラクターで人気を博した“ケンメリ”こと４代目スカイライン
なかでもケンメリGT-R KPGC110は、４輪ディスクブレーキの搭載、175.14インチラジアルタイヤの装着
ビス留めオーバーフェンダーなど迫力ある仕様だったが、排ガス規制のあおりを受け
ワークスチーム解体とともにわずか197台でその生産を終え、幻の名車となる

NISSAN SKYLINE GT-R (KPGC110)

FUJIMI 1/24

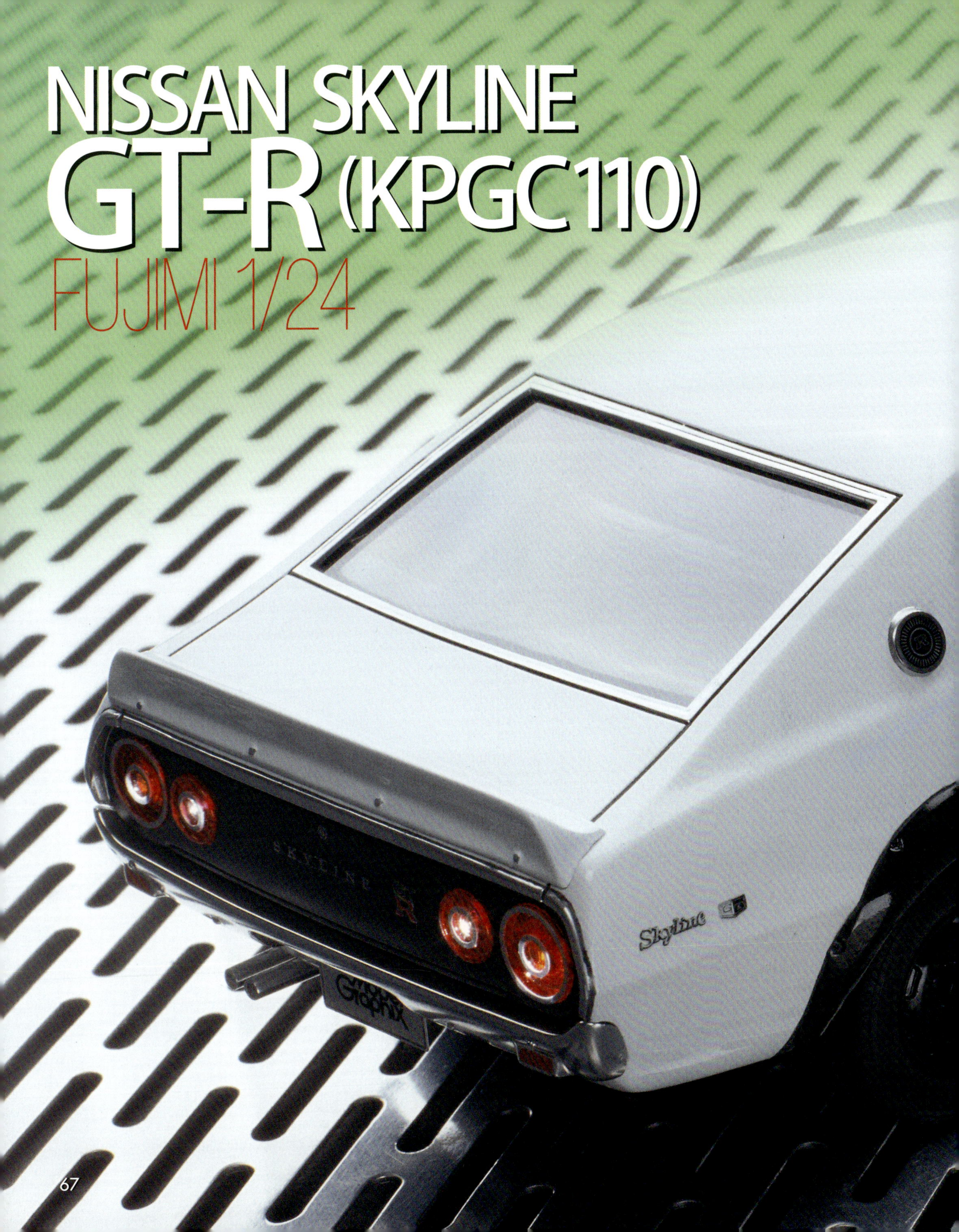

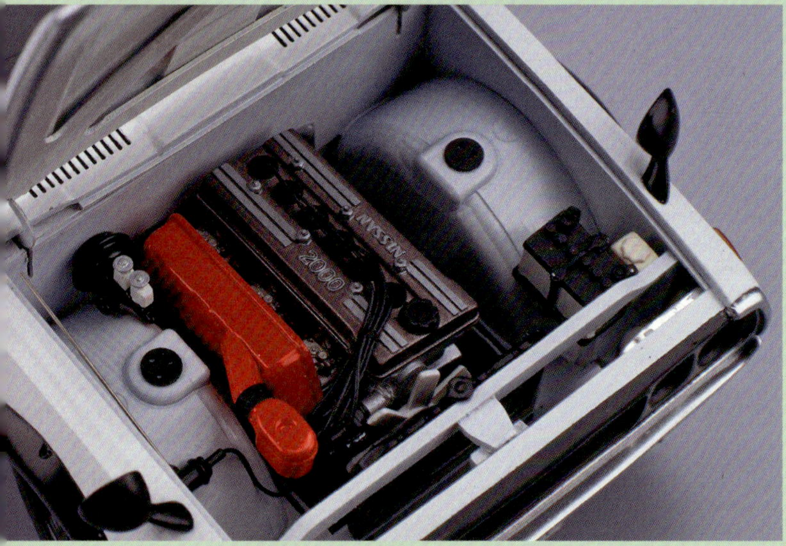

ニッサン スカイライン
GT-R (KPGC110)
ケンメリ GT-R 2ドア
フジミ　1/24
インジェクションプラスチックキット
税込2376円
製作・文／**松尾哲二**(Boo's)

●フジミの1/24スカイライン GT-R (KPGC110)のプラモデルは、通常版（税込1620円）も発売されているが、本作例では限定で発売されたエッチングパーツの付属版（税込2310円）を使って製作している
●ボンネット開閉ギミックが再現されていないのに、1/24としては再現度の高いエンジンパーツが付属するという一見不思議な仕様のキットだが、フジミのカーモデルにはこういう仕様のものが結構存在している。あとはモデラーの裁量で、開けるもよしそのままエンジンを無視して作るもよし、ということなのだろう。ボンネットを開けないにしても、シャシーを裏側から見たときに充分なディテールのエンジンと駆動部が見えるのはやはりうれしいものだ。もちろん本作例のようにボディを切って開けられるようにするのもよいのだが、エンジンパーツを車の横においてディスプレイしてみるのもおもしろい
●パーツ数は抑えめで作りやすいが、そのぶんマスキングでの塗り分けが必要な箇所が多々あるので塗装はていねいに。メッキパーツはパーツ表面にわずかながらヒケが見られるところが多いので、できることなら、いったんメッキを剥がしてGSIクレオスのメッキシルバーなどで塗り直すのがおすすめ

NISSAN SKYLINE GT-R (KPGC110)

●ボンネットの2個のバルジが少し高すぎ、また、エッジも弱いように感じがしたので、バルジをサンドペーパで削って若干低く修整している。削り込むことによって、結果的にエッジも強調されることになった
●フロントグリルにはキット付属のエッチングメッシュを使用。奥にのぞくディテールが精密感を大幅にアップさせている
●ハンドルなどこまごまと手を加えてはいるが、それ以外の内装はほぼキットのまま。ドア内張りの抑揚が不足気味にも見えるが、ボディパーツを取り付けてしまえばほとんど見えなくなる。箱車模型のインテリアは、ドアを開閉させたりしない限り、あまり神経質にならなくてもいいだろう
●隠れてしまうのがもったいないほどよくできたエンジンパーツ。ボンネットをいったん切り離し開閉ギミックを設けた
●「旧車らしさを」演出するためには、メッキ部分をどう表現するかが大きなポイント。GSIクレオスのメッキシルバーやエッチングパーツは旧車の製作に欠かせないアイテムだ

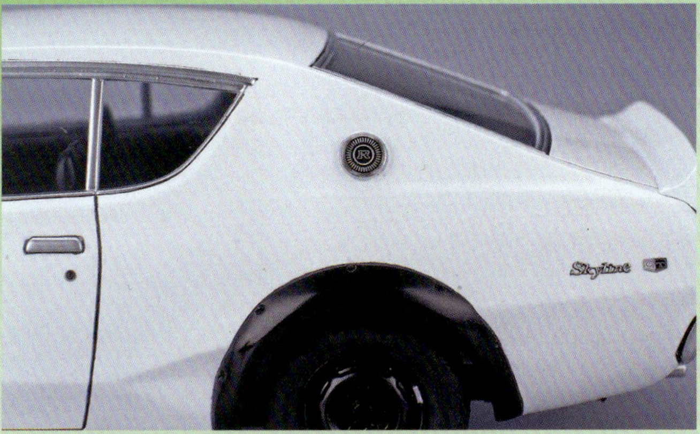

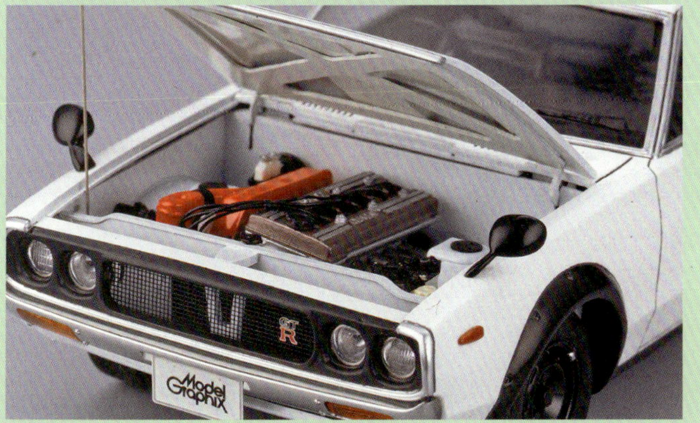

フジミ模型の「1／24日産スカイラインGT-R KPGC110グレードアップエッチングパーツ付きキット（限定版）」を製作しました。金型は1996年に製作されたもので、比較的新しいキットです。

実車は1973年にデビューした、40年以上前のいわゆる「旧車」ですね。KPGC110は、ケンメリのレース仕様ですが、排気ガス規制の影響でわずか197台しか生産されず、ワークスとしてレースにも参戦を果たせなかったという薄幸のマシンです。

◆旧車らしさとは

今回のコンセプトは「旧車らしさを前面に押し出して製作する」ことです。そこで、逆説的に「旧車と現行車の違いとは？」と考えてみると、ルーフにある水切りのレール、クローム処理された金属製の窓枠、そしてパネルをつなぎ合わせるボルトなどのディテールの違いが第一に思い浮かびますので、そこから工作を進めていきます。

水切りのレールはキットのモールドを利用し、薄く加工したPカッターを使って彫り直します。私は刃先をさまざまな厚さに加工したものを使っていますが、もっとも薄いものは刃先が0・2㎜。無加工のものまで含め計4種類の厚さのPカッターを揃えています。グラインダーや砥石などを使って根気よく加工すれば誰にでも作れる工具ですので、手の空いたときに作っておくと便利です。

実車のフロントとリアウィンドウのメッキモールは、中心を境い目に2段になっているので、デバイダーで中心にアタリを付け、彫刻刀やデザインナイフで削って段差を表現しています。そのほかのウィンドウのモールや、オーバーフェンダー、ボディ前後端のメッキモールなどの境い目にもスジ彫りを追加します。このスジ彫りを境い目にして塗り分ければ、マスキングが簡単になります。塗装後、スジ彫り（塗り分け線）にスミ入れすれば塗り分け線をはっきりとさせることもできます。

ボルトの表現は、0・3㎜のプラ板をリベット抜き用ツールで丸く抜いたものを使用しています。このような部分は、延ばしランナーをうすくスライスしたものを利用してもいいかもしれません。

◆エンジンパーツを活かすために

このキットはエンジンやミッションが再現されているのですが、ボンネット部分はボディと一体成型になっています。

最初からボンネットが開閉するように設計されたプラモデルはたくさんありますが、実際のところうまく合わなかったりして、閉じたときラインが崩れることがあります。一体成形だと、切り離す作業は増えますが、開閉部が合わないというアクシデントは発生しませんので、ある意味製作は楽だったりします。せっかくのエンジン付きのキットですから、作例では銅板でヒンジを作って、ボンネットを開閉可能にしてみました。

ヒンジの製作で大切なのは、「遊び」を作ることです。支点が完全に固定されているとスムーズに開閉させられません。支点を前後方向や上下方向に移動できるよう、遊びのスペースを作っておくことによって開閉が容易になります。今回はボディ側の受け部に、水平方向（前後）の遊びを作っています。

キットは開閉を前提としていないので、エンジンルームの隔壁がありません。実車同様のエンジンルームを再現しようとするとシャシーの前半分を完全に作り直さなければならなくなるので、今回そこはあきらめて適当に板状の隔壁を追加することにしました。

キット付属のエンジンとラジエーター、エアクリーナー、エキゾーストパイプのパーツを使用し、ディストリビューターやスターターモーター、バッテリーなどの補器類はさかつう製のアフターパーツで、ヘッドカバーは目立つので「NISSAN」と「2000」の文字を残していったんモールドを剥がし、プラ板で作り直しました。そのほか、ジャンクパーツや自作部品を取り付けてエンジンをディテールアップしています。

◆etc

ボディの白には若干の黒を混ぜています。メッキパーツは、すべて剥がしたあとGSIクレオスのメッキシルバーで塗装しています。このキットの売りであるエッチングパーツは精度抜群で言うことなし！　これほどバッチリ合って組みやすいエッチングパーツはなかなかお目にかかれませんね。■

トヨタ TE27 レビン '72
フジミ　1/24
インジェクションプラスチックキット
発売中　税込1944円
製作・文／**門脇規恭**
(Boo's)

TOYOTA LEVIN TE27

セダンの皮を被ったスポーツクーペ レビン初代モデルTE27

FUJIMI 1/24

セリカ1600GT譲りの2T-G型1.6L DOHCエンジンを搭載したFRスポーツクーペとして登場したのが初代レビン、TE27。小柄なボディにトヨタの傑作エンジンを積み、FRP製オーバーフェンダーなどの攻めたエクステリアで身を固めたTE27は、「大衆にも手が届くスポーツカー」として人気を博した。

●メッキパーツは前後のバンパーのみ。内装はバスタブ式で、可能な限り一体化されたパーツ構成。価格も1500円ちょっとなのでそれなりな再現度のお手軽キットか……と思ったら大間違い。ボンネットが別パーツになっていないプロポーションキットでありながら、名機2T-Gエンジンも簡素ながらパーツ化されているし、ホイールや、フェンダーの形状などにもほんの少し手を入れれば、見違えるほど良くなる素質をもっている。なにより、TE27レビンの武骨なプロポーションを見事に再現した好キットなのだ。パーツ数が少なく抑えられているので、旧車キットの入門用にも最適なキットと言えるだろう。通常の市販バージョンのほかに、各種オプションを付けた峠仕様や、WRCに参戦したときのバージョンのキットも発売されている
●作例ではサイドミラーや、ホイール、オーバーフェンダーなどの形状はキット自体の出来がすばらしいのであえて変更はせず、細部のディテールアップのみに留めた
●もっともディテールアップをほどこした箇所が内装部。キットの内装パーツはドア内側にあたる部分のモールドがいっさいないので、ウィンドウレギュレータハンドルとドアハンドルなどのパーツをプラ板とプラ棒で製作して追加。また今回はキットのまま製作したが、エンジンも再現されているので、ボンネットを開けた状態に改造してみるのもおもしろいだろう
●キーホールとオーバーフェンダーのビスは虫ピンに置き換え。ワイパーはエッチングパーツに、マフラーは金属パイプに替えた。またリアフェンダーの上のエアアウトレットは、削り落としてプラ材にスジ彫りを施したもので新造している。外装メッキ部は塗装で仕上げている

◆ボディの製作

TE27レビンなど古い車を製作する際に、いまの時代には見られなくなったその時代らしいディテールがあります。今回は旧車らしいディテールを施すことを中心に気になる部分を中心に工作しています。

真っ先に目に付いたのはフロントグリルの薄い感じです。しかしグリル自体を厚く加工するのは大仕事になりそうなので、ヘッドライトをリムぶん大きくすることで見映えを近付けました。次はバンパーとグリルのあいだに、インテークらしきものを追加工、ボンネット先端にグリルのラインがあったのでスジ彫りを追加しています。

ボンネット上の後端のインテークは内部のフィンのディテールをピンバイスとデザインナイフで開口し、プラ板から切り出したフィンを新たにはめ込みます。パネルのチリ合わせは、古い車なのでそんなにはキッチリしてないだろうと思い、深さ方向のみに留めます。あと旧車らしいといえばフロントとリアのパネルに継ぎ目が見えるので、スジ彫りを深めに施して再現しています。

◆内装の製作

このキットは、内装パーツがバスタブ状で、パーツの内側の垂直面にあたるドアの内側の部分のモールドがいっさいありません。ここは目立つ部分なので、実車写真を参考にして再現することにします。

作り方ですが、色紙を切り出して木工用ボンドでパターンを貼り付け、キットのドアの裏側にあたる部分に接着、セミグロスブラックで塗装します。TE27レビンのドア内張りは平面的な造形なので、テクスチャーを貼り込むような感じです。

◆塗装

まずはボディの塗装の下準備としてサーフェイサーで下地を整えていきます。このときに作業中、傷をつけてしまった部分も耐水性サンドペーパーを当てながら修正しつつ、再度スジ彫り部分に800～1000番程度の耐水性サンドペーパーでエッジを整えて、下地完成です。

今回はグリーンで仕上げるために自動車雑誌などを参考に、Mrカラーのグリーンをベースにブラックとインディブルーを調合し、プラ棒に吹き付けて色調を確認しながら色を決定します。決定した色は3回ほどに分けてエアブラシで吹きつけていき、乾燥後にデカールを貼ります。

デカールが乾燥したら（2～3日は乾かします）その上からクリアー塗料でコーティングを行ないます。デカールの縮みを防ぐ意味でも、最初はクリアー塗料を軽く吹きつけるようにして、乾燥させながら徐々に塗り重ねていきます。あとの研ぎ出し作業のためにクリアー層の塗膜は厚めにしておきましょう。

本来ならばクリアー層は2週間程乾燥させたいのですが、季節柄（製作したのが冬季だったもので）長時間の乾燥の際は乾燥機に入れています。乾燥させるときは、揮発した溶剤分を逃がしながら暖めるようにするとよいです。ちなみに今回使用したのは、対流式の食器乾燥機で、気温の低いときや湿度の高いときなどには重宝します。もちろん時間短縮のためでもありますが。

この乾燥時間のあいだに小物類の塗装を済ませてしまいます。テールランプはクリアー塗装後、GSIクレオスの「メッキシルバー」で枠を塗り、裏側からランプ周りにスモークを吹いておきます。

クリアー層がしっかりと乾燥したら、1500～2000番の耐水性サンドペーパーで全体をならしていき、そのあとコンパウンドで磨いていきます。ボディが仕上がったら、窓枠やドアノブ、グリルを塗装しますが、マスキングの際にテープでクリアー層をはがしてしまわないように粘着力を落としておきます。とくにデカール部分は紙をあいだにはさんで保護しておくとよいでしょう。

塗装が終了したら外装の各小物パーツを付けてシャーシとボディを組み付けます。キーホールとオーバーフェンダーにインセクトピンで、ワイパーはエッチングパーツに置き換えています。ボディに小物を取り付ける際は接着剤がはみ出したりしないように気を付けて作業を進めます。最後にマフラー出口に金属パイプを付けて完成です。■

55
60
50
5
45
10
40
15
35
20
30
25

NISSAN FAIRLADY 240ZG(HS30H)

HASEGAWA 1/24

Gノーズにオーバーフェンダーを纏う最高峰、専用色マルーンは大人の高速グランツーリスモの証

1969年に登場したニッサン フェアレディZは日本はもちろん北米市場でも大ヒット作となったが、国内での人気が高まるにつれ輸出専用モデルの国内販売が望まれた。そこで'71年販売されたのが240Zであり、その最上級グレードがこの240ZGだった。Gノーズ(グランドノーズ)と呼ばれるエアロダイナノーズとヘッドランプカバー、FRP製の前後オーバーフェンダーによって生み出される迫力あるボディラインは見る者を惹きつける魅力に満ち、そして専用色グランプリマルーンは「ロードゴーイングスポーツの最高峰」の象徴となった。

ハセガワの決定版プラモデルで作る240ZG 至高の高速グランツーリスモをその手に

NISSAN FAIRLADY 240ZG (HS30H)

こんにちは、精密屋の今村です。今回は旧車特集ということですが、最近は旧車が新金型で次々と登場するのでうれしい悲鳴。作るのが追いつかない感じです。

製作したハセガワの２４０ＺＧですが、そのキット内容は「決定版」と言ってもよいものでした。微妙なラインもバランスよく表現されています。あえて気になる点を挙げれば、テールランプ周辺のメッキの枠。実車はテールのパネル側に付いているのですが、パーツはテールランプ側に付いています。しかし、仮組みしてみるとほとんど気にならなかったので、今回はそのままとしました。また、リアスポイラーだけは縦にリブの入ったタイプなのですが、これは初期タイプ（４３２の年式）のもので、２４０の年式では装着されていないみたいです。ここはリブを削って修正しました。

◆旧車製作のコツ①／足周り

さて、Ｚに限らず旧車のキットを作るとき気をつけていることを解説します。まず、いつも悩むのが車高の高さとホイールです。ノーマルもいいですが、私はチューニング派。どうしても自分の当時の趣味と重なるので、当時の雰囲気のするドレスアップは不可欠ですね。でも適当なホイールパーツがなかなかありません。アオシマの製品にずいぶん揃っているのですが、太すぎるものが多いので、フロント用を2組揃えてリアにも利用するといいです。それでも太い場合は。リムをカットして縮めます。旧車はトレッドが狭いため、あまり太いタイヤを履かせるとおもちゃっぽくなってしまうので注意しましょう。

この作例には、フジミの２４０ＺＧの「ワタナベ」のフロント用のものを前後両方に使用しています。余談ですが、フジミの２４０ＺＧのチューニングタイプは私の弟の所有車をモチーフにしています。なので今回はこのホイールを履かせて、そのほかも近い仕様にしてみました。

◆旧車製作のコツ②／インテリア

次は室内。このころの車はスポーツタイ

プだと黒一色が多いので、ツヤ消し、半ツヤ、少しグレーがかった黒というようにいくつかトーンの違う黒を用意して塗り分けると表情が出せます。Zの場合、センタートンネルとリアのストラットカバー部分にクロスステッチの入った部分があり、この再現がポイントになります。これは厚めのアルミテープにエッチングソーを押し当てて模様をつけ、貼り付けてから塗装してみました。なかなかいい雰囲気ですがセンタートンネルはまったく見えなくなってしまいました。ドアでも開けないかぎり、リアだけで充分ですね。

◆旧車製作のコツ③／メッキ

外装は、旧車の場合やはりメッキパーツの表現がポイントでしょう。近年は粒子のこまかいメッキシルバー等の塗料がありますから、糊付きアルミ箔と使い分けるといいです。塗装の場合、下地をなるべく平滑にしておくことがきれいに見せるポイントです。アルクラッドがもっとも光りますが、塗膜が弱いのが難点で、あとで触ったらダメです。ちょっと光り方は弱いけれど、使いやすいのはGSIクレオスのメッキシルバー。今回はこちらを使用しています。それから悩むのは窓枠で、黒いゴムの中心にメッキのモールが入っているタイプがあり、Zもそうなっています。ここはアルミ箔の細切りを貼ってみました。これもヘタにさわると剥がれるので注意が必要です。ていねいにスジ彫りをし、マスキングで塗装したほうがよかったかも。いずれにしても、旧車は窓枠やグリル等に繊細なメッキパーツが多いので、その再現でリアリティがまったく違ってきます。気に入ったやり方を試してみるといいでしょう。

◆旧車製作のコツ④／塗装

最後に塗装。精密屋オリジナルのZGマルーンという色（現在絶版、ご希望があれば再販も）に、精密ウレタンクリアで仕上げてあります。旧車でも塗装はピカピカに仕上げたいですね。これで軽くイジった当時の街道レーサー風に完成です。■

●作例は2005年7月に発売されたハセガワのキットを製作。プロポーショナルキットなのでエンジンは再現されていないが、フェアレディZ特有の流れるようなフォルムを忠実に再現している。今後のバリエーションを考慮してか、Gノーズやオーバーフェンダー、リアスポイラーは別パーツとなっているが、パーツどうしのフィッティングは良好だ。エンブレムや、車名ロゴなどはメタルインレット製のものが付属。2005年11月にはラリーバージョンも発売されている

ニッサン フェアレディ 240ZG
ハセガワ 1/24
インジェクションプラスチックキット
発売中 税込2700円
製作・文／**今村忠弘**（精密屋）

NISSAN FAIRLADY 240ZG
(HS30H)

●作例では車高を１㎜下げている。製作法は、まずオーバーフェンダーとツライチになるようにディスクパーツをカット。次にホイールのセンターに気をつけながらストラット側のパーツに取り付けピン用の穴を空けてホイールを取り付ける。車高は横から見てタイヤの上端がフェンダーとほぼ揃うくらいまで下げる。あまり低すぎても下品な感じがするので注意しよう。下げ方は足回りのパーツのかたちによってさまざまだが、サスペンションパーツの上端を必要なぶんだけ切りとばし、中心に穴をあけて適当なサイズの洋白線を刺し、下端はロアアームに下がったぶんだけの厚みのプラ板を貼ればOKだ

●作例ではライトカバーを外した状態で製作。フェンダーやフロントバンパーはツヤを変えることで、別パーツとなっていることや、素材の違いを表現している

●旧車の特徴とも言えるウィンドウモールなどのメッキパーツ。ノリ付きアルミ箔や、GSIクレオスのメッキシルバーを使い分けて光沢のあるメッキパーツを再現している

●車体側面、リアスポイラーのエンブレムはキットに付属のメタルインレット（厚みのあるシール状の素材）を使用。このハセガワのメタルインレットは、光沢やディテールなども申し分ない非常に便利なアイテムだ。キットにはエンブレムのデカールも付属している。ホイールはフジミの240ZGのものを流用している

●ワイパーはエッチングパーツ製のものと交換

●テールランプ周辺も本車の特徴を見事に再現したディテールが施されている。テールランプ周りのモールは実車ではパネルと一体となっているが、キットパーツはテールランプ側と一体になっている。とくに目立つ部分でもないので作例ではそのままとしている

●リアパネルの畳り留めはデカールで再現した

NISSAN FAIRLADY240ZG
実車ディテール写真集

Gノーズがもたらしたフォルムの美しさ、硬派な印象を与えるオーバーフェンダーなど、いまでも多くの車好きたちを魅了してやまない240ZG。希少な名車だけに日頃見かける機会はほぼないので、非常にすばらしいコンディションで現存する240ZGの実写写真を紹介しよう。キットのディテールアップに役立つ写真をセレクトしてみたぞ

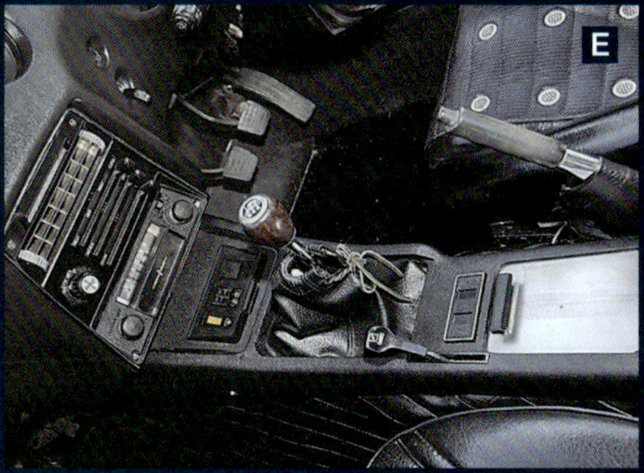

A 純正のライトカバーが装着されたフロントライト。フチにはリベット留めされたクローム仕上げのモールが付く
B ボンネット上のZエンブレム。キットでは側面の車名エンブレムも含めて、メタルインレットで再現されている
CD 砲弾型サイドミラーの形状は、キットでもうまく再現されているが、ミラー取り付け用のビスが省略されているようだ。ミラーの鏡面は、一段低い位置にはめ込まれている
E 黒でまとめられたスパルタンな車内インテリア。シフトノブは黒みがかった木製。シフトブーツの皮の表現がキモになるか
F 視認性を高めるためにダッシュボードへ設置された3連メーターが特徴的なコクピット。ダッシュボードは現代の車に多用されているプラスチックではなく、合皮的な素材でコーティングされたものとなっている
G ステアリングはこの時代の日産車には定番とも言えるダッツン・コンペ・ハンドルに交換されている
H シートもスポーティなダッツン・バケット・シートへ交換。革張りの表現をうまく再現したいところ
I 黒いゴムの窓枠に銀モールという処理が雰囲気を高めている
J エンブレムはリアスポイラーと車体側面に取り付けられている
K 前ヒンジ式のボンネットを開けると240Zの心臓、L24型エンジンが現れる。最近ではプラグコードを、写真の車のようにウルトラシリコンプラグコード（赤いコードがそれ）などに換えているケースが多いようだ

●撮影に協力して頂いたフェアレディ 240ZGのオーナー、松永克憲氏は、神奈川県逗子にある洋風レストラン&Bar『Katsu's』のシェフ兼オーナーでもある。フェアレディ 240ZGを店内から眺めることができるインテリアとなっており、名車を眺めながらの料理は絶品のひとことだ。
TEL/046-872-1551 火曜定休日

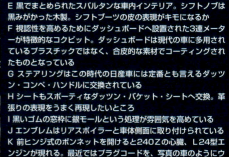

ISUZU 117Coupe
FUJIMI 1/24 Late Type

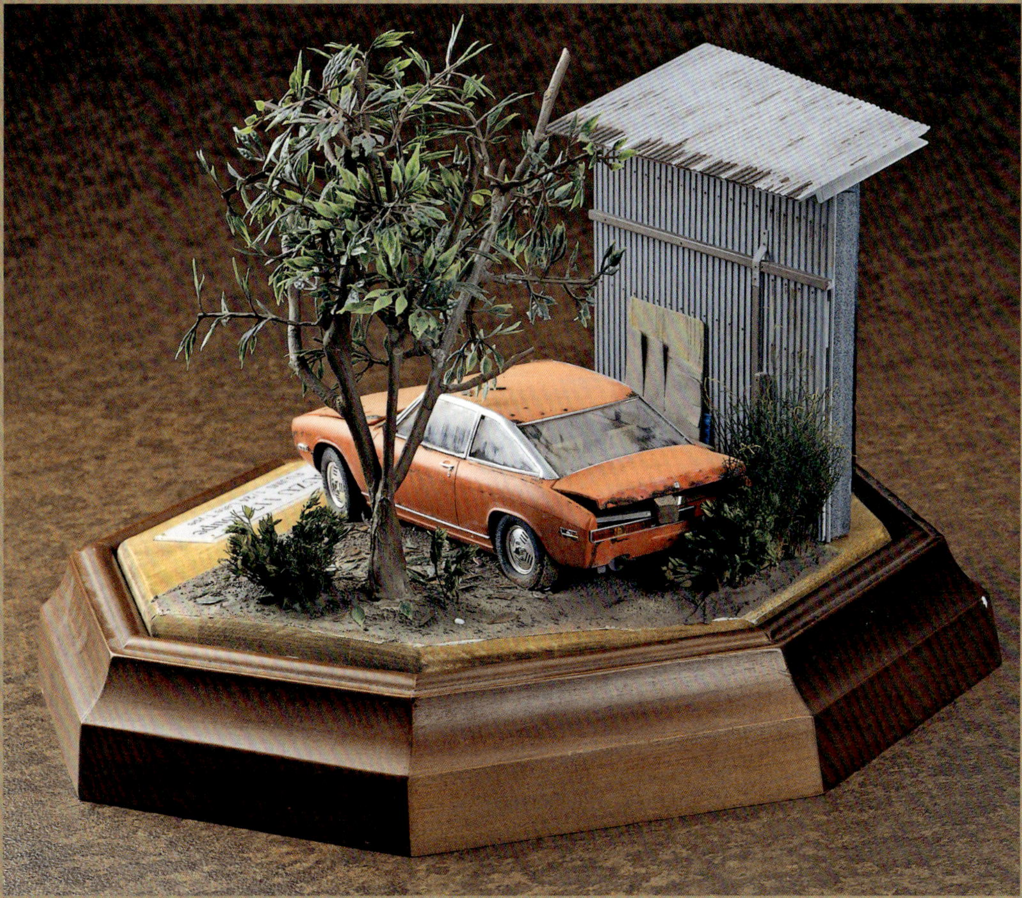

ISUZU
117 Coupe

発売後10年間1台の廃車も出さなかったという伝説、車好きを魅了し続ける流線形。

FUJIMI 1/24

いすゞ 117クーペ後期型
フジミ　1/24 インジェクションプラスチックキット
発売中　税込2700円
製作・文／**木村裕樹**

1970年代の日本車を代表する傑作のひとつであり「もっとも美しいの国産クーペ」とも賞されるいすゞ 117クーペ。ジョルジェット・ジウジアーロによる繊細なデザインをハンドメイドで少量限定生産する高級クーペとして世に出た117クーペは、その後長い間いすゞ を代表するフラッグシップとなり、いまだファンの間で根強い人気を誇っている。そんな名車が歩んできた「時の流れ」を模型で表現してみたのが本作。役目を終えひっそりと佇む「美麗なる流線型」に、クルマが輝いていたあの時代を重ね合わせてみよう……。

徳島の「何でも作る」パパモデラーです。この作例は、旧車趣味の友人が山中に放置していた部品取り用の廃車を取材したうえで、フジミの1／24キットを使いダイオラマとして製作したものです（残念ながら実車はすでにスクラップにされてしまいました）。

一般にカーモデルといえば「ツヤこそ命！」であり、何よりもまずホコリひとつなくキレイに作ることが優先されることと思います。もちろん、そのように作られたカーモデルが魅力的であることに異論はありません。しかし、AFVモデルも楽しむ私には山中で朽ち果てツヤ消しになった廃車の姿にも強く惹かれずにいられません。普段から、友人の愛車などの素敵な旧車を見る機会に恵まれたこともあって、本作のような仕上がりでカーモデルを製作してみることにしました。

◆朽ちゆく名車

さて、主役はフジミの117クーペ後期型。ジウジアーロデザインのホイールと角型のヘッドライトが特徴的です。一般的には丸型ヘッドライトのほうが好まれているようですが、こちらもなかなかカッコいいですね。キットは近年の製品らしいすばらしい繊細さで、プロポーションも、これぞまさに117クーペという完成度。ボロボロにするのが惜しい良キットですが、半開きのボンネットとトランクを再現するためにPカッターでていねいにボディを切断し、バンパーや外装パーツの各部にダメージを施していきます。

取材した実車のボディは、ボンネットとルーフの塗装だけが白化し、ドアなどのサイド部は元色（赤）が朱に退色していました。これを塗装で再現するために、赤い下地の上にフラットベースをたっぷり入れた白っぽいピンクやオレンジを数回に分けて吹きます。気に入らない箇所は、うすめ液ではなくコンパウンドでこすり取るようにするとリアルにムラ落ちしていい感じです。

次に朱のボディに印象的なアクセントを残す錆を描いていきます。

錆色はレッドブラウンに黒のパステルを削ったものを加えて作りました。明るさが違う錆色を3種ほど作っておき、実車写真を見ながら使い分けて描いていきます。

資料写真を参考に位置だけでなく形も似せていきますが、それだけでは黒いシミのようで錆に見えません。塗装が剥離して下地が露出し、鉄板が錆びて崩れそうな状態を再現するために、錆色部分に接着剤を塗り、乾く前に使い捨てカイロのなかの粉をピンセットで乗せてザラザラ感を出しました。

さらに実車ボディを観察していくと、錆部分の周辺は塗装がほかの部分とは違う色に変色していることに気づきました。ほかがオレンジっぽいのに対し、錆の周囲はピンクっぽくなっています。これは錆の酸化作用によって塗料が変質したのだと思います。油絵の具の赤をうすくペトロールで溶いて、直接描き込んで再現しました。

◆ダイオラマベースの製作

やたら立派なダイオラマベースは、壊れた掛け時計（もし気付いた方がいれば、鋭い！）。地面は「ウメール」という壁補修セメントを仕様。これにプラ板で作った納屋と車両を接着固定しています。「びわの木」は、100円ショップで買った造花のグリーンボール（本来はトイレの飾り用だろうか？）を崩して枯れ枝に刺したもの。雑草は100円のホウキと乾燥させたブロッコリーなどです。朽ちたベニア板はプラ板。オイル缶などのアクセサリーはジャンク箱からセレクトしました。

私はダイオラマを製作する場合、なるべくすべての工作を済ませ、ベースに完全に固定してから塗装しています。当然筆が届かず塗装できない部分ができてしまいますが、そういう箇所は完成後にあまり見えなくなる部分なので気にしません。

今回、実車を見ながらのウェザリングはとてもよい勉強になり、作業は驚きと発見の連続でした。たとえば錆は傷ついたところに必ず発生するのではなく、また傷ついていなくても水が溜まるところは錆びていました。また、屋外の汚れは「黒」「茶」より「白」が目立っていました。そして何よりの発見だったのは、117クーペという車が持つ「齢を重ねたとえ朽ちてもなお輝く、名車ならでは魅力」だったのかもしれません。■

●製作したキットは、丸いライトの初期型「ハンドメイドタイプ」（2004年発売）のキットに続いて2005年に発売されたバリエーションキット。最近作らしく作りやすさとリアルな再現を両立した設計となっている。とくにサイドの窓枠が別パーツ化されたのはうれしいところ。組み立て説明書には多少わかりづらい箇所とリサーチ不足の箇所があるので、製作に際しては別途資料を用意するのがおすすめだ
●旧車を旧車らしく見せるための演出として、模型に「時間」の要素を加えてみた本作。ピカピカに仕上げないのはカーモデルとしての王道からは外れるのかもしれないが、このようにあえて朽ち果てた姿を作るという方法もおもしろい。もちろんこの作品は木村氏の非常にすぐれたテクニックによって成立しているわけだが、使われているのはAFVモデルでは一般的なテクニックばかりなので、興味があればぜひカーモデルダイオラマ製作に挑戦してみてほしい
●製作文でも語られているが、この作品は実際にこのような姿で朽ちていた117クーペを観察したうえで作られている。リアルな作品を作るためにはやはり実物を観察することが最短であることが多い。車そのものだけでなく、錆びたトタン、地面、樹木、草、落ち葉、積み上げられた木材の汚れ方などなど……我々の身の回りには模型製作のヒントになることがたくさん散らばっている。どんどん外に出て自分の目でいろいろなものを観察してみよう。リアルな模型を作るヒントは模型部屋の外にあるのだ

ISUZU 117Coupe

Mercedes-Benz 300SL

“史上もっとも美しいスポーツクーペ”メルセデス300SL

TAMIYA 1/24

いまは「エグゼクティブの証」のイメージの強くなってしまったメルセデス・ベンツだが
モータースポーツとの縁は長く深いものがある。
ワークス・チーム用のプロトタイプレーシングカーとして開発されたW198は、
「世界一過酷な公道レース」といわれたカレラ・パナメリカーナ・メヒコに勝利、
そのW198は300SLとして'54年に市販され、ヨーロピアンスポーツの粋として輝きを放った。
半世紀を経てなお輝きを増す名車の中の名車を、タミヤの名作キットで製作する。

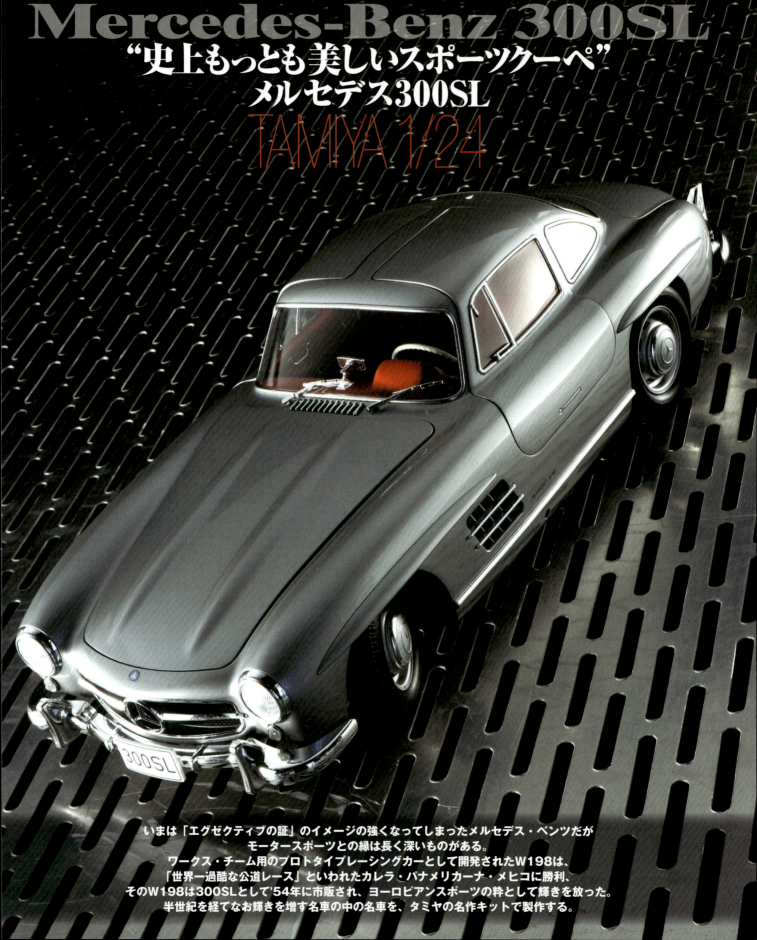

300SL

スペースフレーム／エンジン再現で ついにタミヤより発売された名車を作り込む。

美しすぎるメルセデス製"公道レーサー"

「世界一過酷な公道レース」といわれたカレラ・パナメリカーナ・メヒコに勝利したスポーツプロトW198をヨーロピアンスポーツのイメージリーダーとして市販したのが300SL。自動車用エンジンとしては世界で初めて機械式燃料直接噴射を採用し、最高時速は当時の市販車最速の260km/h。300は3Lエンジン、SLはドイツ語でスポーツカーを意味し、SLクラスの初代モデルとなった。構造的には完全にレーサーで、ボディ内は鋼管スペースフレームが張り巡らされているため通常の横開閉のドアを設けることができず、やむなくガルウイングが採用されたという。日本では石原裕次郎と力道山が所有していたことで有名だが、当初から往時の2大スターでないと購入できないほど高価（発売価格6820ドル。現在の貨幣価値だと1500万円以上）な車であり、希少価値が高くなった現在では2億円を優に超える価格で取引されている。

メルセデス・ベンツ300SL
タミヤ　1/24
インジェクションプラスチックキット
発売中　税別4320円
製作・文／**小田俊也**

Mercedes-Benz
300SL
TAMIYA 1/24

◆お気に入りのオモチャ

あまりに名車すぎて、ついにアニメにも登場してしまった300SL（アニメに疎い方にいちおう説明しておきますと、『Fate/Zero』というアニメ劇中に登場し、夜の峠道をこの300SLが疾走するシーンなどが描かれています）。世界文化遺産的な名車中の名車を世界のタミヤがプラモデル化したということはカーモデラーにとっては大事件。謹んで製作させていただきます。

◆キットについて

過去にさまざまなメーカーがさまざまなスケールで300SLをプラモデル化してきましたが、プラモデルの設計に3D CADが用いられるようになってからはこれが初めての製品なのではないでしょうか。名車中の名車ですので、これまでタミヤがシリーズに加えなかったのが不思議なくらいです。

本キットは300SLの魅力溢れるボディプロポーションの忠実な再現のみならず、内部のエンジンやシャシーフレームまでをも再現した本格派。ガルウイングにせざるを得なかった理由である鋼管フレーム構造を立体で体感することができます。もちろんボンネットや特徴的なガルウイングドアは開閉可動させることが可能。「もうサイコー！」です。

◆ボディ

いつものようにパーツの下地処理をしていくと、ボディのスジ彫りが妙に少ないことに気付きます。このクルマ、実車ではボディーの溶接継目をきれいに整形して消してあるんですね。ものすごく手間がかかってます。こちらも心してかからねば。

ボディカラーは当然のごとくシルバーにします。最近、銀色の塗料は金属質感を追求したものが多くなってきたので、逆に、メルセデスのシルバーのような粒子感がある「塗色としての銀色」の表現には少々悩みます。作例ではタミヤスプレーのシルバーリーフをクリアー塗料で割って使用しました。銀の濁りのあるクリアーを吹き重ねるイメージです。塗膜も強くなるし、下地の影響も受けにくくなります。最後はクリアーだけでオーバーコ

Mercedes-Benz 300SL

TAMIYA 1/24

ート。カーモデルは塗装が難しいと言われてますが、こういう丸っこいクルマは比較的ツヤが出しやすいように思います。

注意したいのがガルウイングドアの納まり。塗装を進めていくにしたがってなんとな～く閉まりが悪くなってきます。塗膜のせいか、温熱乾燥がよくないのか……。細いピラーや曲げの大きなドアパネルは、デリケートな部品です。取扱いには注意しつつ、自然乾燥でじっくりと作業するのがよいのかも。

◆シャシー／内装／外装

鋼管スペースフレームの組み立ては上下２枚のフレーム部品それぞれにジグザグの部材を接着して、これを組み合わせるもの。完成したシャシーは繊細で華奢に見えますが、意外と剛性が高いことが模型でも体感できると思います。実車ではこのフレームに起因してガルウイングドアの採用を決定したとのこと。まさに３００ＳＬがレーシングカーであることを実感することができます。

内装色はキットの組み立て説明書どおり赤色で華やかに仕上げました。

メッキパーツに塗装を施すホイールキャップや計器盤は、このキットの見せ場のひとつ。綿棒や面相筆などでていねいに塗装を拭ってメッキ面を現すようにすれば、キラリと光るよいアクセントになります。

その他、各モール類は概ねメッキパーツで再現されますが、窓枠だけはボディと一体成型なので何とかしなければいけません。

アルミシートなどを貼るという方法もありますが、このキットの窓枠は凸凹な部分もあり密着させにくいので、金属質感のある塗料で仕上げるのがよいでしょう。

窓枠はクリアーパーツ側にモールドされている箇所もあります。ここはマスキングシートが同梱されていますので、これを切り出して使用すれば簡単かつ安心です。

◆最後に

優雅なスタイルとは裏腹に、その中身は普段使いにはまったく向かない正真正銘のレーシングカーです。負け惜しみのようですが、私には３００ＳＬは模型で充分（笑）。■

Mercedes-Benz 300SL

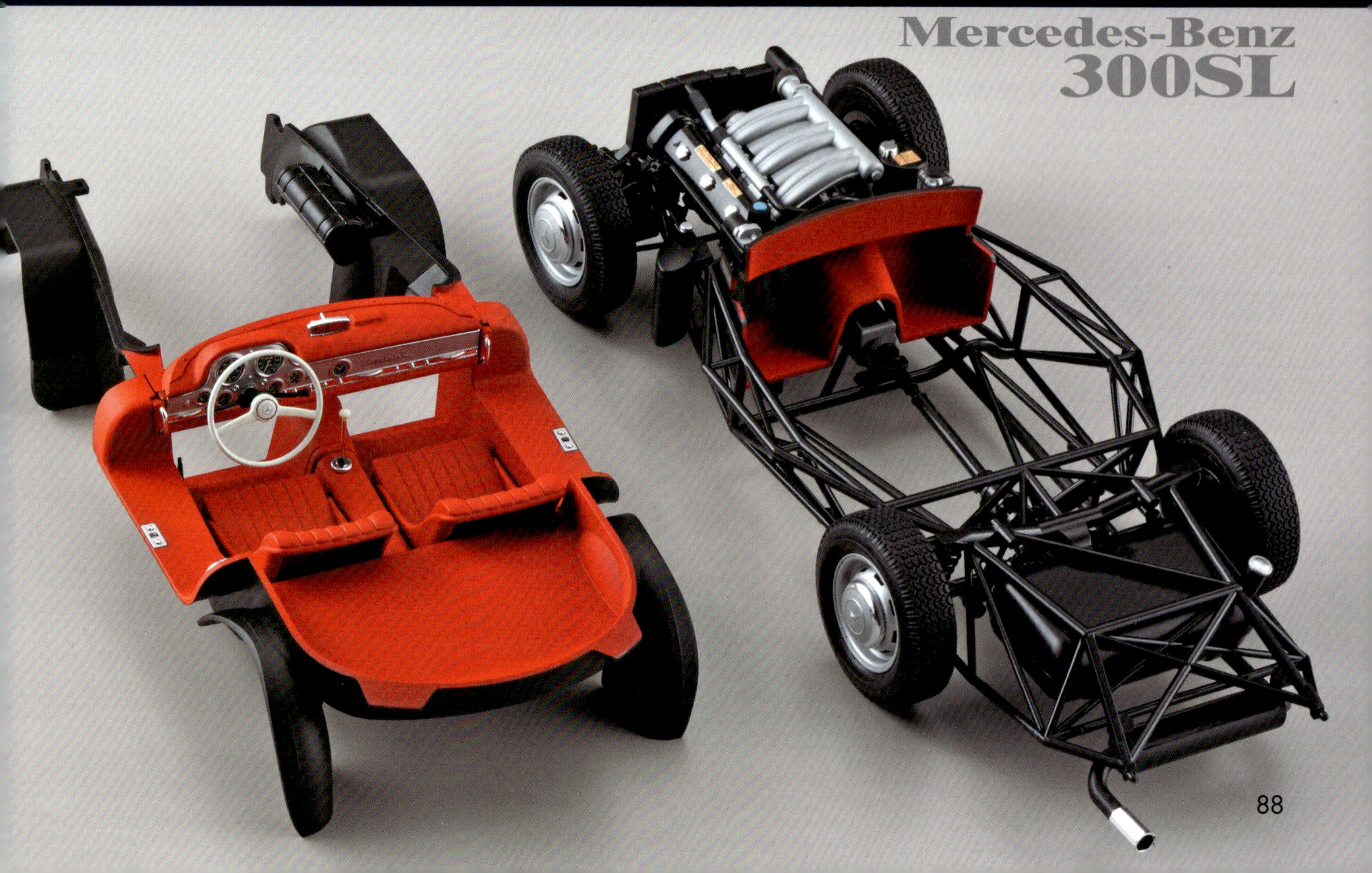

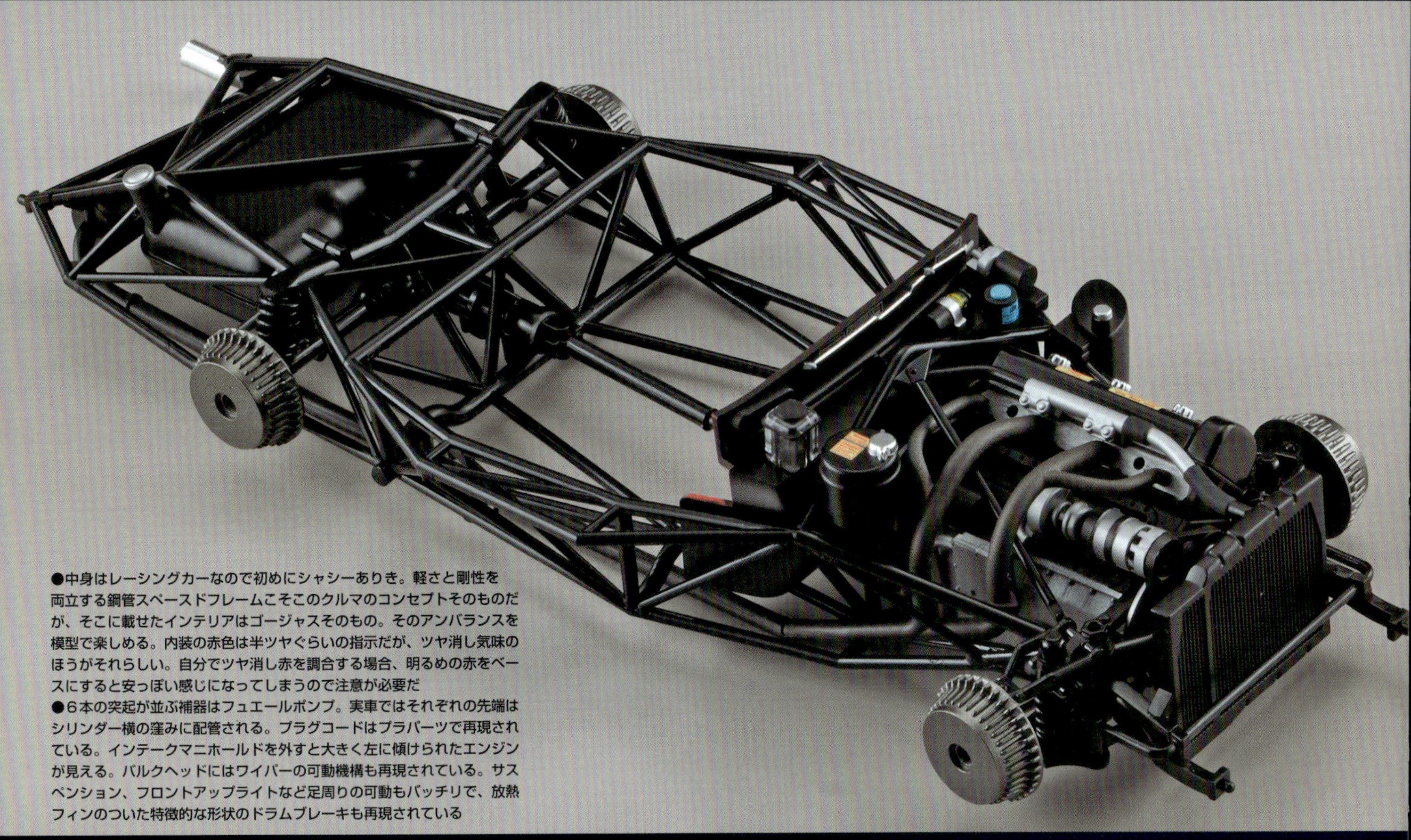

●中身はレーシングカーなので初めにシャシーありき。軽さと剛性を両立する鋼管スペースドフレームこそこのクルマのコンセプトそのものだが、そこに載せたインテリアはゴージャスそのもの。そのアンバランスを模型で楽しめる。内装の赤色は半ツヤぐらいの指示だが、ツヤ消し気味のほうがそれらしい。自分でツヤ消し赤を調合する場合、明るめの赤をベースにすると安っぽい感じになってしまうので注意が必要だ
●6本の突起が並ぶ補器はフュエールポンプ。実車ではそれぞれの先端はシリンダー横の窪みに配管される。プラグコードはプラパーツで再現されている。インテークマニホールドを外すと大きく左に傾けられたエンジンが見える。バルクヘッドにはワイパーの可動機構も再現されている。サスペンション、フロントアップライトなど足周りの可動もバッチリで、放熱フィンのついた特徴的な形状のドラムブレーキも再現されている

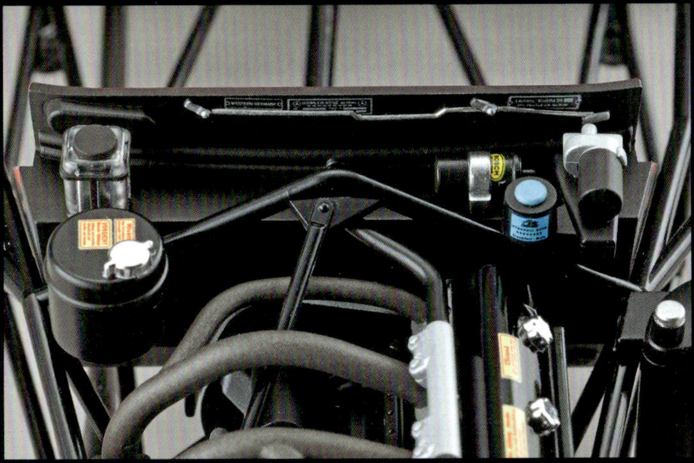

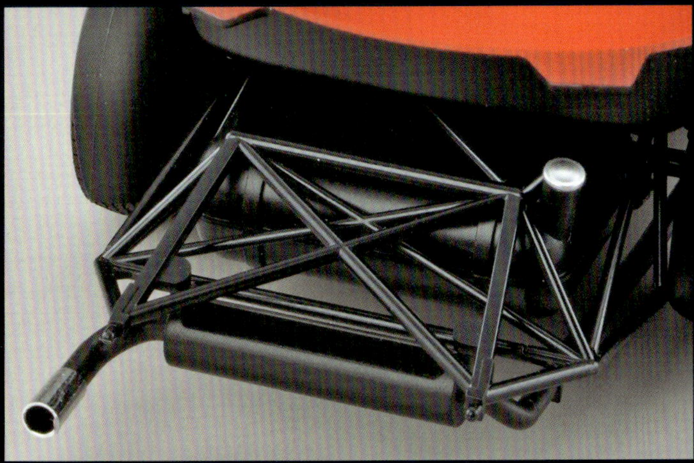

Mercedes-Benz 300SL

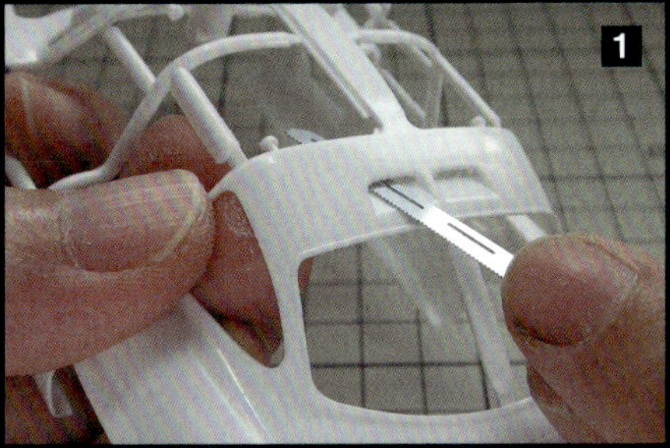

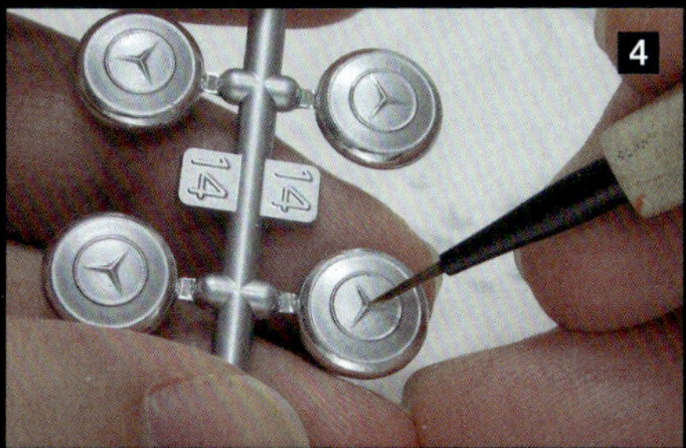

1ルーフのエアアウトレットは開口。裏から肉厚を削り、表からスジ彫りを深くするようにして穴を開けている

2内装パーツのサイドシルの部分にはドアを受ける金具のモールドがある。穴を開けたりスジ彫りをしてアクセントとする

3クリアーパーツにモールドされた窓枠を塗り分けるマスキングシールが同梱されている。ラインどおりに切り出せばピッタリとマスキングできるので、心配は無用。黒ツヤで下塗りし、塗膜の強さを優先しガイアノーツのEX.シルバーを吹きつけた

4ホイールキャップはボディカラーで塗装後、部分的に拭ってメルセデスのマークを浮き出させる。細部は綿棒よりも面相筆のほうがこまかいコントロールが効き、作業しやすかった。ちなみに、ホイールキャップ用のデカールも用意されている。濃色の場合は、こちらを使った方がキレイに見えるかもしれない

5フレームの組み立ては快適そのもの。上下のユニットにジグザグの部材を立てて合体させればピタリと決まる。あまりにパーツ同士の合いがピッタリで接着箇所がわからなくなってしまいそうなので、接着のし忘れ箇所がないように注意されたし。なお、組み上がったフレームは、念のため平らな板に乗せて歪みがないか確認している。細いプラ素材でも意外と剛性が高くしかも軽い。実車におけるこのシャシー構造の有効性が模型でもしっかり体感できた（実車はまず買えないしね）。さらに足周り部品を組み付けて４輪接地も確認したが、ストレートに組んでまったく問題なし

6バルクヘッドのワイパーリンケージはのり付き金属箔を貼るのが簡単かつ効果的かもしれない

7排気管を付けた状態でアンダーパネルを着脱できるよう、マフラー手前で管をカットしておいた。その排気管を通してアンダーパネルをセットする。アンダーパネルは側面にツメを取り付けてボディに引っ掛けられるようにしてある

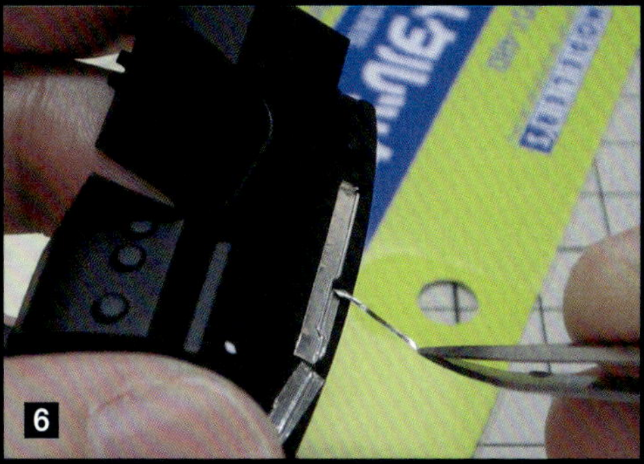

ロータス ヨーロッパは、日本では007の映画や漫画『サーキットの狼』などにおける活躍から
「キャラクターもの」的な認知をされているることも多いが
ロータスと言えば、レースのために生まれたレーシングカーメーカーの名門中の名門
'60年代以降F1GPに数々の新機軸をもたらし快進撃を見せたわけだが
そのロータスがGPマシンで確立したミッドシップレイアウトをスポーツカーで実践したのがこのヨーロッパだ
逆Y字型バックボーンフレームをFRPボディで覆ったヨーロッパは、軽量外装／低重心／ミッドシップという
現在の高性能スポーツカーではあたりまえとなった三原則を先駆けて体現した、いかにもロータスらしいスポーツカーである

LOTUS EUROPE SPECIAL

地を這うような軽量ボディ
ライトウェイト初のミッドシップスポーツ

FUJIMI 1/24

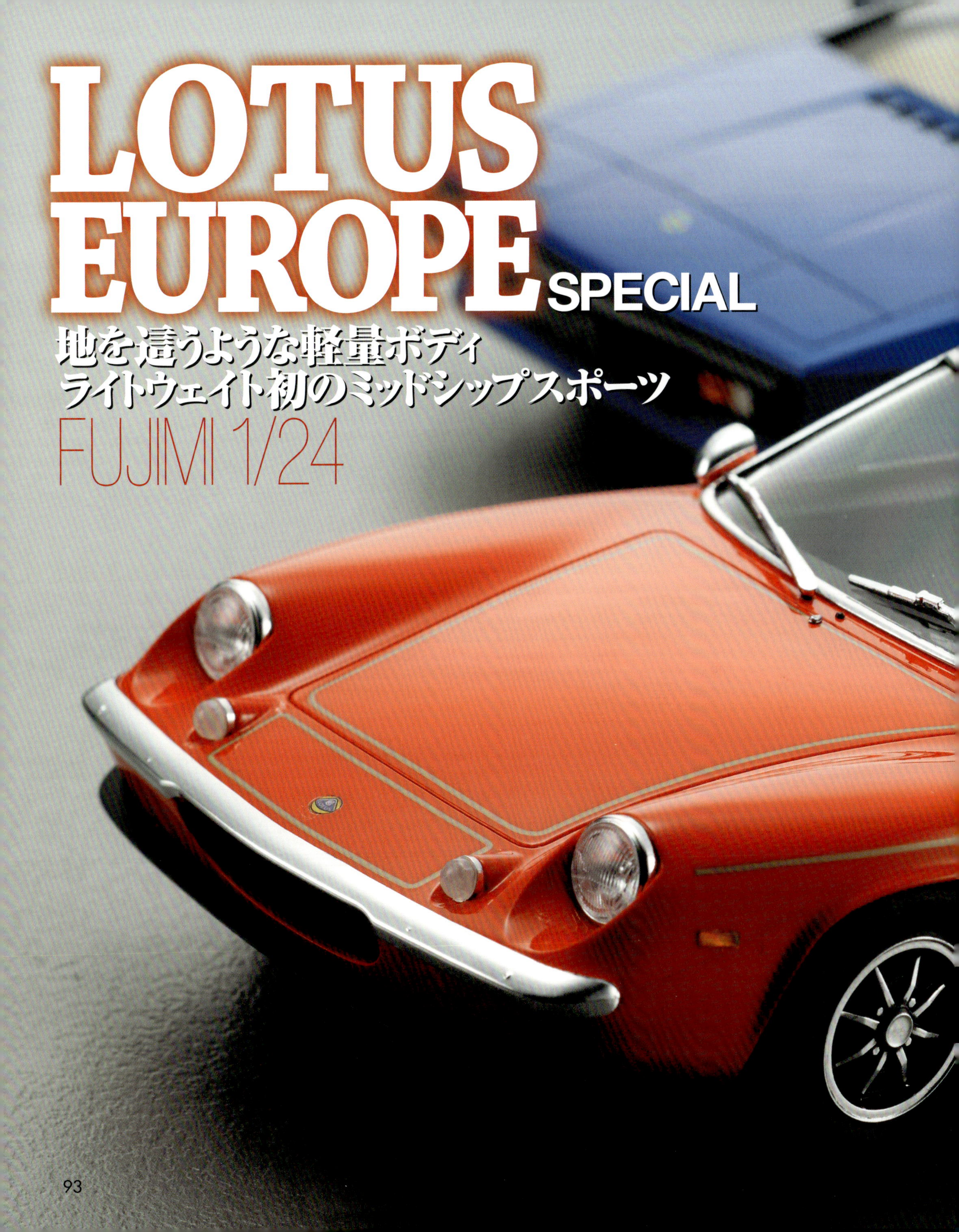

レース界の革命児ロータスらしい軽量スポーツ

●運動性能を上げるためには、重量物を極力重心近くに配置つつ低重心化し、同時に軽量化すればよい。この明快な物理法則をストイックに追求したのがロータス ヨーロッパだ。エラン譲りの強靭な逆Y字型バックボーンフレームはエンジンをできる限り低くマウントするためのデザインで、エンジンはミドシップにレイアウトされ、外装をFRP化することにより1067㎜の車高に600kgちょっとという超軽量車体となっている（乗り降りの際に地面に足を踏ん張ると簡単に後退するほど軽い）。
●「庶民にも手の届くスポーツカー」を目指し遮音材や窓の開閉を省略することでコストダウンを図ったシリーズ1、内装が快適化した2、グループ4カテゴリー向けレース仕様のタイプ47、フォード製エンジンにロータス製DOHCヘッドを組み合わせたエンジン仕様のツインカムなどがラインナップされたが、'72年に登場した最終型は、よりチューンされたツインカムエンジンを搭載し“スペシャル”と名付けられた。分類としては「ライトウェイトスポーツ」が適当だが、スーパーカーブームの火付け役となった漫画『サーキットの狼』で主人公の愛車だったことから、日本においては「スーパーカー」として認知されている

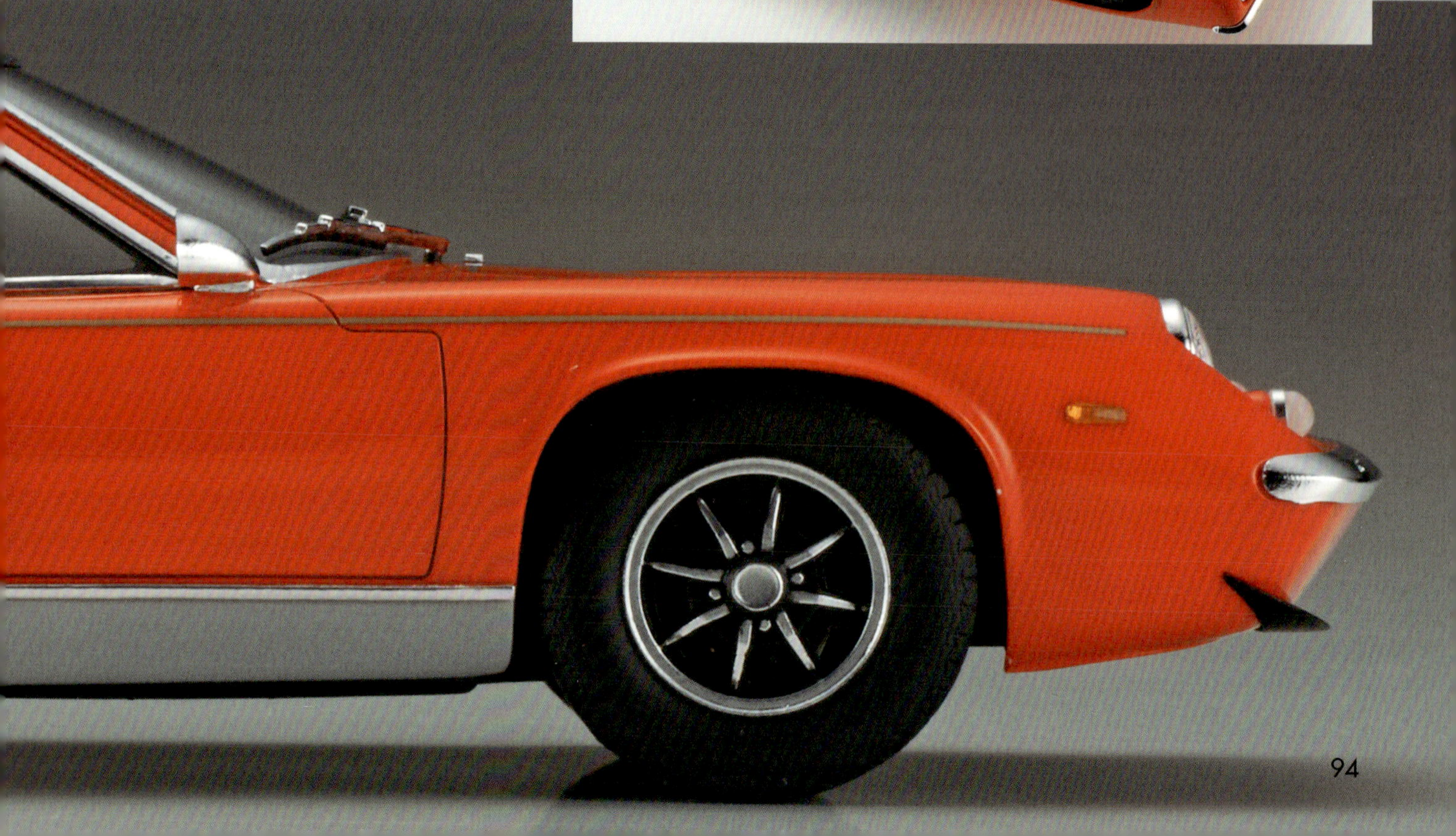

LOTUS EUROPE SPECIAL

逆Y型バックボーンフレーム+FRPボディの独特なフォルムをフジミのキットで再現する。

ロータス ヨーロッパ スペシャル
フジミ　1/24
インジェクションプラスチックキット
発売中　税別2700円
製作・文／**小田俊也**

L O T U S
EUROPA SPECIAL

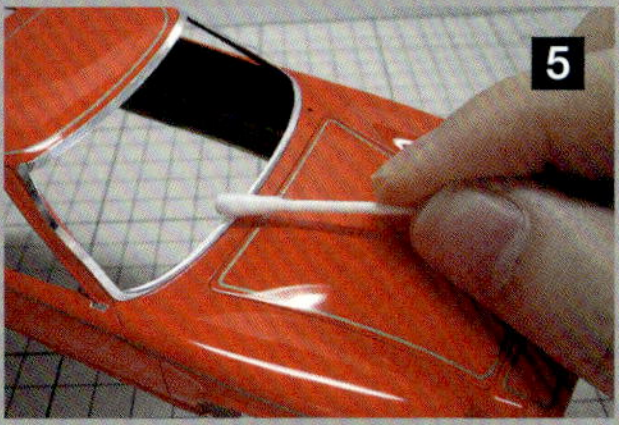

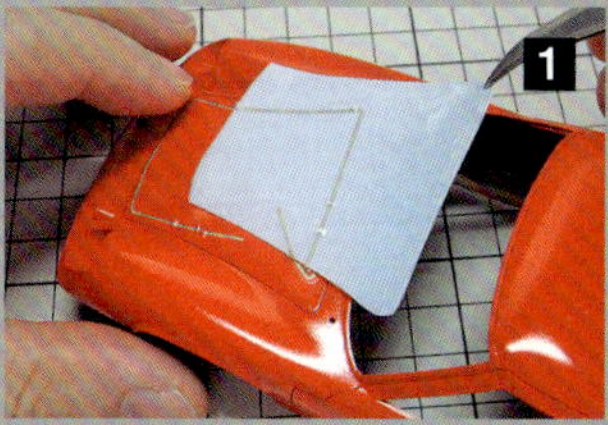

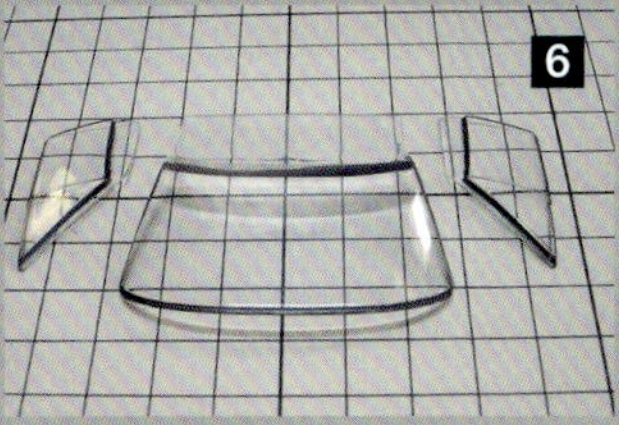

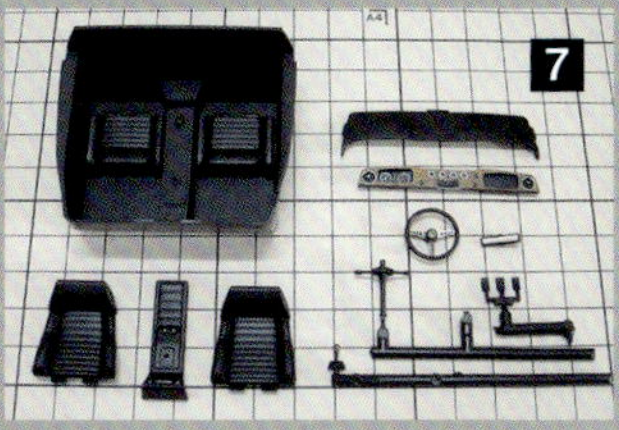

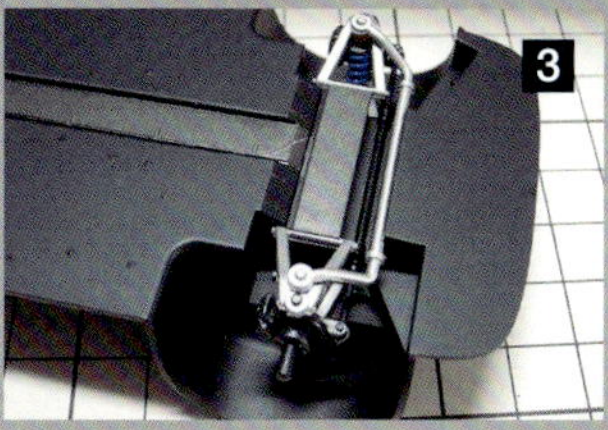

1大きな輪状になっているデカールは慎重に台紙から移したが千切れてしまったので地道にリカバーした
2凹んでいる部分は磨き布にアクリルの小片を包むと力を入れやすい
3フロントの足周りは取り付け位置を1㎜前進させている
4ホイールはエナメル系の塗料半ツヤ黒を吹き、充分に乾燥させた後リムやスポークなどをうすめ液で拭く
5窓枠は銀のシートを貼り込んだ。綿棒でよく馴染ませる
6ウインドウパーツは一体だが、1面ずつ切り分けたほうがボディパーツへの収まりがよい。エッジ部分は反射を抑えるため黒く塗る。サイドウィンドウは若干歪みがあったのでサンドペーパーで均した
7内装色は黒。全体的にツヤ消しだが、シートには少し光沢を出した。メーターリングなどはガイアノーツのEx.シルバーを使用
8インパネの木目は黒の成型色の上に直接鉄道模型カラーの中央線オレンジを筆塗り。一方向に面相筆で筆ムラを残すようにする。やり過ぎたらうすめ液で拭いて整える

スーパーカー世代なら避けては通れぬ甘い罠

懐かしのロータスのスポーツカーが、奇しくも2台連続してフジミから発売されました。双方ともキャラクターモデルとしての発売ではあったものの、この2車種をチョイスしたというのは明らかに意図的なものでしょう。スーパーカー世代の私としては、まんまとその思惑に乗せられてしまうわけなのです。

ロータス・ヨーロッパは'60年代から'70年代にかけて造られた英国のスポーツカー。その特徴は、走りに特化したマシンであるのと同時に、思い切りよいコストダウンにより庶民でも手が届くスポーツカーだったことでしょう。この車を愛し巧みに操る主人公が並みいる高級スポーツカーと勝負する漫画も描かれ、当時の男の子たちは夢中になったものです。

フジミのプラモデルは、その劇中車と市販車の仕様が両方発売されており、今回製作したのは後者。劇中車のキットとはウイングの有無やデカール等が異なります。

ところで、ヨーロッパは人気車だけに他社製キットも多数存在しています。すべてを組んではいませんが、フジミのキットは、なかなかよくできた内容であると思いました。再現が難しいボディフォルムもおおむね忠実に再現できているし、エンジンレスながらシャシーもカチっと再現されています。

キットパーツのボディー形状は、ルーフやサイドシルが直線的に思えたので、作例では少しヤスって気持ち丸めています。フロントフェンダーの膨らみ部分も上部を少し平らに削りました。欲を言えば、フロントのアゴ部分もボリュームを減らして滑らかにしたかったのですが、スポイラーを付ける際の都合もあり、形状修整は見送りました。

リアウインドウの周りの合わせ目は、パテの使用を最低限度にしつつ、丸棒に紙ヤスリを巻いたものを使用して整形しました。まあ、作り手が思ってるほどに目立つ部分ではないのかもしれませんが、気を使っておきます。

ボディは絞りがキツいので、シャシーにはめる際には少しヒヤヒヤするかもしれません。インナーフェンダーの外側のエッジを落としておくようにすると、引っ掛かりが減ってはめ合わせが多少楽になります。

足周りを仮組みしてみると、フロントタイヤが少しうしろ寄りに感じました。ここは、サスペンション関係の取り付け穴を丸ごと少し前方にズラして調整しました。

このキットの製作においてはピンストライプのデカールが最大の難所かもしれません。焦らず、優しく、ていねいにデカールを扱うようにして、ねじれたりしないようパーツに載せ慎重に位置を整えれば、きれいなピンストライプが再現できると思います。

最近のフジミの製品には新たなトライアルがいろいろと見られます。本キットで窓枠用に付属する銀シールもそのひとつ。カット寸法はちょっぴり怪しい部分もありましたが、窓枠の丸みにもよく馴染みほかのメッキパーツとの違和感もありません。思っていた以上に効果的なマテリアルでした。

さて、狼シリーズもついに主役カーが揃いました。ライバルの駆る、ポルシェRSRターボなんかも作ってみたいなぁ～。■

LAMBORGINI MIURA P400SV

"スーパーカー"の祖となりし
初の大排気量12気筒ミッドシップスポーツ

HASEGAWA 1/24

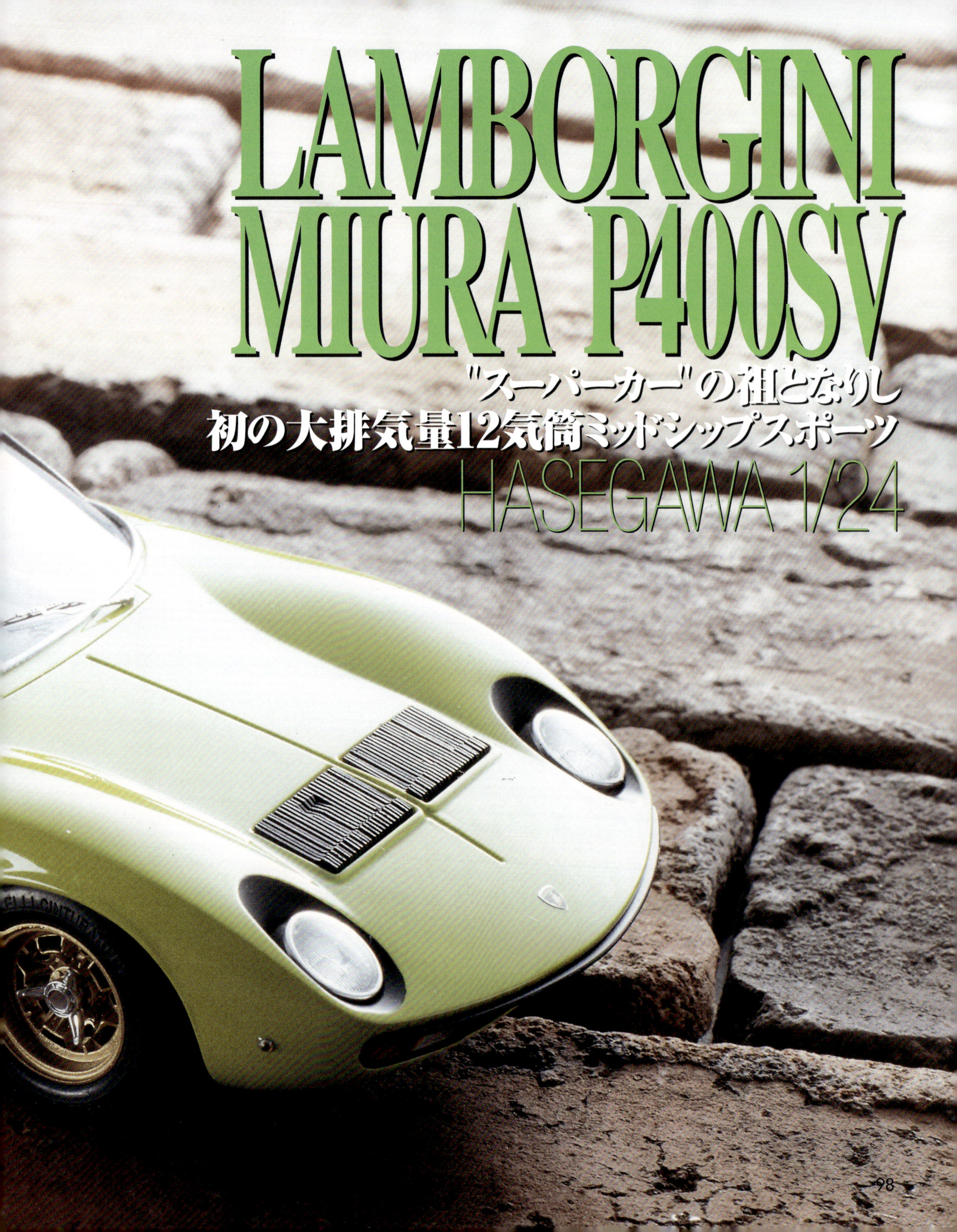

カウンタックと並び“スーパーカー”の代名詞ともなっているミウラは、1963年に自動車メーカーとして始業したランボルギーニが、350GT 、400GTに続き1966年に同社初の本格スポーツカーとして発表した車だ。980kgの車体を290km/hに到らせるという350馬力の強力なエンジンとベルトーネデザインの流麗なボディの組み合わせは大きな衝撃を持って迎えられた。ダブルウィッシュボーンサスペンションのシャシーにV型12気筒DOHCエンジンをミッドシップに横置きするというレイアウトは当時としては斬新なもので、その後のスーパースポーツの原型となっていく。艶めかしい美しさを持つボディライン、ひと目見てそれとわかる個性的なフロントデザイン、そして内に秘めたる凶暴なパワートレイン。ミウラはいまも車好きを魅了し続ける。

ランボルギーニ ミウラP400SV
ハセガワ　1/24
インジェクションプラスチックキット
発売中　税別4320円
製作・文／**小田俊也**

●市販はされたものの煮詰められないまま販売を開始したミウラは、生産するごとに改良を続け、初代のP400から、P400S 、P400SVへと進化していく。最終型のSVは、インテークの大型化、エンジンのチューン、リアサスペンションの強化、リアタイヤの9インチホイール化およびリアフェンダーがワイド化などの変更が施され、より攻撃的な印象となっている。ハセガワの1/24 P400SVは、近年のハセガワカーモデルらしい端正で実車再現度の高いキット。外から見える範囲で足周りやエンジンもきちんと再現されており、専用メタルインレットも付属する

LAMBORGINI MIURA P400SV
HASEGAWA 1/24

●慎重に進めたいのがライトの黒い塗装の塗り分けだ。太めのマスキングテープを貼って、その上からB4のエンピツで軽くこすってラインを出す。いったん剥がしたテープをデザインナイフで慎重に線に沿って切りマスキングに使っている
●室内のシフトゲージなどは付属のメタルイントレットで再現できるようになっており、キットのまま組んでも見応えのある仕上がりとなる
●リアのナンバープレート周りの開口部は、キットのパーツを削り込んで使ったほうが立体感が出せ、実車の雰囲気に近くなるだろう
●全体を引き締めるメッキ窓枠にはアルクラッドのメタリック塗料を使用。GSIクレオスのメッキシルバーを使うのもよいが、質感が少し異なるので好みで使い分けるとよいだろう
●特徴であるフロントカウルのスリットは実車に近い薄さと枚数になるように、プラ板の積層で自作。完成後の見映えを大きく左右する箇所だ
●キットではエンジンは外から見える部分だけが再現されているが充分なディテールだ

lamborghini
Miura
SV
MO P 40075PS

ついに出ました！　スーパーカーキットの真打ち登場って感じで、待ち焦がれた人も多かったのではないでしょうか。やっぱりミウラはいいですね。いまじゃ保安基準とかが厳しいから、こんなに薄くてとんがったデザインの車は二度と出てこないことでしょう。どこから見ても美しいこのプロポーションを手元において飽きるまで眺められる贅沢、たまりません（本物も買ってみたい……）。

◆実車に忠実なフォルム

スタイリング命、のような車なのでいちばん気になるのはボディのフォルムですが、とてもよく再現されています。写真で見ることが多い（っていうかほとんど写真でしか見たことない）ので、もっとフロントが長くてヘッドライトの部分も長い印象があるのですが、それはカメラの広角レンズによる歪みのせい。寸法バランス的にはキットの状態でほぼ実車に忠実だと思います。よって、今回はボディ形状には手を入れないことにしました。リアのルーバーからチラッと覗くV12エンジンも充分な再現度なので、シャシーとエンジンだけのプロトタイプが'65年のトリノ・オートショーに展示されたときよろしくボディを被せず飾っても見映えがします。

惜しいのは、ドアのエアインテークのルーバーが分厚いのと、フロントカウルのスリット枚数が実車と異なる点でしょう。プラモデルなので、金型成形の都合上これ以上薄くできないのは仕方ないところなのかなと思いますが、このままでは完成したときにオモチャっぽさが残ってしまいます。なので、この部分だけはどうしても手を入れることにしましょう。ドアのルーバーは徹底してうすうす攻撃！　折らないように慎重に慎重に……ゆ、指がつりますな、これは。

フロントカウルのスリットは、キットのパーツでは、なかの給油口が見えるようにとにくい演出をしてくれているのですが、いかんせん棒が並んでいるように見えます。ここはハセガワさんの心遣いをスッパリ袖にして、作り直すことにします。

キットのスリットは11枚。そして実車は27枚です。寸法を測ってみると０・３㎜のプラ板の積層でいけそうです。スリットの高い部分を54枚、溝の部分を52枚、だいたいの寸法で切り出します。はじめはすべて長方形でオッケーです。接着してからスリットの形にまとめて鉄ヤスリで仕上げます。どうせ一枚一枚カットしても揃うわけはないのでアバウトにいきましょう（１００枚以上カットするだけでも気が……）。ヤスリがけは、削るところまでマスキングテープ等でガイドラインをつけて、なるべく均等になるよう仕上げていきます。形が出たら、スリットのあいだをていねいに耐水性サンドペーパーで仕上げてバリを取っておきます。時間に余裕があれば、先端部分をもう少し薄く削ってもいいかもしれません。別途塗装を済ませてから、ボディに取り付けるようにします。

しかし。う～ん、ボディに入りません。やっぱり単純な計算どおりにはいかないようです。めいっぱい圧着しましたがダメなので、2枚あきらめ25枚のスリットとしました。でも雰囲気はバッチリ出せたと思います。

このスリットの工作、はじめはめんどうくさそうだなと思いましたが、やってみたら案外簡単に済みました。悩んでいる方、その時間で手を動かせばできます。ぜひチャレンジしてくださいね。やる価値絶大です。

次はカーモデルのキモであるホイールです。私はハイトの高いタイヤがダメなんです。キットパーツは実車に忠実なのですがやっぱりカッコ悪く思える。'60年代の雰囲気を壊してでも変更します。ピレリＰ７はカウンタック用に開発されたことなんかは忘れて使ってしまいましょう。今回はアオシマのピレリＰ７を使用。Ｐ７にしては若干ハイトが高いのでほかで使えずもてあましていたものがこんなところで活かせるとは……。ちょっと太いのでホイールの耳を落としてはめ込みました。

フロントのトレッドが狭くてタイヤが中に入りすぎるので（これも実車は狭いので文句を言う筋合じゃないけど……好みです）、ディスク側に０・５㎜のプラ板を貼り調整しています。車高もフロントだけ１㎜程度下げるとカッコよさそうですが、今回はそのまま、タイヤ変更だけでも迫力が変わります。

次に開口部をすべて開けていきます。最初はリアのハニカム部分から。裏側からていねいに削って薄くし、ハニカム模様だけ残します。繊細なので折らないよう気をつけてゆっくり作業します。これで後方からリアサスペンションがチラッと見えてとてもいい感じ。本当はトランクも作らないといけないのですが、資料が見あたらずどうなっているのかわからなかったので、今回はなかったことにしてあります。やっぱり実車が見たいな～。

そしてフロントの口の部分です。ここは削り取って金属メッシュを貼りますが、湾曲しているので切り出すときに気を付けないと隙間ができます。現物合わせで切り出してしまいましたが、心配な方は専用エッチングパーツを使ったほうが簡単かもしれませんフロントとリアを両方開口してみると、ずいぶん雰囲気が変わり繊細な感じが出てきます。ボディラインの加工修整をしないと、こんなこまかいところに手を入れる余裕がでますね。

◆緑の塗装

今回もボディカラーにはこだわりました。ミウラといったら黄緑でしょ、絶対！　ミウラベルデという名前がついているくらいだから、設定したメーカーの担当者もイメージカラーと考えていたに違いない……という個人的な思い込みで、「精密屋オリジナルカラー」まで作ってしまいました。映画「ミニミニ大作戦」の冒頭でクラッシュしてしまうオレンジ色の車も魅力的なのですが、あれはＳＶではありませんので、もう黄緑しかないのです。

下地はスーパーサーフェイサー＋で仕上げ、ＨＡＫＵＢＡホワイトにミウラベルデをちょっと混ぜた色で下塗りをしてあります。イエロー系の薄い色なので、発色をよくするために下地も調色しました。そしてその上からミウラベルデを吹いていきます。

仕上げはいつもどおり「精密屋ウレタンクリアー」を吹き、磨き出しました。仕上げてみるといい色（自画自賛）。でもこの色も写真によってイメージが違います。もっと黄色いほうが好みの方もいると思うので、ムーンイエローを使って調色し自分のイメージに合ったミウラを作ってみてもいいでしょう。

サイドステップとホイールはゴールドが似合いますね。ツヤはなくてもよいので、クリアー塗装の上から吹きます。ホイールはけっこうザラついていますので、意識的に砂吹きをして荒れた感じにしてあります。

内装はボディカラーとのバランスでブルー系を選んでみました。以前ネコ・パブリッシングから発刊されていた『スーパーカークラッシクス』という本にこの組み合わせの実車が載っています。ダッシュボードが上下分割になっているので、合わせ目をきちんとパテで処理すれば、あとはパーツのままで良い感じにできあがりますが、ちょっと色気を出すために4点式のシートベルトを付けてみました。フロントガラスが広くて室内がよく見えるのでおすすめです。

エンジン部はプラグコードとフューエルパイプを追加しましたが、キャブレターの陰に隠れてほとんど見えません。

細部用のメタルインレットが入っているので効果的です。ちょっとしたパーツですが全体が引き締まりますね。ワイパーは市販のエッチングパーツを使いました。サイズが小さすぎかな？　とも思いましたが（雨降っても絶対拭ききれません）、大きすぎるよりはいいので、雰囲気重視でよしとしました。それから、ミラーはあえて付けていません。プロポーションラインが崩れてしまうのと、当時は付いていない車もあったようですので。

ナンバープレートはリアだけ付けました。「ナンバーは絶対数字党」党首の今村としては今回も自作です。ありそうな数字を並べてタトゥーシールに印字して貼ってあります。

いろいろ書きましたが、基本的にとっても素性のよいキットです。組み立てに関しても、ボディとシャシーをはめるときに少し気をつけたほうがよいだけで、サクサクと組み立てることができますから、ストレート組みでも充分楽しめます。最新の技術で古い車がキット化されることが多くなってきましたが、まだまだ製品化してほしい車種はいっぱいあります。次に続くようにみんなで買いましょう！　イオタは、赤いのは見飽きたから、もう一台日本にある紫メタリックのがいいかな～、それからぜひ、まつげのあるＰ４００と～、オリジナルＪなんかも作りたいですね～。■

知っておきたい
How To Build Old-timer Car Model
カーモデルの作りかた
［昭和の名車編］

■スタッフ STAFF

著／編集 Author/Editor｜森 慎二 Shinji MORI

撮影 Photographer｜株式会社インタニヤ ENTANIA

Special Thanks｜ハセガワ

アートディレクション Art Directorr｜横川 隆（九六式艦上デザイン） Takashi YOKOKAWA

知っておきたい カーモデルの作りかた〔昭和の名車編〕

発行日｜2017年11月27日 初版第1刷

発行人｜小川光二
発行所｜株式会社 大日本絵画
〒101-0054 東京都千代田区神田錦町1丁目7番地
Tel 03-3294-7861(代表)
URL｜http://www.kaiga.co.jp

編集人｜市村弘
企画／編集｜株式会社 アートボックス
〒101-0054 東京都千代田区神田錦町1丁目7番地
錦町一丁目ビル4階
Tel 03-6820-7000(代表)
URL｜http://www.modelkasten.com/

印刷／製本｜大日本印刷株式会社

Publisher/Dainippon Kaiga Co., Ltd.
Kanda Nishiki-cho 1-7, Chiyoda-ku, Tokyo 101-0054 Japan
Phone 03-3294-7861
Dainippon Kaiga URL; http://www.kaiga.co.jp
Editor/Artbox Co., Ltd.
Nishiki-cho 1-chome bldg., 4th Floor, Kanda
Nishiki-cho 1-7, Chiyoda-ku, Tokyo 101-0054 Japan
Phone 03-6820-7000
Artbox URL; http://www.modelkasten.com/

ISBN978-4-499-23225-8

内容に関するお問い合わせ先｜03(6820)7000 (株)アートボックス
販売に関するお問い合わせ先｜03(3294)7861 (株)大日本絵画